2021 国际军备控制与裁军

李驰江◎主编

世界知识出版社

图书在版编目（CIP）数据

2021 国际军备控制与裁军 / 李驰江主编. --北京：世界知识出版社，2021.8

ISBN 978-7-5012-6404-9

Ⅰ.①2… Ⅱ.①李… Ⅲ.①军备控制—世界—文集 ②裁军问题—世界—文集 Ⅳ.①D815.1-53

中国版本图书馆 CIP 数据核字（2021）第 159960 号

责任编辑　刘豫徽
责任出版　王勇刚
责任校对　陈可望

书　　名　**2021 国际军备控制与裁军**
　　　　　2021 Guoji Junbei Kongzhi yu Caijun
主　　编　李驰江

出版发行　世界知识出版社
地址邮编　北京市东城区干面胡同 51 号（100010）
网　　址　www.ishizhi.cn
投稿信箱　lyhbbi@163.com
电　　话　010-65265923（发行）　010-85119023（邮购）
经　　销　新华书店
印　　刷　北京虎彩文化传播有限公司
开本印张　720 毫米×1020 毫米　1/16　27 印张
字　　数　346 千字
版次印次　2021 年 8 月第一版　2021 年 8 月第一次印刷
标准书号　ISBN 978-7-5012-6404-9
定　　价　98.00 元

前 言

《2021 国际军备控制与裁军》如期与读者见面了。作为中国军控与裁军协会编撰的年度出版物，本书收录了十五篇论文，涉及核、生物、外空、网络、人工智能等领域最新情况和态势，基本涵盖了过去一年国际军控、裁军、防扩散领域的重大事件，在一定程度上反映了中国专家、学者对相关问题的认识与看法。

2020 年，大国竞争和博弈加剧，给国际军控机制、全球战略安全带来复杂影响。新冠肺炎疫情暴发和美国特朗普政府继续推行单边主义军控政策，对国际核军控与裁军形势带来重大影响。受疫情影响，五年一度的《不扩散核武器条约》审议大会被迫延迟，大量重要的国际军控活动改以线上方式进行。美国将"美国优先"的绝对安全政策发挥到极致，构筑新的安全战略体系，谋求压倒性军事优势，加剧全球战略安全失衡。美国还继续兜售所谓"美俄中三边核裁军"及"中国加入《中导条约》谈判"等建议，企图转移其核裁军责任和压力。中俄两国积极落实两国元首发布的《中俄关于加强当代全球战略稳定的联合声明》，加大战略协调与务实合作力度，有力维护了全球战略稳定。

地区防扩散热点问题依然跌宕起伏。虽然朝鲜半岛形势有所缓和，但美国与朝鲜围绕朝鲜半岛核问题的对话陷入停滞，朝鲜半岛核问题前景仍不明朗。受美国退出伊核协议影响，伊朗分阶段中止履行伊核协议部分条款，牵动中东地区局势持续趋紧。新兴科技推动世界新军事革命加速发展，疫情大流行及生物安全问题引起越来越多国家重视，人工智能军事化应用问题争论激烈，网络、外空等领域的国际治理进程和博弈更趋激烈。

面对挑战，中国军控外交深入贯彻习近平外交思想，推动构建人类命运共同体，积极倡导和维护多边主义，继续为维护国际军控进程与全球战略安全发挥建设性作用。2020 年，中国加入《武器贸易条约》，提出《全球数据安全倡议》，颁布《中华人民共和国出口管制法》，联合俄等国努力推动伊朗核问题尽快回归伊核协议轨道，坚持政治解决朝鲜半岛核问题方向，推动在联合国框架内的核、网络安全、生物安全、外空安全、人工智能等领域的治理进程，努力维护全球战略稳定，为国际军控、裁军和防扩散努力注入新动力。

2021 年是我会第十八年连续编辑出版本部论文集，旨在为国内外专家、学者提供展示自己学术成果的平台，同时希望对研究军控、裁军、防扩散和生物安全问题的学者有所启迪。文中各位专家的观点仅代表作者个人，不代表我会的看法。

衷心感谢参与撰稿的所有作者，他们的辛勤与严谨为本书的质量提供了保障。协会有关领导和秘书处同志对全书的审核校稿做了大量工作，世界知识出版社的领导和有关编辑人员为本报告的文字把关和编辑付出了辛勤努力。另外，对于多年来广大读者和有关人士给予本书好评和支持，在此一并致谢。

由于课题组水平所限，书中错误与谬误在所难免，恳请国内外专家和读者批评指正。

《国际军备控制与裁军》课题组
2021 年 4 月于北京

目　录

【综述】

2020 年国际核军控与裁军形势回顾　陈旭舟　董露　许伟　3

【核政策与核裁军】

美国拜登政府核军控政策前瞻　蒋翊民　15

“核裁军核查国际伙伴关系”倡议的进展　郑妍　伍钧　35

构建未来国际军控秩序的思考　鹿　音　44

【核不扩散】

伊朗核问题从对抗、僵持转向接触、谈判　秦　天　57

朝核问题的沉寂与风险　凌胜利　王寅鸽　70

【外空与反导】

美利用低地轨道商业卫星资源推动军事现代化发展评析　刘　洁　85

英国等提出的“外空负责任行为新倡议”评析
王国语　刘佳琦　张梓阳　95

【网络安全与人工智能】
美国网络战略转向及其对国际网络安全治理的挑战
鲁传颖　桂畅旎　111
人工智能军事应用与国际安全治理　朱启超　龙坤　129
全球网络空间军事行动新态势及其对国际规则进程的影响
唐　岚　148

【生物武器军控】
2020 年度国际生物安全形势综述　刘术　舒东　165
生物安全国际合作回顾与前瞻　王小理　王尼　180

【常规与综合】
美国制裁清单体系及影响研究　吴金淮　205
美国“中国军事公司清单”评述　吴金淮　杨子力　叶茂　231

【附件】
2020 年中国军控与裁军文件摘编　257

【综述】

2020年国际核军控与裁军形势回顾

陈旭舟　董露　许伟

2020年国际核军控与裁军形势回顾

陈旭舟　董露　许伟

内容提要：本文回顾了2020年美俄《新削减战略武器条约》（以下简称“新START条约”）延期、美伊围绕伊朗核问题斗争、美朝关于朝鲜半岛无核化谈判及《禁止核武器条约》等国际核军控与裁军议题的进展。综合来看，美国作为最大的核武器国家和国际核军控机制曾经的主要推动者，受特朗普政府单边主义和美国优先政策的影响，已经成为现有国际核军控与裁军体制的主要破坏者。在多边领域，不同国家间的立场分化，影响了多边核军控与裁军共识的建立。

关 键 词：核军控与裁军；2020年形势回顾；2021年展望

作者单位：中国军控与裁军协会

2020年，新冠肺炎疫情暴发和美国特朗普政府继续推行单边主义军控政策，对国际核军控与裁军形势带来重大影响。受疫情影响，5年一度的《不扩散核武器条约》审议大会被迫延迟，大量重要的国际军控活动改以线上方式进行。美俄双边核裁军、伊核、朝核等热点军控与防扩散问题，受特朗普政府政策影响，或陷于僵局，或趋于恶化。激进无核武器国家极力推动禁止核武器进程，国际核军控力量进一步分化。国际核军控与裁军形势出现重大变化。

一、美俄围绕新 START 条约延期问题激烈博弈

2017 年美国特朗普政府上台伊始，俄罗斯总统普京曾提议考虑延长新 START 条约有效期的可能性，特朗普认为该条约是奥巴马政府谈判达成的一项糟糕条约，未对此作出回应。此后，特朗普政府一直以部门间审议为借口进行拖延，后又提出以包括美俄中三方、涉及所有核弹头和所有运载工具的后续新条约取代新 START 条约。2019 年 12 月，俄罗斯提议无条件延长新 START 条约的有效期。围绕这一问题，美俄双方在 2020 年进行了一系列磋商和互动，大致经历三个阶段。

第一阶段，双方亮明各自立场。2020 年初，俄罗斯呼吁美国尽快作出延期决定。1 月 17 日，美参联会副主席海滕在战略与国际研究中心发表讲话称，新 START 条约对于了解对手，并据此调整美国战略力量态势具有重要价值，但同时称条约存在缺陷，一是没有包括中国，二是未能涵盖俄已有的所有类型以及正在发展的核武器。① 这表明，美国所关注的是新 START 条约之后的军控问题，而非新 START 条约本身的延期问题。相对于延期问题，美更倾向以一项符合自身利益的后续条约取代新 START 条约。俄外长拉夫罗夫 2 月 10 日表示不会试图说服中国加入三边核裁军会谈，指出多边进程即使启动也将是一个漫长过程，而延长新 START 条约有效期则可以为此提供安全保证，亮明了俄主张先解决延期问题再讨论后续条约问题的基本立场。此后，双方又陆续在不同场合重申各自立场。4 月 17 日，美国务卿蓬佩奥对俄外长拉夫罗夫表示，未来任何军控谈判必须是三边谈

① Center for Strategic and International Studies, CSIS Event, "A Conversation with General John Hyten, Vice Chairman of the Joint Chiefs of Staff," January 17, 2020.

判。俄外长则表示俄准备就后续新的核军控协议开展工作，但在新协议达成之前，维持作为全球安全基石的新START条约依然十分重要，谈判达成后续新的核军控协议需要时间。5月21日，美国总统军控事务特别代表比林斯利在哈德逊研究所演讲时进一步阐述美方立场：一是坚持三边军控，认为新START条约未能将中国纳入其中是一大缺陷，要求俄促使中国加入谈判；二是要求俄履行承诺，推动后续新条约的谈判，并主张俄停止发展新型核武器及其运载工具；三是后续新条约应涵盖俄罗斯的非战略核武器，并采取比新START条约更为严格的核查措施。① 对于俄长期以来一直关注的美反导防御系统问题，比林斯利表示无法预见美会同意限制反导，并强硬表示美国拥有谈判优势地位，如果美国被迫加入军备竞赛，则美国将赢得竞赛的胜利。

这一时期，美俄双方围绕新START条约延期问题各自表达政策立场。俄方呼吁无条件延长条约有效期，而美则希望尽快翻过新START条约这一页，进入后续新条约的谈判，并坚持三边军控、要求将俄非战略核武器及正在发展的新型核武器纳入未来军控条约，双方的关注点与解决问题的基本思路显现极大分歧。

第二阶段，磋商与讨论。从6月开始，美俄双方展开了数次对话磋商。6月22日，两国在维也纳举行战略安全对话，讨论了新START条约延期及后续条约问题，并决定成立工作组继续就关键性技术问题开展工作。根据这一决定，7月27日至30日双方举行了工作组会议。② 从相关报道看，这一时期，美仍坚持将在后续军控条约相关问题方面取得进展作为同意新

① Hudson Institute, *Special Presidential Envoy Marshall Billingslea on the Future of Nuclear Arms Control*, https://s3.amazonaws.com/media.hudson.org/Transcript_Marshall%20Billingslea%20on%20the%20Future%20of%20Nuclear%20Arms%20Control.pdf.

② Kingston Reif, "U.S.-Russian Arms Control Working Groups Meet," Arms Control Now, August 5, 2020.

START 条约延期的前提条件，包括在三边谈判、涵盖所有核弹头、建立核查机制等后续条约相关问题方面的进展。

第三阶段，双方立场有所调整。7 月 30 日，特朗普在白宫新闻发布会上表示，中国的核武器数量比俄罗斯少，美国首先要关注与俄罗斯的军备控制，然后再与俄罗斯一起把中国拉进来，暂时搁置了要求中国立即加入三边军控谈判的主张。10 月 13 日，比林斯利在演讲中称，他 10 月 5 日与俄副外长里亚布科夫会晤时提议将新 START 条约的有效期延长某个时段，同时冻结美俄双方的核弹头数量，并针对冻结核弹头数量建立核查机制。美国国家安全顾问奥布赖恩随后解释说，条约延期和核弹头数量冻结的期限都将为一年。

对于美国的新立场，俄方很快作出反应。10 月 16 日，普京提出无条件延长新 START 条约有效期一年的新建议。随后，俄外交部发布声明提出一项折中方案，① 即延长条约有效期一年，并在同一时期冻结双方的核弹头数量，但不再附加其他任何条件。10 月 22 日，俄罗斯副外长在接受《生意人报》采访时就核查机制问题发表看法。② 他认为，在当前条件下建立核查机制既不现实，也无意义，并指出像周界控制这样历史上曾经采用过的核查方式已不再适合当前美俄关系现实，没有理由再采取此类方式。

从表面上看，美国作出了一定的立场调整，包括暂时搁置要求中国参加“三边军控谈判”的主张，以及同意延长条约有效期一年，但实质上仍没有放弃为新 START 条约延期设置附加条件的主张，只是转向要求冻结核弹头数量并进行核查。俄罗斯采取的灵活立场主要体现在接受只延长一年

① The Ministry of Foreign Affairs of the Russian Federation, *Foreign Ministry Statement on New START Treaty Extension*, October 20, 2020.

② “Deputy Foreign Minister Sergey Ryabkov’s interview with the Kommersant newspaper, published on October 22, 2020,” The Ministry of Foreign Affairs of the Russian Federation, October 23, 2020, https://www.mid.ru/en/foreign_policy/news/-/asset_publisher/cKNonkJE02Bw/content/id/4402033.

有效期，以及冻结所有核弹头数量两个方面。同时，俄仍坚持不针对核弹头数量冻结设置核查机制，对于俄来讲，第二点立场调整的影响更多是政治性的，法律约束性的影响较弱，因此，俄至此所坚持的也仍然是无条件延期立场。正因为双方未能就是否应该为新START条约延期附加额外条件取得一致，尽管经历了一系列的磋商和政策调整，截至10月底，美俄最终未能解决条约延期问题。随着11月美国大选的开始，新START条约延期问题被搁置。值得注意的是，在竞选期间，拜登已表示支持延长新START条约有效期。

二、美加大对伊施压，伊核协议受到进一步损害

2018年美单方面退出伊核协议（全称《联合全面行动计划》）后，为迫使伊朗同意重新谈判一项新协议，高举制裁大棒不断向伊朗施加压力。作为对美不断施压的反应，伊朗采取针锋相对的立场和渐进策略，逐步减少履行在伊核协议中所作的承诺，突破协议对其核活动的限制。美伊双方围绕制裁与反制裁的斗争，以及伊核协议各方为维护协议而采取的行动，成为2020年伊朗核问题形势发展的主要因素。

伊朗一方面继续突破伊核协议的相关限制，另一方面也作出了一些积极姿态。2020年1月5日，伊朗政府发表声明，宣布第五阶段减少履行伊核协议承诺的举措，表示将不再遵守协议最后一项关键限制，即对伊离心机数量的限制。伊朗突破协议限制还表现在继续增加低浓铀库存方面。根据国际原子能机构2020年9月的报告，伊朗低浓铀库存已达到2105.4公

斤，而该机构3月报告称伊朗的低浓铀库存为1021公斤。[①] 在渐进式突破协议限制的同时，伊朗也表现出一定的灵活性和积极姿态。针对国际原子能机构3月报告对其违约行为，以及未申报场地的核材料与核活动历史问题的关切，伊朗在最初据理力争拒绝国际原子能机构核查要求的情况下，采取灵活立场，于8月26日与国际原子能机构达成开展相关核查的协议。伊朗还积极利用伊核协议的争端解决机制，要求法国、德国和英国履行协议义务，维护伊朗加入协议后应当得到的经济利益。6月24日，伊朗总统鲁哈尼表示，只要美国宣布重返伊核协议，遵守联合国安理会第2231号决议，伊朗将与美国开展相关谈判。9月22日，伊朗外长扎里夫也再次表示，只要美国重返伊核协议，谈判的大门将是打开的。伊朗在与美谈判恢复协议方面表现出积极姿态。

虽然伊朗已突破伊核协议有关铀浓缩丰度、库存、先进离心机数量、重水数量以及禁止在福尔多核设施生产浓缩铀的限制，但仍继续履行与伊核协议有关的保障监督义务，在阿拉克重水堆改造、乏燃料后处理等方面也未突破协议的规定。根据国际原子能机构2020年9月的报告，伊朗的铀浓缩丰度仍未超过4.5%。[②] 面对压力，伊朗采取了比较克制的行动，既有斗争也有妥协、合作的立场，表明其希望能完整、有效执行伊核协议的政治意愿。

美国方面为加大对伊朗施压，除继续采取针对伊朗实体和个人，如伊朗原子能机构及其负责人的制裁措施外，还取消伊核协议规定的制裁豁免，并进一步寻求对伊制裁多边化。根据安理会第2231号决议，与伊核协议相关的对伊武器禁运将于2020年10月到期。5月9日，美国国务卿蓬佩奥表

① Julia Masterson, "UN Defies United States on Sanctions Snapback," Arms Control Now, September 2020, https://www.armscontrol.org/blog/2020-09/p4-1-iran-nuclear-deal-alert.

② Ibid.

示将寻求延长伊核协议有关武器禁运的期限。此后，美分别向一些国家提供了其草拟的安理会决议草案。6 月 11 日，美借联合国秘书长发布第 2231 号决议执行情况报告之际，提出无限期延长对伊武器禁运的主张，并在安理会上提出一项决议草案，同时威胁称，如果这项决议不能得到通过，美国将依据第 2231 号决议采取单方面行动。由于担心这一行动会导致伊核协议的彻底崩溃，8 月 14 日，安理会否决了美国关于延长对伊武器禁运的提议。面对失败，美国无视其已退出伊核协议的现实，表示将单方面启动安理会第 2231 号决议的快速恢复制裁机制，阻止伊朗的武器贸易。9 月 19 日，美国宣布将对不遵守联合国对伊制裁决议的国家实施制裁。美国的行为严重冲击了正面临诸多困难的伊核协议。

伊核协议的其他参与方一方面努力维护现有协议，抵制来自美国要求放弃伊核协议的压力，另一方面也与伊开展对话，试图通过协商解决协议履约相关问题。在 2 月 26 日召开的伊核协议联合委员会会议上，英国、法国、德国、俄罗斯、中国和欧盟重申了对维护伊核协议的承诺。[①] 欧盟外交与安全政策高级代表博雷利在对伊朗违反伊核协议表示关切的同时，也承认美国的制裁行动损害了伊朗应得的利益。与此同时，英、法、德三国，执意起草并在 3 月国际原子能机构理事会上通过一项决议，要求伊朗配合调查 2003 年可能存在的未申报的核材料与核活动，给伊朗造成了较大压力。这反映了这些欧洲国家立场的两面性，既维护现有协议，又试图通过外交施压迫使伊朗在协议以外问题上让步。此外，欧洲国家为了绕开美对伊制裁，开启了专门的对伊贸易结算渠道，但从实际结果看，无论是德、法、英三国建立的“支持贸易往来工具”（INSTEX），还是瑞士建立的《瑞士

① 《齐心协力推动伊核全面协议履约再出发》，新华网，2020 年 2 月 27 日，http://www.xinhuanet.com/world/2020-02/27/c_1125631021.htm。

人道主义贸易协定》（SHTA），都收效甚微，未能有效保证伊朗在伊核协议之下应得的利益。

由于美国继续采取破坏性政策，而伊朗又以逐步放弃对协议的承诺相抗衡，尽管其他相关国家从中作出维护协议的努力，但终究收效甚微，伊核协议在 2020 年再度受到进一步损害。

三、朝鲜半岛无核化与和平进程依然面临挑战

2019 年美朝首脑两度会晤，但同年 10 月在斯德哥尔摩举行的两国工作层会谈无果而终。由于美国对朝鲜在缓解朝鲜半岛紧张局势和无核化方面采取的积极举措一直没有作出实质性的回应，2020 年朝鲜采取了更趋强硬的政策立场。

一是宣布不再遵守暂停核导试验承诺，并提出要加强核威慑能力。2020 年 1 月 1 日，朝中社发表了朝鲜领导人金正恩在朝鲜劳动党中央全会上的讲话，宣布在美国采取响应措施前，朝鲜将不再遵守暂停核导试验的承诺。早在 2018 年 4 月，为与美国建立信任，在美朝两国首脑首次会晤前朝鲜单方面宣布停止核导试验，并关闭核试验场，但时隔一年多之后，朝鲜发现美国不仅不采取积极行动，还继续对朝实施制裁、施加威胁，在这种情况下朝鲜认为已无理由继续单方面遵守自我约束的承诺。朝鲜领导人还表示，如果美国不消除敌对政策，“他不会允许对话被滥用”，也“就永远不会有朝鲜的无核化”。[①] 5 月 24 日，朝鲜领导人金正恩在第七届中央军事委员会第四次扩大会议上要求加强朝鲜的核威慑能力、提升战略部队的

① 《朝中社：朝鲜不会单方面遵守暂停核试验和洲际弹道导弹发射的协议》，俄罗斯卫星通讯社，2020 年 1 月 1 日。

战争准备。

二是以强硬姿态回应美国所坚持的极限施压政策。3 月，美国务卿蓬佩奥在七国首脑峰会上继续呼吁各国对朝鲜核导计划施加外交和经济压力，[①] 试图通过极限施压迫使朝鲜弃核。针对美国拒不回应朝鲜在缓和紧张关系和无核化方面所作出的积极努力，坚持极限施压和要求先弃核后取消制裁、建立和平机制的谈判路线，朝鲜中央社发表声明表示，朝鲜已经失去了与美国开展对话的兴趣。7 月 10 日，朝鲜中央社刊发了朝鲜劳动党中央委员会第一副部长金与正的谈话，要求美国改变对朝敌对政策，指出美朝对话主题应从过去的无核化措施与取消制裁，转为消除敌意与恢复谈判，进一步阐明了朝鲜的谈判立场，并要求美国采取实质性回应行动。

朝鲜尽管在核导计划、军事力量建设以及美朝对话政策等方面不断释放既坚持立场，又希望谈判的信号，但美国一直未对此作出实质回应，美朝对话和谈判在 2020 年继续陷入僵局。美国坚持朝鲜首先无核化然后解除对朝制裁、建立和平机制的强硬路线，直接影响 2020 年美朝关系的走向，阻碍了半岛无核化和建立和平机制的进程。

四、《禁止核武器条约》生效冲击多边核军控共识

2020 年 10 月 24 日，洪都拉斯成为第 50 个批准《禁止核武器条约》的国家，从而使条约达到正式生效的条件。[②] 根据《禁止核武器条约》规定，条约将在获得 50 个国家批准后的第 90 天，即 2021 年 1 月 22 日起正式生效。

---

① Julia Masterson, "North Korea Spurns Diplomacy With United States," *Arms Control Today*, May 2020.

② Daryl G. Kimball, "Ban Treaty Set to Enter Into Force," *Arms Control Today*, November 2020.

《禁止核武器条约》是在一些激进的无核武器国家大力推动下，于2017年7月在联合国大会通过的，其核心内容是“禁止核武器的拥有、研发、储存、转移、试验或威胁使用”，将核武器“完全非法化”，要求各国销毁所持有的核武器。到2020年12月，已有61个国家批准并加入了该条约。

条约在酝酿和谈判阶段便受到核武器国家及部分无核武器国家的反对和抵制。由于核武器国家和事实拥核国家都没有加入这一条约，因此，其代表性、权威性和影响力有限。条约还进一步加剧了多边核裁军领域存在分歧和力量分化的趋向。当前，多边核军控领域面临诸多立场分歧和矛盾，既有基本的立场矛盾，如拥有核武器的国家间承诺互不首先使用核武器的必要性及对核裁军意义，如何在《不扩散核武器条约》框架下协调推进防扩散与核裁军，应该采取什么样的行动路线推动核裁军，无核武器国家对于核裁军是否也有相应的义务等。各国对多边核裁军具体行动亦存在分歧和矛盾，如《禁止生产核武器用裂变材料条约》谈判、《全面禁止核试验条约》生效、中东无核武器区问题、拥有最大规模核武库的国家在核裁军方面的特殊优先责任等问题。各国的立场分歧导致国际社会难以协调行动，其解决之道在于各国继续保持多边对话和磋商，逐步寻求共识。而《禁止核武器条约》缺乏包容性，不仅未能更好地整合各种力量，而且还不可避免地加大了拥有核武器的国家与无核武器国家间的对立，使多边核裁军取得进一步进展变得更加困难。

综上所述，2020年国际核军控和裁军形势发生诸多变化，呈现停滞，甚至倒退的迹象。展望2021年，随着美拜登政府上台执政，美有可能重新审视其核军控政策，适度回归多边主义，这将对未来国际核军控进程产生新影响，值得关注。

【核政策与核裁军】

美国拜登政府核军控政策前瞻

蒋翊民

“核裁军核查国际伙伴关系”倡议的进展

郑妍　伍钧

构建未来国际军控秩序的思考

鹿　音

美国拜登政府核军控政策前瞻

蒋翊民

内容提要：拜登政府高度重视核军控，其军控团队主要成员已逐步就位。初步分析，拜登政府将重点推动五项军控议题：一是延长《美俄关于进一步削减和限制进攻性战略武器措施的条约》并以此为基础设计后续军控安排；二是采取措施谋求回归并考虑加强伊核协议；三是谋划推动解决朝核问题；四是计划降低核武器作用，推动将慑止和在必要时报复核攻击作为美国核武器的唯一作用；五是考虑应对高新科技全新挑战。同特朗普政府相比，拜登政府核军控政策更具务实性、更重视盟友伙伴战略协调、更关注国际舆论反应，具体施政效果将受到美国内政治动向、对外关系运筹以及后续军控方案设计等因素影响。

关 键 词：拜登政府；核军控政策；特点；效果

作者单位：中国工程物理研究院战略研究中心

2021 年 1 月 20 日，民主党人乔·拜登宣誓就任美国第四十六任总统。在经历了特朗普执政四年连续不断的“黑天鹅”与“灰犀牛”事件之后，国际核军控界普遍对拜登政府抱有相当期待。拜登在上任后火速续约《美俄关于进一步削减和限制进攻性战略武器措施的条约》（以下简称“新 START 条约”），更彰显了其在核军控领域希望有所作为的积极姿态。同特朗普及其团队相比，拜登及其团队肯定核军控价值、重视核军控议题、军控政策同特朗普政府差异显著，但实际施政效果将受到多方面因素影响。

一、拜登军控团队及其核军控政策主张

拜登政府内阁级与副部级主要负责军控的官员正在逐步就位，团队已基本成形。拜登重视核军控议题，在竞选时即明确提出核军控政策纲领。在上台后，拜登及其团队致力于恢复美国国际领导力，迅速推动其核军控政策主张付诸实施。

（一）拜登军控团队基本构成

拜登从政经验丰富，资历深厚，当选特拉华州参议员时年仅 29 岁，是迄今为止美国历史上第六年轻的参议员。① 在参议院任职时，拜登曾担任参议院外交委员会主席与司法委员会主席。自 2009 年起，拜登作为奥巴马竞选搭档担任八年副总统。担任参议员与副总统时，拜登均曾深度参与军控，特别是核军控工作。早在 1979 年 8 月，拜登就曾率领青年参议员代表团访问莫斯科，推动美苏在第二阶段限制进攻性战略武器条约后尽快启动第三阶段谈判。② 20 世纪 90 年代，拜登支持《全面禁止核试验条约》批约。担任奥巴马政府副总统期间，拜登认同奥巴马“无核世界”理念，大力支持伊朗核问题《联合全面行动计划》（以下简称“伊核协议”），积极促成参议院批准美俄新 START 条约。

拜登政府内阁级与副部级主要负责军控的官员正在逐步就位，团队已

① “Biden, once one of the nation’s youngest senators, will be its oldest president,” *The Washington Post*, January 2021, https://www.washingtonpost.com/history/2021/01/11/youngest-senators-joe-biden/.

② “Soviets Amendable To SALT Shifts, Senators Infer,” *The Washington Post*, August 30, 1979, https://www.washingtonpost.com/archive/politics/1979/08/30/soviets-amendable-to-salt-shifts-senators-infer/52174880-47ae-4f83-93c5-aa02765c1d67/.

基本成形。从已就位成员看，拜登政府军控团队建制派精英底色浓厚，既有扎实军控专业知识，也有丰富对外实务操作经验。

在白宫国安会系统内，国家安全事务助理沙利文（Jake Sullivan）系罗德学者、曾任教于耶鲁大学法学院，在奥巴马政府时期长期担任副总统拜登的国家安全事务顾问，曾深度参与伊核协议谈判，作为美国代表团成员同伊朗代表在瑞士日内瓦开展多轮磋商。[①] 负责军控与大规模杀伤性武器防扩散事务高级主任斯图尔特（Mallory Stewart）系军控法律问题专家，长期任职于国务院，也曾短期任职于史汀生中心等智库机构，在奥巴马政府时期，斯图尔特曾在军控、核查与履约局内担任助理国务卿帮办。

在国务院系统内，国务卿布林肯（Antony Blinken）任职经历横跨政界、商界以及学界，曾任奥巴马政府常务副国务卿，是达成伊核协议的重要人物。即便在离任后，布林肯仍撰文大力支持伊核协议。[②] 常务副国务卿舍曼（Wendy Sherman）在奥巴马政府时期曾担任副国务卿，是伊核协议谈判的关键人物。[③] 负责军控与国际安全的提名副国务卿詹金斯（Bonnie Jenkins）系军控与防扩散专家，[④] 在布鲁金斯学会、兰德公司等智库长期任职，曾在奥巴马政府时期担任国务院降低威胁项目政策协调员，代表美国

---

① "A timeline of key events in US-Iran negotiations, "*Yahoo News*, November 25, 2013, https: //news. yahoo. com/timeline-key-events-us-iran-negotiations-051720553--politics. html?guccounter = 1&guce_ referrer = aHR0cHM6Ly9lbi53aWtpcGVkaWEub3JnLw&guce_ referrer_ sig = AQAAANgN4OU2lM913vvd KUTvr-Qzq0G-flfO2rjzcQaKZaWupBtBna-53EoZm0AanhxEo _ XAbsDdr2CQOScFI4p6MRv4lInEVrgDeY1leJmKu3N9psaf8fSbl-T9iXC_s92rx2m3QcRE_dyXF8xM_vr7Ae_VASmuQqGPNKVzyFZnSAah.

② Antony Blinken, "Why the Iran Nuclear Deal Must Stand, "*The New York Times*, February 17, 2017, https: //www. nytimes. com/2017/02/17/opinion/why-the-iran-nuclear-deal-must-stand. html.

③ "Biden nominates veteran diplomats for top State posts, " The Reuters, January 16, 2021, https: //www.reuters. com/article/us-usa-biden-diplomats-idUSKBN29L0I0.

④ "Humphrey global policy fellow Dr. Bonnie Jenkins nominated to Biden administration, " *The Minnesota Daily*, February 1, 2021, https: //mndaily. com/265136/news/humphrey-global-policy-fellow-dr-bonnie-jenkins-nominated-to-biden-administration/.

参加防止大规模杀伤性武器全球伙伴关系。①

在国防部系统内，目前拜登政府已提名的高官同样具有军控与防扩散研究背景。国防部常务副部长希克斯（Kathleen Hicks）长期供职于战略与国际研究中心，系资深防务问题专家，曾在奥巴马政府担任助理国防部长首席帮办，领导出台了2010年国防部《四年防务评估》以及2012年《防务指南》。② 提名国防部负责政策事务的副部长卡尔（Colin Khal）系斯坦福大学科学与国际安全研究中心联席主任，曾在奥巴马政府时期担任副总统拜登的高级国家安全顾问，对伊朗核问题与朝核问题均有一定研究。

（二）拜登政府核军控政策举措

拜登重视核军控议题，在竞选时即明确提出核军控政策纲领。在上台后，拜登及其团队致力于恢复美国国际领导力，迅速推动其核军控政策主张付诸实施。

1. 续签新START条约并谋划后续军控安排

美俄新START条约由时任美国总统奥巴马与时任俄罗斯联邦总统梅德韦杰夫于2010年4月签署，2011年2月5日正式生效，有效期十年。根据条约规定，若双方同意，条约可最长延期五年。作为美俄双边核裁军框架下的仅存条约，新START条约能否延期引起国际社会广泛关注。特别是在特朗普政府频繁退约退群的背景下，国际社会对该条约的前途存在严重担忧。自2020年6月以来，美俄在维也纳等地先后举行多轮磋商，双方在非战略核武器限制、将中国等纳入限制以及核查等问题上分歧严重，始终未

---

① "Bonnie D. Jenkins, Coordinator for Threat Reduction Programs," U. S. State Department, https://2009-2017. state. gov/r/pa/ei/biog/126045. htm.

② "Dr. Kathleen H. Hicks, Deputy Secretary of Defense," U. S. Department of Defense, https://www. defense. gov/Our-Story/Biographies/Biography/Article/2523096/dr-kathleen-h-hicks/.

能就续约达成一致。[①]

在竞选期间，拜登多次表态支持延长新 START 条约，并将其作为军控领域四项施政举措之一。[②] 拜登就任总统后，正式提出将新 START 条约延长五年。白宫新闻发言人表示，拜登总统长期以来即明确表态支持条约延期。特别是在当前美俄敌对关系下，延期条约更加具有意义。2021 年 2 月 3 日，美俄正式就新 START 条约延长五年达成一致。[③]

在延长新 START 条约的同时，拜登政府认为需要设计适应当前全球战略现实的军控新安排。从当前拜登表态来看，在这一问题上采取了两步走思路，即以延长新 START 条约作为第一步，在此基础上将设计后续军控安排作为第二步。美国务院在新 START 条约延期声明中表示："拜登政府将利用延期争取的五年时间，同国会以及盟友伙伴密切配合，同俄罗斯开展涵盖所有核武器的军控。美国同时将会同中国开展军控，以降低中国核武器现代化及核武库增长带来的危险、增强稳定、提升透明与可预测性。"[④] 美驻日内瓦裁军大使伍德（Robert Wood）于 2021 年 1 月底也表示，美国将继续致力于推动新军控，最终涵盖更多武器、包含更多国家。美国希望中国参与这一进程。[⑤]

---

① "New START: A timeline of inaction and disingenuous proposals," *The Bulletin of Atomic Scientists*, December 14, 2020, https://thebulletin.org/2020/12/new-start-a-timeline-of-inaction-and-disingenuous-proposals/.

② "The Biden Plan for Leading Democratic World to Meet the Challenge of the 21 Century," https://joebiden.com/americanleadership/.

③ On the Extension of the New START Treaty with the Russian Federation, The State Department, February 3, 2021, https://www.state.gov/on-the-extension-of-the-new-start-treaty-with-the-russian-federation/.

④ Antony J. Blinken, "On the Extension of the New START Treaty with the Russian Federation," The State Department, February 3, 2021, https://www.state.gov/on-the-extension-of-the-new-start-treaty-with-the-russian-federation/.

⑤ "U.S. says START extension makes sense with Russia ties poor," Reuters, January 26, 2021, https://www.reuters.com/article/russia-usa-security-envoy/u-s-says-start-extension-makes-sense-with-russia-ties-poor-idUSL8N2K1500.

2. 重新回归伊核协议

拜登视伊核协议为其副总统任内的重要成就，其团队内多名军控要员曾深度参与伊核协议谈判。在竞选纲领中，拜登强调伊核协议是历史性协议，阻止伊朗获取核武器。拜登抨击特朗普政府退出协议，导致伊朗重启核项目，刺激伊朗在中东地区采取挑衅性的行为。

针对伊朗，拜登政府目前重点推动两方面举措：一是维持对伊朗战略压力，要求伊朗无条件重新履行伊核协议义务。拜登多次强调针对伊朗应采取强硬外交手段，伊朗应首先重新履行协议承诺，否则美国不会单方面放松制裁。① 美国国务卿布林肯 2021 年 2 月再度重申，美国只有在伊朗首先履行协议的前提下才会重返协议。② 2021 年 2 月，拜登下令对叙利亚进行空袭，并明确宣示此举意在向伊朗传递强硬信号。二是同盟友密切磋商形成共同立场。竞选期间，拜登即强调伊朗核问题需要获取盟友支持。美国国务卿布林肯就职后，立即同欧洲盟友密切协调，谋求在伊朗核问题上协调立场，形成合力。③

3. 推动降低核武器作用

早在 2017 年 1 月，拜登即发表文章，全面阐述了对核武器以及核军控的认识。拜登认为核武器具有超强毁伤能力，即便一枚核武器也可能造成严重后果，军控绝非向战略对手妥协，而是防范核战争、防止彻底毁灭的有效举措。拜登明确支持将核武器唯一作用界定为慑止以及在必要时报复

---

① "Joe Biden: There's a smarter way to be tough on Iran," CNN, September 13, 2020, https://edition.cnn.com/2020/09/13/opinions/smarter-way-to-be-tough-on-iran-joe-biden/index.html.

② "Biden attempt to resurrect Iran nuke deal off to bumpy start," The Associate Press, February 23, 2021, https://apnews.com/article/donald-trump-iran-iran-nuclear-diplomacy-middle-east-fe94f33feaa974d244c0e3cdd6c33dfc.

③ "US says it's ready to join talks to resume Iran nuclear deal," The Associate Press, February 19, 2021, https://apnews.com/article/politics-antony-blinken-iran-e889eb350422f2dcaf507be217e57071.

核攻击。①

在竞选期间，拜登重申认同“核战争打不赢，也打不得”的理念，将继续推动降低核武器作用。在竞选纲领中，拜登再度提出寻求在任内降低核武器作用，认为核武器的唯一作用就是慑止并在必要时报复核攻击，表示将会同军方以及盟友密切协调，寻求推动该政策主张付诸实施。②

在推动降低核武器作用的同时，拜登也将对美国核武器现代化项目进行重新评估。在竞选期间，拜登明确反对美国发展低当量核武器，强调将在保持可信威慑的同时，降低核武器作用以及削减核武器项目开支，确保核武器项目开支维持在可持续的水平。③

4. 酝酿对朝鲜“综合性战略”

朝核问题缘于20世纪90年代，在特朗普政府任期内，美朝虽实现了历史性首脑会晤，但未能取得任何实质性成果。

拜登认为朝核问题严峻复杂，绝非通过几次首脑峰会就能够取得实际进展。同特朗普政府“自上而下”推动朝核问题不同，拜登政府当前体现出“自下而上”的稳扎稳打思路。在竞选纲领中，拜登强调必须坚持原则，一方面同朝鲜开展外交活动，另一方面启动与盟友伙伴的战略协调，同包括中国在内的国家开展合作。④

为迅速启动对朝工作，拜登一方面迅速组建朝核问题团队，夯实工作

---

① “Remarks by the Vice President on Nuclear Security,” The White House Office of the Vice President, January 12, 2017, https://obamawhitehouse.archives.gov/the-press-office/2017/01/12/remarks-vice-president-nuclear-security.

② “The Biden Plan for Leading Democratic World to Meet the Challenge of the 21 Century,” https://joebiden.com/americanleadership/.

③ “Questionnaire for Presidential Candidates,” Council for a Livable World, October 2020, https://livableworld.org/presidential-candidates-joe-biden/.

④ “The Biden Plan for Leading Democratic World to Meet the Challenge of the 21 Century,” https://joebiden.com/americanleadership/.

层。在正式就职当天，拜登即提名资深半岛问题专家金成为国务院负责东亚及太平洋事务助理国务卿。金成长期供职于国务院，历经小布什、奥巴马以及特朗普三朝，曾担任美国驻菲律宾、印度尼西亚等国大使，被广泛认为是专家型官员。在朝核问题上，金成少年成长于首尔，通晓韩语，对朝沟通具有语言优势，并曾参与朝核问题六方会谈、美朝新加坡峰会等重要事件。随后，拜登又任命朝鲜问题专家朴正炫担任国务院亚太事务助理国务卿帮办，专门负责朝核问题。朴正炫曾长期供职于中情局以及布鲁金斯学会，长期从事朝鲜半岛问题研究。

另一方面，拜登政府也加紧同盟友伙伴的战略协调。拜登已同韩国、日本等盟友电话沟通了包括朝核问题、印太安全等议题，同韩国总统文在寅表示将共同制定一项针对朝鲜的“综合性战略”。据国家安全事务助理沙利文披露，当前拜登政府正密切与盟友沟通制定对朝政策。①

5. 关注新兴科技问题

拜登重视科技发展带来的安全问题。在竞选期间，拜登就将颠覆性科技同核战争风险、气候变化等问题一道作为当今时代面临的独特威胁之一，强调新兴科技发展必须符合伦理与法律，要将防止新兴科技竞赛作为底线。② 为充分应对新兴科技挑战，拜登政府首次设置了专门负责网络事务的国家安全事务副助理，并启动了旨在提升国家网络基础设施韧性的项目计划。③

与此同时，部分美民主党军控专家已明确建议拜登政府统筹协调核军

---

① “U. S. will closely consult with S. Korea on N. Korea: Sullivan,” Yonhap News Agency, February 5, 2021, https://en. yna. co. kr/view/AEN20210205000400325.

② “The Biden Plan for Leading Democratic World to Meet the Challenge of the 21 Century,” https://joebiden. com/americanleadership/.

③ “Remarks by President Biden on America’s Place in the World,” The White House, February 4, 2021, https://www. whitehouse. gov/briefing-room/speeches-remarks/2021/02/04/remarks-by-president-biden-on-americas-place-in-the-world/.

控和高新科技军控议题。曾在奥巴马政府时期担任负责军控、核查以及履约事务助理国务卿的弗兰克·罗斯（Frank Rose）在拜登当选后就撰文，建议拜登政府应开展同俄罗斯与中国的战略对话，在讨论核军控议题的同时，将外空、网络等领域军控议题纳入讨论框架之中。①

二、拜登政府核军控政策的主要特点

从拜登政府已有的核军控政策和举措来看，同特朗普政府相比主要有三方面特点。

（一）肯定现有条约价值，注重务实谋划军控安排

特朗普政府执政四年来，重点强调国际战略安全现实已经出现了重要变化，现有军控机制已不符合美国利益，一方面不断毁约退群，破坏传统军控机制，另一方面则不断推出新名词、抛出新概念。在 2018 年 10 月退出《中导条约》时，特朗普重点强调俄罗斯违反条约义务，中国不受条约约束，除非所有拥有陆基中程导弹的国家均消除此类武器，否则美国不会重返条约。时任美国国家安全事务助理博尔顿也宣称，《中导条约》模式陈旧、条款过时，已经被国际社会忽视和抛弃。②

2019 年以来，美又不断抛出“中美俄三边军控”③、“新时代军控”④

---

① Frank Rose, “Starting Off the Right Foot,” Brookings Institute, January 2021.

② “Bolton Affirms U. S. Intent To Pull Out Of Arms Treaty With Russia,” The NPR, October 23, 2018, https://www.npr.org/2018/10/23/659911920/bolton-affirms-u-s-intent-to-pull-out-of-arms-treaty-with-russia.

③ “Trump Still Wants Multilateral Arms Control,” Arms Control Association, April 2020, https://www.armscontrol.org/act/2020-04/news/trump-still-wants-multilateral-arms-control.

④ “U. S. Seeks ‘New Era of Arms Control’,” Arms Control Association, November 2019, https://www.armscontrol.org/act/2019-11/news/us-seeks-new-era-arms-control.

以及“下一代军控”[①] 等概念，要求未来军控包含所有导弹、所有弹头以及所有武器，并将中国纳入相关进程。[②] 2020 年，特朗普政府进一步提出下一代军控的优先事项，即限制俄罗斯在新 START 条约范畴内的进攻性战略武器、不在条约范畴内的新型进攻性战略武器、非战略核武器、中国核武库以及核常两用装备。尽管特朗普政府在核军控领域举措频繁，但不仅未能形成国内共识，也未能得到相关方的支持，更因为蛮横霸道的操作引发国际舆论普遍批评。

同特朗普政府相比，拜登政府同样认可当前全球战略安全形势已经出现重要变化，但在如何采取军控对策的思路存在差异。与特朗普政府意图推倒重来的颠覆动作不同，拜登政府表现出循序渐进的务实思路。

一是充分肯定现有军控条约作用。拜登政府认可现有核军控条约对美的战略价值。美国务院在延长新 START 条约续约声明中表示，续约使美国可在 2026 年 2 月 5 日前以可核查方式限制俄罗斯的洲际弹道导弹、潜射弹道导弹以及战略轰炸机，条约核查机制能够令美国确定俄履约行为、了解俄核态势变化。在当前美俄关系持续紧张的情况下，保持对俄罗斯洲际射程的核武器进行可核查的限制至关重要，延长新 START 条约使美国及其盟友与伙伴更加安全。[③]

二是基于国际核态势的基本现实谋划合理方案。美俄与中国核武库规模差异巨大，核战略本质不同。特朗普政府抛出中美俄三边军控，寻求将中美俄置于同一框架下，甚至意图直接将中国纳入新 START 条约模式下的

---

① “U. S. Priorities for Next-Generation Arms Control,” The U. S. State Department, April 6, 2020, https://2017-2021. state. gov/arms-control-and-international-security-papers/index. html.

② Ibid.

③ “On the Extension of the New START Treaty with the Russian Federation,” The U. S. State Department, February 3, 2021, https://www. state. gov/on-the-extension-of-the-new-start-treaty-with-the-russian-federation/.

军控限制,[①] 遭到了国际核军控专业人士的广泛质疑，最终只能不了了之。从拜登政府目前表态看，针对后续军控的安排，特别是中国问题的安排将更加谨慎。美国务院表示，将利用延期新 START 条约争取的时间，同盟友密切配合，涵盖更为广泛的俄罗斯核武器。美国也将采取措施降低中国核力量现代化以及核武库带来的危险。[②] 预计拜登政府将分别针对俄罗斯与中国的具体情况制定军控政策，与俄罗斯和中国展开更为微妙与精巧的军控博弈。

（二）重视盟友作用，注重战略协调

特朗普政府执政四年间，在军控领域的单边主义令美国同欧洲以及亚太盟友关系均现裂痕，特别是美断然退出《中导条约》与伊核协议，更引发了德国等传统盟友的强烈反对。同特朗普政府的一意孤行不同，拜登重视盟友与伙伴的战略价值，在竞选期间猛烈抨击特朗普抛弃盟友，破坏美国领导力，多次宣示将在当选后同盟友与伙伴紧密合作以形成应对全球威胁的统一战线。拜登在 2021 年 2 月 4 日的外交政策演讲中，进一步宣称盟友是美国“最伟大的资产”，美国必须再度同盟友并肩合作，重塑美国在国际机制中的地位。[③] 上任后，拜登立即终止了从德国撤军等行动，彰显了美落实对盟友与伙伴安全承诺，修补盟友伙伴关系的积极姿态。

在军控政策上，盟友与伙伴同样是拜登政府表态的高频词。在其竞选

---

① “U. S. Seeks Broader Nuclear Arms Pact,” *Arms Control Today*, May 2019, https://www.armscontrol.org/act/2019-05/news/us-seeks-broader-nuclear-arms-pact.

② “On the Extension of the New START Treaty with the Russian Federation,” The State Department, February 3, 2021, https://www.state.gov/on-the-extension-of-the-new-start-treaty-with-the-russian-federation/.

③ “Remarks by President Biden on America’s Place in the World,” The White House, February 4, 2021, https://www.whitehouse.gov/briefing-room/speeches-remarks/2021/02/04/remarks-by-president-biden-on-americas-place-in-the-world/.

纲领罗列的四项军控工作中，三项均强调了盟友与伙伴的作用。在伊朗核问题上，拜登政府强调需要盟友与伙伴支持以便进一步加强和扩大协议。拜登正式上台以来，已先后致电法国总统马克龙与德国总理默克尔讨论伊朗核问题，就协调行动达成初步共识。国务卿布林肯也已利用欧盟委员会副主席兼外长视频会议同盟友讨论了伊朗核问题。在朝核问题上，拜登同样强调将同韩国、日本等亚太地区盟友密切合作。2021 年 2 月 3 日，拜登致电韩国总统文在寅，强调将继续致力于强化美韩同盟，增强美国安全承诺，并特别指出美韩在朝核问题上协调立场的重要性。① 在降低核武器作用问题上，拜登政府也强调将同盟友伙伴密切协商以推动该政策落地。

（三）关注国际社会反应，注重掌握舆论制高点

特朗普政府在军控领域的粗暴操作不仅引起美国内争议及盟友反对，更引起国际社会强烈不满。近年来，包括 120 个成员的不结盟运动国家以及新议程联盟等集团在《不扩散核武器条约》审议大会及筹备会议上多次抨击特朗普政府发展低威力核武器降低了核武器使用门槛，推高了核战争风险，批评特朗普政府《核态势评估》报告违背其防扩散与核裁军义务，威胁国际安全与和平。②

拜登认为，美国恢复全球领导能力绝非仅仅需要强大的军事实力，而是需要依靠美国的综合能力。在竞选期间，拜登在《外交政策》上撰文，强调美国必须重新赢得世界的信任，重建在特朗普政府治下遭到重创的美

---

① "South Korea's Moon pledges to upgrade alliance with U. S. in call with Biden," Reuters, February 4, 2021, https: //www. reuters. com/article/us-southkorea-usa-idUSKBN2A4028.

② "Preparatory Committee for the 2020 Review Conference of the Parties to the Treaty on the Non-Proliferation of Nuclear Weapons," *Nuclear disarmament, Working paper submitted by the Group of Non-Aligned States Parties to the Treaty on the Non-Proliferation of Nuclear Weapons*, March 21, 2019, https: //reachingcriticalwill. org/images/documents/Disarmament-fora/npt/prepcom19/documents/WP12. pdf.

国信誉，重点处理包括降低核战争风险、气候变化等问题。① 就任总统后，拜登在对外政策讲话时再度重申，“美国领导世界不仅依赖其实力，也依赖其向全世界以身作则的榜样”。②

基于这一思路，预计拜登政府后续军控施策将更加重视国际社会的反应，注重政策的国际舆论动向，力求能够依托国际道义高地推动其政策主张。

三、拜登政府后续军控政策的看点

拜登政府核军控政策已初具轮廓，后续军控政策效果还将受到多层面因素的影响。

（一）新时期的军控安排

从历史上看，核军控的产生着眼于解决特定安全问题，其威胁确认以及解决方案设计均需以一定的理论理念作为基础。冷战时期，美国利用核军控主要管控核军备竞赛以及降低核战争风险，实践基本以经济学家谢林等提出的战略稳定理论为基础，重点限制容易诱发军备竞赛的防御性战略武器以及生存能力较低且容易用于先发制人打击的井基分导式多弹头导弹等进攻性战略武器。随后，这一理论逐渐被苏联及其他国家接受，成为国际核军控界普遍接受的概念。

---

① “Why America Must Lead Again Rescuing U. S. Foreign Policy After Trump,” *Foreign Affairs*, March/April 2020, https://www.foreignaffairs.com/articles/united-states/2020-01-23/why-america-must-lead-again.

② “Remarks by President Biden on America’s Place in the World,” The White House, February 4, 2021, https://www.whitehouse.gov/briefing-room/speeches-remarks/2021/02/04/remarks-by-president-biden-on-americas-place-in-the-world/.

同特朗普政府相似，拜登政府认为当前战略环境同冷战时期存在显著差异，正面临着冷战时期不曾面对的威胁，特别是高新科技迅速发展带来的挑战。目前，拜登政府关于高新科技的军控政策表述仍基本停留在原则层面，至少需要在以下两个问题上提出更为具体的主张。

一是给出新时期高新科技因素对传统核关系的影响及其运行机理的解释。在国际军控研究界，现有对高新科技影响核关系的研究，主要关注高新科技对核指挥控制系统的影响以及常规武器与核高超声速武器等对大国核关系的冲击，并且已经取得了一系列成果。① 但在官方层面，由于高新科技以及核领域问题本身敏感复杂，两者的互动关系仍不完全清晰。各国均将高新科技作为竞逐战略优势的制高点，都在着力快速发展，因此，在高新科技军控问题上均十分慎重。拜登政府强调管控高新科技因素，根本考虑固然在于维护美战略安全利益，降低美战略脆弱性，但美若以此为理由要求控制高新科技，特别是控制部分美并不完全处于优势地位的高新科技，显然将再度落入单边主义窠臼，不仅难以令相关方接受，更难以令国际社会信服。

二是在军控议程中明确传统核军控与高新科技军控的地位作用、限制目标与可能模式。同传统核武器装备相比，当代高新科技具有诸多独特属性。一是涉及更多领域，复杂程度更高。从当前情况看，高新科技的军控至少涵盖外空、网络以及人工智能领域，上述领域均同核领域存在密切关联，且不同领域间也存在着极为复杂的互动关系。二是部分领域的高新科技军事应用处在起步阶段，其战略影响尚未完全显现。特别是人工智能军事应用等方面，目前大部分还处在概念和研发阶段。三是高新科技同社会

① James M. Acton, "Cyber Warfare & Inadvertent Escalation," *Daedalus* 149, no. 2 (Spring 2020); "Hypersonic weapons and strategic stability," IISS, March 2020, https://www.iiss.org/publications/strategic-comments/2020/hypersonic-weapons-and-strategic-stability.

经济发展耦合程度更高，军民两用属性更强。上述军控问题面临着如何区分、如何限制以及如何核查等诸多难题。对于拜登政府而言，如何设计涵盖核军控与高新科技军控的新框架，如何协调核军控目标与高新军控的目标，如何基于不同目标提出核军控与高新科技军控的具体模式都将成为必须回答的重要问题。

（二）国内政治的博弈

在国内层面，拜登政府推动核军控政策逐步落地，将涉及政府内军政之争、民主党和共和党之争以及利益集团之争等多个维度的博弈。

从军政关系维度看，美国奉行文官治军原则，包括核战略以及核政策在内的国家安全战略由国防部文官制定，但军方作为核武器装备的使用单位以及核打击计划的执行单位，承担着打击目标确认、毁伤标准制定以及武库需求计算等极为专业且高度涉密的职能，对美核战略与核政策制定事实上具有不可替代的影响力。历史上，美国军方出于维护自身军种利益以及保持军种地位等目的，曾多次以保持威慑需求、确保毁伤打击目标等理由，抵制国防部文官乃至总统削减核武器开支以及降低核武库规模的战略政策。

近年来，美国国内要求削减核武器开支、降低核武器规模的呼声再度兴起，特别在是否推进新一代陆基洲际弹道导弹以及远程防区外巡航导弹（Long Range Standoff Cruise Missile）项目等问题上争议巨大。前国防部长佩里等民主党元老认为，陆基洲际弹道导弹适用于先发制人打击，可能引发核战争。远程防区外巡航导弹可能引发误判、降低核武器使用门槛。基于上述理由，佩里等强烈要求政府取消上述项目。对此，美国军方坚持认为陆基洲际导弹是美国“三位一体”核威慑中反应最快的一支，具有特殊价值。美国战略司令部司令理查德等军方高层强调，民兵-Ⅲ型洲际弹道导弹已严重超期服役，美国必须推进陆基战略威慑系统。围绕远程防区外巡航导弹，时任美战略司令部司令海腾等军方高层多次强调，美当前的空基巡航导弹已经无法突破敌方先进空防系统，美国必须推进更具隐身性的下一代空基巡航导弹系统。

从党派维度看，长期以来，民主党与共和党对军控的作用等认识具有深刻差异，令军控议题多次成为美国国内党派政治斗争的焦点。冷战结束后，民主党与共和党围绕军控分歧更趋尖锐，军控作为美国两党意识形态标签的色彩更加鲜明。在奥巴马政府时期，两党围绕新 START 条约批准问题就展开了博弈，条约批准在奥巴马政府承诺增加核武器开支后方才涉险过关。在特朗普政府任期内，两党围绕美国退出《中导条约》、研发部署低威力核武器等一系列议题再度展开了激烈斗争。① 民主党把持的众议院军事委员会多次利用“国防授权法”立法机会寻求限制美国研发部署低威力核武器，同共和党把持的参议院产生激烈冲突。②

当前，美国国内政治分裂的局面依旧，拜登政府推动军控政策仍将面临重重阻碍。从国会构成看，根据政府追踪（GovTrack）网站对国会议员政治倾向统计，当前参议院以及众议院内两党基本势均力敌，政治倾向也泾渭分明，在军控问题上的对峙与斗争将长期存在。

从利益集团维度看，拜登政府寻求削减核武器项目，将可能涉及数以

---

① “Smith, Engel Warn Against Exit from the INF & New START Treaties: ‘It Would Divide Our Allies and Play Directly Into President Putin’s Hands’,” October 24, 2018, https://adamsmith.house.gov/2018/10/smith-engel-warn-against-exit-from-the-inf-new-start-treaties-it-would-divide-our-allies-and-play-directly-into-president-putin-s-hands; “Smith Criticizes the Administration’s Deployment of W76-2 Low-Yield Nuclear Warheads,” February 4, 2020, https://armedservices.house.gov/2020/2/smith-criticizes-the-administration-s-deployment-of-w76-2-low-yield-nuclear-warheads.

② Joe Gould, “House panel would bar low-yield nuke deployment, Open Skies Treaty withdrawal,” June 3, 2019, https://www.defensenews.com/congress/2019/06/03/house-panel-would-bar-low-yield-nuke-deployment-open-skies-treaty-withdrawal/.

千亿计的核武器装备项目，将势必引发军工利益集团的反对。美国防部统计，美计划用于替代民兵-Ⅲ型洲际弹道导弹的新一代陆基战略威慑系统将耗资2640亿美元，① 远程防区外巡航导弹耗资约为110亿美元。② 面对拜登政府可能出现的政策调整，2021年2月以来，部分军工集团背景的保守派智库频繁撰文，强调远程防区外巡航导弹有利于加强空基运载平台生存能力，可提升空基运载平台打击效能，还可有效对冲陆基与海基核力量的技术不确定性，是美国在新时代确保核威慑可信的必要组成部分。③

（三）对外关系的运筹

拜登政府当前的军控政策议程既有与俄罗斯、中国等国的博弈，还涉及同盟友与伙伴等互动。拜登政府军控政策的具体效果，既将受到大国关系以及盟友关系总体发展的影响，也将取决于美对包括军控在内的对外关系议题的布局运筹。

从美俄关系看，尽管当前两国围绕新START条约延期问题迅速达成一致，但双边关系仍旧紧张，两国既需要处理军控领域内传统问题与新兴挑战，也需要面对其他领域议题可能对军控问题造成的掣肘与冲击。在军控领域，美俄对新START条约后的军控安排各有主张。美认为后续军控安排需包括俄新型战略进攻性武器、非战略核武器，需要考虑将中国纳入其中。

① "Pentagon estimates new ICBM system to cost ＄264 billion over life cycle," *The Inside Defense*, October 7, 2020, https://insidedefense.com/daily-news/pentagon-estimates-new-icbm-system-cost-264-billion-over-life-cycle.

② "Raytheon Prevails on LRSO, Lockheed Out," *Air Force Magazine*, April 20, 2020, https://www.airforcemag.com/raytheon-prevails-on-lrso-lockheed-out/#:~:text=The%20Congressional%20Budget%20Office%2C%20in,not%20include%20a%20conventional%20variant.

③ "LRSO: Why America Needs the Nuclear Long-Range Standoff Weapon," The Heritage Found, February 5, 2021, https://www.heritage.org/defense/commentary/lrso-why-america-needs-the-nuclear-long-range-standoff-weapon.

俄则要求后续军控安排必须包含可能涉及战略稳定的所有核与非核武器系统。俄不反对将第三方纳入限制范畴，但强调应优先考虑英国和法国。在军控领域之外，美俄关系仍然面临着人权问题等诸多复杂严峻挑战，由此导致的两国关系走向必然对军控博弈产生影响。

从中美关系看，拜登政府面临的局面更加复杂。在军控领域，中国核力量规模有限，核战略同美俄有本质差异。在高新科技因素的影响下，中美战略安全关系还涉及网络、外空等多个领域。经过特朗普政府四年的“炒作”，中国问题已成为拜登政府核军控决策中无法回避的议题。鉴于特朗普政府直接推动中美俄三边核裁军等简单粗暴操作无果而终的教训，重视国际反应、强调道义舆论的拜登政府显然需要探索更加合理、更能取得国际社会支持的途径将中国纳入军控进程。在军控领域之外，中美双边关系涉及政治、经济、安全、文化等多个领域，拜登政府如何在极端复杂的双边关系框架下定位军控议题并运筹军控同其他议题的关系，这将对拜登政府核军控政策的实际效果产生影响。

在盟友管理方面，拜登政府视盟友为美国最大的战略资产。基于拜登政府当前的核军控议程，至少在两大问题上需要妥善处理推进军控议程与强化盟友与伙伴的关系。

一是推进降低核武器作用乃至宣布核武器“唯一作用”同对盟友安全承诺之间的关系。美国当前向北约盟友以及亚太地区的韩国、日本以及澳大利亚提供核保护伞，并将其作为同盟安全关系的重要支柱之一。拜登政府推动降低核武器作用乃至宣布核武器唯一作用，也可能影响美延伸威慑的效用范围，将进一步引起盟友疑虑。目前，已有部分美盟国学者撰文反对拜登政府宣布该政策，认为此举降低美安全承诺的价值、削弱美核保护伞的效用。[①] 显而易见，如何处理这一矛盾将是拜登政府推动降低核武器作用无法回避的问题。

二是调整核武器项目同盟友核力量发展的关系，这在美英核合作问题上体现得尤为明显。长期以来，美英在核弹头设计以及运载工具等方面合作密切，两国核武器现代化项目存在密切关联。2020 年 2 月，英国在美国宣布将研发海基潜射弹道导弹搭载的新一代弹头 W93 后，随即宣布将启动新弹头研发工作。[②] 但自 W93 项目启动以来，美国内争议不断。美国国会部分议员质疑在美正在延寿 W76 和 W88 两款核弹头的情况下，是否有必要研发新款核弹头。[③] 在力主削减核武器开支的拜登政府上台后，该项目前景也出现一定不确定性，已经引发英国关切。2020 年 8 月，英国就曾采取直接致信美国国会这一“史无前例”的方式进行游说，敦促美国国会支持 W93 项目。在拜登当选后，英国国防部官员再度发声，强调美国如果调整 W93 项目将对英国产生深刻影响。显而易见，若拜登政府对该项目采取调整措施，需要妥善处理英国在此问题上的关切。

四、结论

拜登政府上台抬升了国际核军控界的期待，但美核军控政策的实施面临国内政治、对外关系等诸多变数，具体效果仍然有待观察。在当前大国

---

① “A ‘No-First-Use’ doctrine would undermine American nuclear deterrence,” *The Lowy Institute*, January 21, 2021, https://www.lowyinstitute.org/the-interpreter/no-first-use-doctrine-would-undermine-american-nuclear-deterrence.

② “Britain confirms new nuclear warhead project after US officials spill the beans,” *Defense News*, February 25, 2020, https://www.defensenews.com/global/europe/2020/02/25/britain-confirms-new-nuclear-warhead-project-after-us-officials-spill-the-beans/.

③ *Fact Sheet: The W93 Warhead*, Center for Arms Control and Non-Proliferation, January 28, 2021, https://armscontrolcenter.org/the-w93-warhead/.

战略关系微妙、传统核军控面临重大冲击、高新科技因素影响持续凸显的背景下，核军控未来走向已成为国际社会普遍关注的重大全球性安全议题。在此背景下，拜登政府推动后续核军控议程，更应当客观评估国际战略安全现实，充分考虑相关各方的战略诉求，尤其应当吸取特朗普政府时期美国至上的单边主义理念以及蛮横粗暴军控操作带来的负面教训，同其他各国一道以合作性姿态应对共同的核军控挑战。

“核裁军核查国际伙伴关系”倡议的进展

郑妍　伍钧

内容提要：“核裁军核查国际伙伴关系”倡议旨在搭建一个核武器国家和无核武器国家交流合作的平台，共同确定与核裁军核查有关的重大差距和技术挑战，共同研究探讨应对这些挑战的技术和程序，在推动核裁军核查技术发展的同时，促进双方在核裁军方面的相互理解。该倡议吸引了29个国家和欧盟参与其中，自2015年正式启动以来，已完成两个阶段的工作，影响力逐步扩大。

关 键 词：“核裁军核查国际伙伴关系”倡议；核裁军；核查技术；进展

作者单位：中国工程物理研究院战略研究中心

核裁军核查技术研究长期以来主要由核武器国家开展，无核武器国家少有涉及。但近年来，广大无核武器国家对国际核裁军进程不满加剧，同核武器国家矛盾日趋尖锐。2013年下半年，美国国务院开始考虑建立一个非正式的、多边的机构开展核裁军核查技术性、程序性研究工作，通过围绕核裁军核查技术同无核武器国家开展交流，加强无核武器国家对核裁军复杂性的认识。2014年，美智库“减少核威胁倡议”（Nuclear Threat Initiative，NTI）经深入研究，重点建议“国际社会必须立即行动建立并维持一支全球性的核查专家队伍”，并强调核武器国家和无核武器国家应该加入国际核查研究工作中，以使核查更有效并建立国家间的信任。

2014年12月4日，美国国务院正式宣布美国政府将与“减少核威胁倡议”合作开展“核裁军核查国际伙伴关系”（International Partnership for Nuclear Disarmament Verification，IPNDV）倡议，通过构建合作框架加强无核武器国家对核裁军核查所面临复杂挑战的理解，并努力应对这些挑战。美国认为此举将有助于加强现有《不扩散核武器条约》（NPT）相关工作，加强无核武器国家在核裁军核查工作中的作用。“核裁军核查国际伙伴关系”倡议旨在搭建一个核武器国家和无核武器国家交流合作的平台，通过提高无核武器国家在核裁军核查工作中的参与度，在同一合作框架下共同评估核武器监测与核查带来的挑战，提出应对方法，从而加强无核武器国家对核裁军核查领域困难的认知，促其认同以循序渐进的方式推进核裁军进程，并共同为该进程未来的发展进行方案设计和知识储备。

一、倡议第一阶段主要进展

2015—2017年为“核裁军核查国际伙伴关系”倡议工作的第一阶段，共有29个国家和欧盟（EU）参与。中国和俄罗斯以观察员身份参加了相关活动。29个参与国和1个国际组织包括：阿根廷、澳大利亚、比利时、巴西、加拿大、智利、中国、欧盟、芬兰、法国、德国、梵蒂冈、印度尼西亚、意大利、日本、约旦、哈萨克斯坦、墨西哥、荷兰、挪威、菲律宾、波兰、俄罗斯、韩国、瑞典、瑞士、土耳其、阿拉伯联合酋长国、英国、美国。

“核裁军核查国际伙伴关系”倡议认为，核武器拆卸的可核查将是未来军控核裁军协议的核心，因此其工作围绕着如何解决三个关键问题而展开：一是如何证实这些核武器已经被拆除；二是所有的核武器国家和无核武器国家如何能够信任这一进程；三是如何在不共享核武器敏感信息的情况下（这些敏感信息可能导致核武器扩散），信任这一进程。为解决这三个关键问题，在第一阶段成立“了解监测与核查的目标”“现场视察”以及“技术挑战与解决方案”三个工作小组，分头开展工作。第一工作组主要讨论监测与核查目标，由荷兰与英国担任主席；第二工作组主要讨论现场视察，由澳大利亚与波兰担任主席；第三小组主要讨论技术挑战与解决方法，由瑞典与美国担任主席。

为“核裁军核查国际伙伴关系”倡议相关工作奠定共同基础，工作组确定了核武器拆卸生命周期中的14个关键步骤，以核武器从运载工具上卸下为始，到部件的最终处置为终。这14个步骤是未来核裁军协议下与拆卸相关活动的分解框架，也是工作组的工作基础。第一阶段涉及步骤6至步骤10的监测和核查活动，其中包括核武器的物理拆卸（步骤8），这是与未来核裁军核查有关的最重要和最复杂的挑战之一。经过第一阶段的工作，工作组提出了潜在可用的监测与核查技术（见附表1），并得出结论：“尽管仍存在严峻的挑战，潜在可应用的技术、信息屏障以及适当的视察流程安排将提供一个前进的路径，在未来的一项多边核裁军协议中，一方面使核弹头拆卸的多边监控成为可能，另一方面还能处理有关安全、防扩散以及保护敏感信息的关切。”

二、倡议第二阶段主要进展

“核裁军核查国际伙伴关系”倡议第二阶段（2018—2019年）在第一阶段工作的基础上，确定在核武器拆卸生命周期的所有阶段中存在哪些可以应用的技术和程序，并探讨可能在未来的核裁军核查情景中出现的跨领域问题，以实现将工作从“纸面转向实践”。“核裁军核查国际伙伴关系”

倡议在该阶段吸纳了匈牙利、尼日利亚两国作为新伙伴，并在第一阶段工作基础上成立了第四、第五、第六工作组。第四工作组主要讨论核武器申报核查，由波兰与英国担任主席；第五工作组主要讨论削减核查，由澳大利亚和荷兰担任主席；第六工作组主要讨论核查技术，由美国和瑞典担任主席。

具体而言，第四工作组工作重点是如何核实某国申报的核武器总数，包括如何证实已申报地点的核武器数量以及如何证实其他地点没有核武器。一个有效核查条约的核心，是对履约行为制定一组标准的定义。未来对于与限制、削减或消除核弹头（相对于运载工具）有关的条约，首要条件之一就是核查最初申报的核武器数量。通过分析和审议以往条约核查制度，第四工作组确定了未来在制定任何核武器核算方案时必须考虑的关键标准，以及可以应用于这种核算方案的核查框架。尽管核查制度的细节将取决于具体的条约要求和所涉及的各个国家，但第四工作组研究表明，在许多不同的核查制度中都存在许多相似之处。第四工作组以《欧洲常规力量条约》（*Conventional Forces in Europe Treaty*）中的条款和概念为例，展示了如何为潜在的核武器核查制度奠定基础。

第五工作组主要讨论削减核查。该工作组分析并描述了多边核查的基本特征，确定了“核裁军核查国际伙伴关系”倡议的 14 步拆卸框架中的总体核查目标，说明了解决每一步目标的视察活动。该工作组的重点是准备详细的视察方法以及支持它们所需的技术种类。工作组还审议了一系列可能影响未来核查制度设计的跨领域问题，审议了拆卸产生的特殊核材料处置方案，以及如何对其进行核查。

第六工作组专注于对“核裁军核查国际伙伴关系”倡议第一阶段认定的 14 步拆卸框架中的关键核查技术进行识别和评估。在第一阶段，明确了这些关键技术是对核爆炸装置及其关键部件进行检测和监控的能力差距所在。其他工作组提出了更多的监控需求，工作组试图找出满足这些需求的核查技术。该工作组工作还包括对信息屏障的需求进行认定，以便在使用某些核查技术的同时保护敏感信息；审议了实践活动，包括伙伴国家的技术发展；进行技术演示，包括用实验测试某被动无损检测核辐射技术的测量范围。

第二阶段共进行了五次实践演练和技术演示。2019 年 6 月，“核裁军核查国际伙伴关系”倡议在荷兰乌特勒支举行的联合工作组会议上组织 40 多位专家开展了桌面演练，探讨了“核裁军核查国际伙伴关系”倡议的 14 步拆除框架内的跨领域要素。该工作重点是对一个国家申报的核武器数量进行核查以及对核武器的销毁进行核查。演练的场景设定为多边执行一项军控协议。根据该协议，某国家需申报其拥有的弹头总数，并拆除其中一些弹头。演练的参与者重点着眼于核武器的部署以及存储地点（步骤 1 和步骤 2），首先，考虑在该场景下需要哪些信息，其次，如何验证核查声明和拆卸过程初始化需要哪些必要活动，再次，要求确定监控和核查技术发展方面最重要的差距和挑战，最后，演练以一个五年内拆除数百枚核弹头的微型游戏结束。参与者分为视察方和被视察方，以探讨在拆卸大量核弹头时对监控和视察的方法与优先顺序方面的影响。参与者还讨论了如何应对压力环境下的视察（例如，被视察方拒绝访问）。

2019 年 6 月，“核裁军核查国际伙伴关系”倡议在荷兰应用科学研究组织所（The Netherlands Organization for Applied Scientific Research）开展了高爆炸药探测方法演示，使用了包括 X 射线成像、中子探测以及蒸汽试验（vapor test）三种潜在技术在内的多种技术，并演示了高爆炸物探测方法。这些演示说明了 X 射线成像、中子探测和蒸汽试验三类技术，可用于探测作为核武器拆卸过程中的高爆炸药存在。

2019 年 9 月，“核裁军核查国际伙伴关系”倡议在比利时核研究中心

（SCK·CEN）开展了关于特殊核材料（SNM）核查的技术演示，10个国家的30名代表与会。比利时技术演示除了提高技术认知外，还强调了国际科学合作在开发核查挑战解决方案方面的价值。在2019年9月的两周内，参与者使用无损、被动方法研究了具有各种屏蔽材料的未辐照混合氧化物（MOX）燃料的探测器性能（见附表1）。在比利时核研究中心高度安全的设施中进行此项演练可提高活动的真实性，因为条件类似于真实的核裁军核查场景。实验生成的技术数据为“核裁军核查国际伙伴关系”倡议合作伙伴对相关核查挑战的进一步分析提供了资源。

2019年9月，“核裁军核查国际伙伴关系”倡议在德国尤利希研究中心举办由法国和德国联合组织的核裁军核查演练，11个国家的22名代表参加。演练重点在核武器拆卸阶段评估监护链的概念，目的是确保在名义核弹头拆卸过程和拆卸以后核材料没有被移作他用。参与者分为三个团队——现场视察团队、被视察团队和评估团队。经过两天的培训，参与者在随后的三天里演练核查程序，使用真实的监控和视察设备，利用替代放射性物质来模拟在核弹头中发现的特殊核材料。视察方和被视察方遵循了为演练而制定的检查程序，评估组则对演练进行了严格评估（视察程序、视察设备及演练计划、准备和培训），以得出宝贵的经验。

此次核裁军核查演练有别于其他相似活动的最突出特点，就是涵盖专家范围更为广泛。部分演练参与者曾参加双边活动或“四方核查伙伴关系”（美国、英国、挪威和瑞典）。总体而言，评估人员和演练参与者认为，演练表明“核裁军核查国际伙伴关系”倡议制定的视察概念和方法是正确的，但也存在进一步改进空间。例如，应确保将视察工作和资源更明确地聚焦于关键核查目标。演练中使用的视察设备展示了其价值，使用该设备所获得的知识为将来“核裁军核查国际伙伴关系”倡议发展提供了思路。演练组织者开发的视察场景以及尤利希研究中心提供的设施为演练增添了真实感，有利于提炼包括如何确保活动与视察的战略目标保持一致等涉及未来演练具体设定的宝贵经验，有助于今后的核裁军核查工作，同时有助于提升与之相关的专家能力。

2019 年 12 月，“核裁军核查国际伙伴关系”倡议在加拿大核实验室（Canadian Nuclear Laboratories）开展了利用 μ 介子断层扫描技术（muon tomography）探测密封容器中是否存在特殊核材料的可行性技术演示，旨在证明对核裁军进行多边核查的可能性。加拿大核实验室专家演示了在识别容器中是否存在特殊核材料方面的 μ 介子断层扫描技术的适用性。加拿大核实验室还开发了用于自动探测屏蔽重金属是否存在的初步软件。μ 介子断层扫描技术是一种使用宇宙射线粒子生成三维图像的技术。从这次演练中获得的经验将有助于获知这项新技术是否适用或如何适用于核裁军核查。

在第二阶段中，“核裁军核查国际伙伴关系”倡议同样重视同包括《不扩散核武器条约》审议大会在内的其他国际平台开展沟通外联活动。2020 年 3 月 5 日，在《不扩散核武器条约》审议大会的联席会期间，法国播放了核裁军核查演练的视频和报告，并在网络上发布了相关视频和新闻报道。从视频看，过程中模拟了核/放射性材料，采用了辐射测量、封签、激光、视频监控、相机照相等技术措施。法方报告人表示，演练使大家认识到，在尊重核不扩散义务和国家安全利益的同时，有可能致力于推进核裁军进程，演练还提供了有核国与无核国进行对话的机会，可能在两者间建立互信，促进战略稳定。

三、结语

“核裁军核查国际伙伴关系”倡议第三阶段工作原计划于 2020 年 3 月启动，但由于新冠肺炎疫情的影响，线下会议被一再推迟。预计倡议在第三阶段将扩大其实践工作，基于一种综合性的场景设计，即一个名义上的核武器国家及该核武器国家的核武器企业开展核查演练，以确定“核裁军核查国际伙伴关系”倡议各工作组开发的专门核查选项是否以及如何应用于实际的核查活动，并进一步确定可能存在的最重要核查差距。

“核裁军核查国际伙伴关系”倡议是在美主导下开展的重要国际进程之一。美多次强调，“核裁军核查国际伙伴关系”倡议在政治层面上有助于建立推进多边核裁军进程的互信与透明，技术层面上有助于增强核裁军核查技术的全球能力。但实际上，安全需求及政治意愿是影响核裁军进程的根本因素。在当前国际安全形势日趋复杂情况下，相关各方更应切实履行分阶段、分步骤的核裁军路线，切实维护当前国际核裁军机制，稳步推进核裁军进程。在核裁军核查问题上，虽然各方开展广泛交流有利于增进共识，但实际核裁军条约中的核查，显然最终将取决于条约缔约国如何严格履约。

附：

附表 1　比利时演练的相关核查技术性能汇总

技术名称	核查认证能力	约束条件或局限性	应用场景
康普顿型伽马成像仪	5—10 分钟测量可确定 200 克以上无屏蔽武器级 Pu	无法识别详细形状 50 厘米范围内形状改变，1 米距离内可发现	是否存在 NED / SNM（Pu），SNM 形状变化（Pu）
HPGe 伽马谱	1 小时测量，准直器限制剂量率	Pu-240 的 642 能峰与 Pu-239 的 645 能峰分辨困难	SNM 存在、Pu 同位素比值
英 HPGe	最短测量时间 30 分钟，1 天内完成测量	运输过程探测器受损，异常峰	同位素身份及比值、质量
英 NaI	测量时间 20—30 分钟	放射性同位素存在	—

续表

技术名称	核查认证能力	约束条件或局限性	应用场景
瑞 HRGS	30 分钟安装，冷却 4 小时，电制冷，确定了 Pu-239的含量	200 千电子伏特以下屏蔽后伽马弱，无法评估，不能测 U	无屏蔽的 U 和 Pu 同位素成分
低能 Ge 伽马谱（400 千电子伏特以下）	液氮，冷却探测器 24 小时，距离 2.5—25 厘米，谱测量时间半小时以内。Pu-9 含量相对不确定度 0.2%—2.5%	估算 Pu-242 含量不准确；样品应尽可能少屏蔽；	Pu 同位素及上次分离时间
总中子计数	安装时间 30 分钟，测量时间 30 分钟；中子源或裂变材料存在	双重符合计数太低，一致性未得到检测；PTR - 32 软件	中子源或裂变材料存在
中子多重性	1800 秒或 3600 秒测量时间，R 的不确定度 2%—10%	各向异性源分布影响了数据处理	NED 核查，探测能力下限分析
嵌套中子能谱仪	中子能谱测量，距离 125 厘米时，总测量时间 30 分钟	高中子散射环境对测量结果影响较大；能谱处理软件	中子辐射存在，能谱，中子剂量率
被动中子伽马（加拿大）	总中子计数、伽马谱、中子符合	未准直，中分辨能力 γ 探测器，结果使源自 U 和 Pu 同位素的峰及 Am-241 的峰重叠。测量时间太短，1 天不够	SNM 存在、同位素特征
压缩感知伽马成像（澳、EU）	安装时间 10 分钟，测量时间 1 米时，1 分钟左右	对低放射性活度的测量需要更长时间	光学+辐射成像伽马能谱、位置及同位素身份+中子存在

资料来源：作者自制。

构建未来国际军控秩序的思考

鹿　音

内容提要：核时代安全环境的变化必然带来国际军控秩序的调整变化，超级核大国在这一过程中的表现却不令人鼓舞。当前和未来，大国关系凸显竞争性且发展趋势很难预测，全球军控安全形势发展正面临困境。美俄整体力量对比的消长使原有军控条约更难执行，而其他新兴力量在核军控领域能否发挥较大作用仍需拭目以待。主要核国家对国际军控秩序的理解不断加深，为未来全球军控秩序提供重要参考。基于历史传统的扬弃，基于大国关系演进的时代特征，维护和增进全球战略稳定，依然是构建未来国际军控秩序的重要考虑。

关 键 词：核时代；国际军控秩序；战略稳定

作者单位：国防大学国家安全学院

当前，国际军控秩序正面临大变革进程中的转折点，这一变革也是当今世界百年不遇之大变局的重要组成部分。毋庸讳言，冷战时期形成的美苏（俄）主导的全球核军控机制，随着美苏（俄）双边条约的不断瓦解，越来越面临着消亡的风险。美国拜登政府执政后，美俄《新削减战略武器条约》续约问题在最后期限前勉强过关，美俄两国于 2021 年初达成一致，将条约延长五年。[①] 但无论如何，传统的以大国军控条约主导的国际军控体系和全球战略稳定态势正在面临越来越大的挑战，旧的全球核军控机制的逐渐消亡只是时间问题，新的全球军控机制呼之欲出。在此背景下，大国竞争加剧的国际安全环境、核不扩散的难题、无核国的禁核诉求以及如何构建新的国际军控秩序，引发越来越多的关注。

一、核军控时代背景的变化

2020 年，美国国防部负责核问题的副助理国防部长办公室撰写的非正式报告《2020 年核问题手册》指出，自核时代开始以来，已经出现了三个区别明显的时代。第一个核时代以 1945 年使用原子弹为开端，终止于 1992 年，以冷战结束后美国进行最后一次核爆炸试验为标志；第二个核时代从 1992 年到 2018 年，其特点是在没有地下核试验的情况下继续保持冷战遗产式的威慑，以美国政府颁布新版《核态势审议报告》为标志，该报告公开承认俄罗斯的复兴和中国的崛起，并将这两个国家作为战略竞争者和潜在敌手；美国现在处于向第三个核时代的过渡期，其特点是在没有核爆炸试验的情况下具备有限的核武器生产能力。[②]

核时代的拐点究竟出现在哪一年，学术界可以继续探讨，但对于一些趋势性的变化，却必须尽早关注。比如，大国竞争的战略环境必然引发大国间的核竞争；新的有核国家继续出现，在大国竞争加剧的环境下，难以共同应对核不扩散的挑战；超级核大国在核政策中倾向于降低核武器使用

① 《美俄〈新削减战略武器条约〉延长 5 年》，人民网—人民日报，2021 年 2 月 5 日，http://world.people.com.cn/n1/2021/0205/c1002-32023205.html。

② Office of the Deputy Assistant Secretary of Defense for Nuclear Matters, *Nuclear Matters Handbook 2020*, https://fas.org/man/eprint/nmhb2020.pdf.

门槛，不再坚持核武器使用禁忌的传统；等等。正如一些学者所担忧的那样，“现有核力量之间更加能够容忍核升级的风险，而升级有可能带来巨大的灾难性后果”。[①] 伴随大国关系竞争性的进一步加强，从2020年开始，全球军控形势可能会持续恶化，一个新的更加危险的军备竞赛时代即将开启。除了美国2019年退出《中导条约》，2020年退出《开放天空条约》引发的负面效应外，美俄两国在核领域竞相部署新型战略武器、研发新型运载工具、加强反导系统建设，并在高超声速导弹等新型武器系统上增加预算投入等，使学界认为2020年有可能成为既不能阻止大国军备竞争螺旋升级，又不能让这样的升级失控的一年。[②]

当前，人们讨论全球军控秩序时更强调大国主要责任，但不可否认的是，绝大多数无核国家放弃拥有核武器的选择，同样是在为全球军控秩序与战略稳定作贡献。历史上，全球有近20个国家放弃了正在发展或已经拥有的核武器，同时，无核武器区在世界各地区陆续出现。可见，除了《不扩散核武器条约》承认的五个法定有核国家外，全球大多数国家选择了放弃或不寻求拥有核武器，并加入《不扩散核武器条约》体系。[③] 在这种大环境的压力下，任何一个国家要反其道而行，都不得不慎重权衡收益和代价。无核国不寻求拥有核武器的努力在一定程度上限制、遏制了核武器的横向扩散，因而各国在核军控与裁军方面逐渐形成了一种行为规范，也同

---

① Nicholas L. Miller and Vipin Narang, “Is a New Nuclear Age Upon Us? Why We May Look Back on 2019 as the Point of No Return,” *Foreign Affairs*, December 30, 2019, https://www.foreignaffairs.com/articles/2019-12-30/new-nuclear-age-upon-us.

② Michael Moran, “2020: The End of New START, or the Start of Something New?” *Foreign Policy*, December 20, 2019, https://foreignpolicy.com/2019/12/20/new-start-expires-2020-united-states-russia-talks-arms-race/.

③ 除了印度、巴基斯坦、以色列和古巴以及加入后又于2002年退出该条约的朝鲜等五个国家以外，世界大多数国家都已签署了《不扩散核武器条约》。参见国际原子能组机构（IAEA）网站，“The IAEA and the Non-Proliferation Treaty,” https://www.iaea.org/topics/non-proliferation-treaty。

时推动有核国家按照一定规则控制自己的核武器发展，主动抑制纵向核扩散，以更积极的态度确保全球战略稳定。

二、对国际军控秩序演进的进一步认知

当前和未来，大国关系强调竞争性且发展趋势很难预测，全球军控安全形势走向正面临极大的不确定性。美俄整体力量对比的消长使原有军控条约更难执行，而其他新兴力量在核军控领域能否发挥较大作用仍需拭目以待。在美俄两个超级核大国不断退出军控条约的负面影响下，即使《新削减战略武器条约》已于2021年初成功续约，始于冷战的军控条约体系也依然面临重大挑战，全球仍有可能进入核大国的核武器没有任何条约限制的所谓“无军控条约”时代。同时，由于核武器本身的发展变化，非核战略武器的发展，以及高新技术对国际军备控制和全球战略稳定带来的挑战等，都在推动现有全球军控秩序的根本性变化。人类社会事实上已经开始进入全球军控秩序的“后现代”状态，即现有军控机制无可挽回地逐渐走向消亡、而新的军控秩序尚未建立起来的时代。正因如此，现有的大国军控秩序和全球战略稳定态势值得维护，这也是为更好地构建新的全球军控秩序创造条件，给“扬弃”争取时间，避免因该秩序的削弱或消亡而造成失控。旧的军控秩序起源于冷战时期，如果其内在问题与现实矛盾难以克服，必将催生新的军控秩序，这是一个“破旧立新”的过程。在此过程中，即使暂时出现无条约或条约稀缺的时期，也不等于无军控，更不等于无战略稳定。以战略稳定为目标的军控与安全机制及具体措施依然符合国际社会的长远利益，依然会是国际社会的共同期待。

在构建未来全球军控秩序过程中，大国尤其是核大国对于管控核武器依然负有特殊责任。美俄两国应继续承担优先责任，努力维护并重构条约

体系。中国作为负责任的大国，也应发挥积极的建设性作用。探索国际军控秩序和全球战略稳定的未来框架，依然要立足于超级核大国发挥主要作用，照顾广大无核国的利益需求，同时关注影响军控体系的新要素。

新形势下，大国应首先顺应国际军控秩序的整体演进和变革，在理念上寻求突破，在实践中继续创新。当然，突破与创新要有扎实的历史考察与理论基础，也应顺应历史发展潮流和国际社会的共同诉求。这一过程不应是鲁莽的“破旧立新”“另起炉灶”，而应是将当前和未来军控秩序中出现的新情况、新要素放在原有理论的基本框架中加以研究，并更新理论要素与实践安排，这也更加符合“扬弃”或变革的逻辑与本质。

基于得到广泛认可与时间考验的美苏（俄）军控实践，也基于中国等其他有核国家对国际军控体系的贡献，构建未来军控秩序面临的第一个实际问题，就是有条件地继续维护传统军控关系，即基于条约的美苏（俄）军控框架。当前，美俄两国均有学者对维护两国传统军控关系提出了宝贵观点。俄罗斯学者普遍强调延长 2010 年《新削减战略武器条约》的重要性，并敦促签署双边协议，以此限制在《中导条约》废除后美俄两国在欧洲部署该条约禁止的中程导弹。除了《新削减战略武器条约》之外，俄罗斯学者还提出未来美俄战略武器谈判协议中应包含的三点变化：第一，未来的协议应该限制战略轰炸机等空基核武器实际数量，而不是依照《新削减战略武器条约》的计数规则，即每个部署的战略轰炸机的载弹量仅按一个核弹头计数。这样可以限制弹头总体数量，更准确地反映部署在战略系统上的核弹头实际数量。第二，未来的战略武器条约必须包含更广泛的范围，将常规和核武器系统作为战略稳定的决定性因素，战略稳定应成为这样一种状态，即任何一个国家都没有动机进行第一次核打击。第三，未来的军控协议必须明确涵盖新的核战略武器系统，包括俄罗斯正在追求的一些新核系统，如“波塞冬”核动力鱼雷和“布列韦斯特尼克”核动力巡航导弹。另外，尽管在网络、无人机和太空等新技术领域没有简单的解决方案，但世界不能忽视它们，未来的军备控制谈判必须为应对新技术和纳入更多谈判国家奠定基础。①

美国的军控研究学者则提出了保持美俄军控条约体系的一整套一般性原则，即相互保证，任何一个国家都不能显著降低对方的战略能力，共同承诺防止未来的美俄军事危机，对核危险的共同评估，以及双方都准备好利用机会以重新建立合作习惯。但是，他们也认为，一些技术问题和当前政治环境是实施以上原则的障碍，并指出，“美俄两国不仅已经走在通往战略对抗的道路上，而且在过去50多年来对双方战略关系进行的合作管理模式也即将崩溃——不仅是基于条约的军备控制，还包括旨在实现美俄战略稳定目标的所有类型的合作管理”。② 有一些美国学者认为，基于核武器几乎没有提供军事利益这一假设，以及认识到核武器不是解决现有国家安全威胁特别有效的办法，对核裁军趋势持乐观态度。他们认为，核武器在任何意义上都更像是一个政治武器，当维持核武库的战略理由变得脆弱，或者当军队、政府和公众开始认为核武器越来越无关紧要时，核武器淡出世界政治就成为可能。换句话说，缺乏军事利益正在成为核裁军的关键原因，核裁军体系日益完备，反核成为国际共识，而化学武器裁军也为核武器提供了类似的裁军路径。③

美俄两国学者对继续保持传统军控条约及战略稳定的观点，至少可以证明，美俄维系军控秩序的一系列条约安排虽然不是当前最理想的办法，

① “NTI Seminar: Alexey Arbatov Offers a Russian Perspective on Renewing Arms Control and Strategic Stability,” NTI, https://www.nti.org/analysis/atomic-pulse/nti-seminar-alexey-arbatov-offers-russian-perspective-renewing-arms-control-and-strategic-stability/.

② “Arbatov, Dunn Argue for Updating of the Concept of Strategic Stability,” PIR Center, 2018, https://www.pircenter.org/en/news/6987-3585846.

③ James J. Wirtz, “Nuclear disarmament and the end of the chemical weapons ‘system of restraint’,” *International Affairs* 95, no. 4 (July 2019), pp. 785-799.

但可能是今后一个时期防止核军备竞赛和消除核战争危险的唯一现实办法，也是保持当前全球战略稳定的有效措施。同时，这也将为下一步探讨新的国际军控秩序提供重要参考。

从20世纪90年代开始，中国就已经参与了全球军控与裁军进程。2019年以来，特朗普政府试图强拉中国参加所谓“美俄中三边核裁军”谈判，遭到了中国的明确拒绝。在此过程中，中国官方强调了中国参与全球核军控与裁军进程的事实及作出的贡献。中国不可能在现阶段参加美国所提出的所谓三边核裁军协议谈判，但中国一贯积极参与而且将继续积极参与国际军控进程，已经和正在做出的努力值得关注。中国积极参与全球多边核军控进程，包括推动五核国牵头的国际多边军控机制，为维护现有军控体制作出重要贡献。中国一直倡导全面禁止和彻底销毁核武器，所有核武器国家应该切实履行《不扩散核武器条约》第六条规定的义务，公开承诺不寻求永远拥有核武器。核裁军应采取公正合理、逐步削减、向下平衡的步骤。拥有最大核武库的国家，在核裁军方面负有特殊、优先责任，应该继续以可核查、不可逆和有法律约束力的方式，大幅削减其核武器，为最终实现全面、彻底核裁军创造条件。在条件成熟时，所有核武器国家都应加入多边核裁军谈判进程。[①] 中国不能接受某些军控与裁军议题，并不表明中国不能或者没有参加国际军控裁军进程。例如，在2014年3月的海牙核安全峰会上，习近平主席指出，“应坚持理性、协调、并进的核安全观……中国将坚定不移维护地区和世界和平稳定……同各国一道致力于消除核恐怖主义和核扩散存在的根源”。[②]

---

① 《关于中华人民共和国履行〈不扩散核武器条约〉情况的国家报告》，外交部网站，https://www.fmprc.gov.cn/web/wjb_673085/zzjg_673183/jks_674633/fywj_674643/t1659431.shtml。

② 《习近平在荷兰海牙核安全峰会上的讲话》，新华网，2014年3月25日，http://www.xinhuanet.com/politics/2014-03/25/c_126310117_2.htm。

三、建立未来国际军控秩序的初步考虑

建立未来国际军控秩序，首先需要以现实主义的视角定位大国关系。可以确定，竞争性增强成为大国关系互动的一种趋势。在这个前提下展望大国军控秩序，似有“三个变化”和“三个不变”。

“三个变化”是指：第一，大国关系的竞争性与对抗性增强，导致双边关系总体上趋于不稳定；第二，如果美国继续不加限制发展导弹防御系统和其他破坏战略稳定的能力，比如在亚太地区部署陆基中程导弹、大规模部署常规战略打击武器和反导系统等，相关国家为了确保第二次打击能力，必定会在战略力量发展上有所调整；第三，尽管中美都认识到危机稳定性降低的危害性，但由于以美为首的西方军队舰机在中国周边频繁活动而导致各方兵力的高频度近距离相遇，“擦枪走火”引发危机及其升级的可能性增高。“三个不变”是指：第一，大国都没有陷入正面对抗的主观意图；第二，有核国核武库存在的数量差距是客观现实；第三，中国坚持“不首先使用”核武器的政策，并始终将核力量维持在国家安全所需的最低水平，继续对全球战略稳定作出重要贡献。

大国整体关系对国际军控秩序有比较大的影响，而其他大国战略稳定可能涉及的技术性因素等，对未来军控秩序的影响也值得关注。国际军控秩序的未来框架仍应以保持全球战略稳定为目标，至少包括但不限于以下内容。

一是基于历史传统的扬弃。既应充分考虑美苏（俄）之间就军备控制体系进行的理论探讨与实践经验，从中得到启发，有选择地继承，又要果断抛弃不适合当今安全环境和大国关系的内容。具体而言，国际军控秩序的未来框架应遵从结构导向而非数量导向。正如基辛格和斯考克罗夫特撰

文所言："战略力量的构成不能光用数字来定义，这也取决于运载工具类型及其组合，未来谈判的目标应是战略稳定，减少武器数量应是战略分析的结果，而不是抽象的先入为主决定。"① 在设计未来大国军控条约框架时，首当其冲是建立健全战略武器领域危机管控机制及相关内容，确保大国关系不因危机事件出现不可控的风险，其次才是结构与数量考虑。结构导向的本质将会有利于维护全球战略稳定态势。

二是基于当前大国关系时代特征的军控秩序。大国政治安全关系对军控秩序的影响显而易见，美俄关系困难重重，中美关系也正经历新的历史时期的考验。在设计未来军控秩序时，不可能脱离大国关系的影响。为此，创造一个有利于大国增强互信、改善政治与安全关系的国际环境尤为重要。

三是基于事实上存在的大国战略稳定关系，承认相互脆弱性。未来建立大国战略稳定必须承认双方战略武器的相互脆弱性，美国作为力量强大的一方，应承认其相对于其他国家战略武器的相互脆弱性，以达成双方认可的、更加规范的条约体系。主要大国需认可，保持军备竞赛稳定和危机稳定符合各方利益。

四是不断涌现的新技术影响。网络、外空、人工智能、常规快速打击技术等能够对大国战略稳定产生影响的新技术不断出现并更新换代，必将成为未来构建大国军控秩序时要重点讨论的问题。

建立新的国际军控秩序与维护全球战略稳定通常需要一些原则理念和与之相应的具有约束力的国际协议加以规定，实现某种程度的机制化，形成一个能为各方接受的战略框架。在这个框架内，不同国家可能具有不同的权利和义务，但都会接受某种程度的约束。一个没有约束与规范的国际

---

① Henry A. Kissinger and Brent Scowcroft, "Nuclear Weapon Reductions Must Be Part of Strategic Analysis," *The Washington Post*, April 22, 2012, https://www.washingtonpost.com/opinions/nuclear-weapon-reductions-must-be-part-of-strategic-analysis/2012/04/22/gIQAKG4iaT_story.html.

社会，不可能建立持久的有利于战略稳定的军控秩序。基于各国学者对未来军控与大国战略稳定的讨论，新的国际军控秩序应明确从各方都容易接受的指导原则入手。初步考虑如下。

第一，现阶段继续维护以美俄战略稳定为核心的传统军控秩序格局，支持在核裁军领域的大国优先原则，美俄继续履行军控协议，包括延期后的《新削减战略武器条约》，鼓励美俄双方持续推动基于条约的战略稳定谈判。

第二，着眼构建新型全球军控秩序，从大国军事与安全关系的角度，推动各国承认并尊重各方的核心利益和重大安全关切，努力扩大各方战略利益交汇点，保证各方军事与安全关系总体稳定。在建立军控秩序领域，大国尤其要避免意识形态化的偏见，更要放弃谋求绝对优势的思路。尽管大国竞争难以避免，但大国不是必然走向对抗。各国都需采取切实行动，降低刺激大国走向对抗的可能性。同时，强化核武器使用禁忌，将战略武器的使用可能降至最低。为此，各国需主动创造有利于战略稳定的国内和国际环境，区别对待各方应承担的责任与义务，以增进互信的态度改善大国关系。

第三，认识到各有核国核力量差距的现实，不将美苏（俄）冷战式的核力量平衡作为维护全球战略稳定的基础，但同时不能单方面削弱力量弱小一方的核反击能力。谨慎研发、量产与部署新型武器系统，以及网络、外空、人工智能赋能武器、常规快速战略打击力量等；各主要核国家宜优先考虑为报复性的第二次打击做好准备，而不是追求数量上的对等，以确保大国军备竞赛稳定性。

第四，各相关国家需建立起切实可用的双边或多边危机管理渠道与危机管控机制，有效降低发生危机与冲突的可能性，并能够管控各方的安全意外事件，服务于大国关系中的危机稳定性；应充分听取各方意见，了解各国对透明度等概念的不同理解，在建立起危机管控机制过程中，逐步就建立信任措施与增进透明达成一致。

第五，新的军备控制手段大概率会继续以全球战略稳定为目标，但由于影响战略稳定的要素发生了诸多变化，如何将目标转化成军备控制的实际行动，将是个崭新的课题。各国应就以达成全球战略稳定为目标，为未来建立起新的国际军控秩序商讨标准。综合考虑对战略武器数量限制和结构限制的要求、新技术对战略稳定的影响因素，以及建立健全战略武器领域危机管理机制等，进一步科学谨慎地出台国际社会普遍认同的有利于战略稳定的规范与标准。

第六，各国应将战略力量发展中的可能导致“不稳定”的因素最小化。换言之，就是将与达到威慑需求相适应的各国核力量中的“不稳定”因素最小化。比如，美国奥巴马政府将分导式多弹头从所有洲际弹道导弹上拆除的决定，就是朝着这个方向的具体步骤。总体而言，大国应在核力量发展上采取克制，在新的军控秩序建立过程中，不以追求绝对优势的力量发展模式绑架国际社会的总体安全稳定。

【核不扩散】

伊朗核问题从对抗、僵持转向接触、谈判

秦　天

朝核问题的沉寂与风险

凌胜利　王寅鸽

伊朗核问题从对抗、僵持转向接触、谈判

秦　天

内容提要：2020 年是伊朗核问题的转折之年。一方面，美国与伊朗承 2019 年激烈对峙的余绪，在核研发与地区安全层面展开斗争。伊朗显著提高了铀浓缩的丰度与储量，但折损了伊斯兰革命卫队“圣城旅”指挥官苏莱曼尼。另一方面，随着拜登当选美国新总统并表示愿意重启伊核谈判，伊朗核问题重心由“斗”向“谈”转变。从拜登上台前后美伊互动的情况看，新伊核谈判要谈起来、谈下去、谈出成果面临诸多挑战。

关 键 词：伊朗；美国；伊核谈判；制裁

作者单位：中国现代国际关系研究院中东研究所

2020 年，与伊朗核问题有关的大事频发。从年初伊朗将军苏莱曼尼殒命，到拜登赢下美国总统选举，再到岁末伊朗顶尖核科学家遭遇暗杀，波澜起伏。尽管美国特朗普政府于 2018 年退出伊核协议后，伊朗突破伊核协议限制的举措连续不停，但是美国大选结果改变了伊朗核问题演变的战略态势，美伊博弈主轴正从对峙与僵持转向可能的谈判。然而，历史不会简单地重复，重启伊核谈判、达成新的伊核协议不会一帆风顺。

一、核问题持续恶化

伊核协议的实质是伊朗限制核研发活动，而美国减轻因核问题对伊施

加的制裁。2020 年，美国对伊朗突破核协议限制的措施进行了针对性制裁，而伊朗毫不服软，继续提高核研发量级。伊核协议遭遇进一步冲击。

美国方面，继 2019 年 4 月将伊朗伊斯兰革命卫队指定为“外国恐怖组织”、2019 年 5 月开始全面封杀伊朗石油出口等重拳之后，特朗普政府不断推陈出新，以期维系其制裁的强度。在核领域，2020 年 3 月 17 日，美国商务部将 5 名伊朗核科学家列入“实体清单”，5 人均被指称为伊朗 2003 年之前秘密研制核武器计划中的骨干。① 5 月 27 日，国务卿蓬佩奥宣布终止所有对伊核协议框架下仍在运行的伊朗民用核项目的豁免，包括阿拉克重水堆改造、向德黑兰研究用反应堆提供浓缩铀、研究用反应堆乏燃料出口，并要求涉事企业在 60 天缓冲期后退出上述项目；同时，美根据 13382 号总统行政令将伊朗原子能机构负责气体离心机研发的两名高官列入制裁名单；出于安全生产考虑，延长对伊朗布什尔核电站的豁免 90 天。② 9 月 21 日，美国国务卿、国防部长、商务部长、财政部长等高官联合宣布制裁伊朗核及军工领域 20 余个实体与个人，其中包括伊朗原子能机构数名副主席、伊朗原子能机构发言人、伊朗核科技研究院院长、伊朗离心机公司下

① “Secretary of Commerce Wilbur Ross Announces Additions to Entity List including Iranian Nuclear Scientists and Other Suppliers of Iran's and Pakistan's WMD Programs,” The U. S. Department of Commerce, March 17, 2020, https://2017-2021. commerce. gov/news/press-releases/2020/03/secretary-commerce-wilbur-ross-announces-additions-entity-list. html.

② “Keeping the World Safe From Iran's Nuclear Program,” The U. S. Department of State, May 27, 2020, https://2017-2021. state. gov/keeping-the-world-safe-from-irans-nuclear-program/index. html.

属厂家的负责人等多名核领域要人。[①] 在上述制裁后，伊核协议允许的伊朗与外国的民用核合作已很难继续。

核可伊核协议的联合国安理会第2231号决议规定，联合国对伊朗的常规武器禁运于2020年10月18日期满失效。这是伊朗从核谈判中获取的重要红利，但特朗普政府坚持要延长该禁令。2020年8月20日，蓬佩奥宣布，根据第2231号决议中有关“快速恢复制裁”的规定，以伊朗违反伊核协议为由，启动恢复几乎所有联合国对伊制裁的程序，相关制裁在30天后生效，其主要目的就是禁止伊朗买卖常规武器。[②] 在联合国安理会不同意美要求，且欧盟、中国、俄罗斯等强烈反对的情况下，特朗普于9月21日签署名为“冻结卷入伊朗常规武器活动者之财产”的总统行政令，制裁参与伊朗武器及相关材料（包括零部件）活动（如供应、买卖、转运、研发、培训、技术服务、咨询、金融与后勤支持）的实体和人员，同时制裁任何参与到伊朗及其所支持的准军事组织的武器扩散活动中的实体和人员。[③] 这一做法实质是，美国在无法就恢复联合国对伊常规武器禁运达成一致的情况下，对涉伊常规武器交易进行单边制裁。

① “Secretary Michael R. Pompeo and Treasury Secretary Steven Mnuchin, Defense Secretary Mark Esper, Commerce Secretary Wilbur Ross, U. S. Representative to the United Nations Kelly Craft, and National Security Advisor Robert O'Brien at a Press Availability on Iran Snapback Sanctions,” The U. S. Department of State, September 21, 2020, https://2017-2021. state. gov/secretary-michael-r-pompeo-and-treasury-secretary-steven-mnuchin-defense-secretary-mark-esper-commerce-secretary-wilbur-ross-u-s-representative-to-the-united-nations-kelly-craft-and-national-sec/index. html; “Treasury Sanctions Key Actors in Iran's Nuclear and Ballistic Missile Programs,” The U. S. Department of Treasury, September 21, 2020, https://home.treasury. gov/news/press-releases/sm1130.

② “Secretary Michael R. Pompeo At a Press Availability,” The U. S. Department of State, August 20, 2020, https://2017-2021. state. gov/secretary-michael-r-pompeo-at-a-press-availability-11/index. html.

③ “Message to the Congress on Blocking Property of Certain Persons with Respect to the Conventional Arms Activities of Iran,” The White House, September 21, 2020, https://trumpwhitehouse. archives. gov/briefings-statements/message-congress-blocking-property-certain-persons-respect-conventional-arms-activities-iran/.

伊朗则强化了突破伊核协议限制的意志和行动。自2019年5月起，伊朗开始分阶段突破伊核协议限制，约每2个月为一阶段。2020年1月5日，伊朗宣布第五阶段减少履行核协议措施，不再遵守协议对离心机数量的限制，并且在铀浓缩丰度、储量、能力和研发等主要指标上都不再受限，以后只根据自身需要进行核活动。伊朗从此放弃了所谓分阶段突破限制的做法。根据国际原子能机构的保障监督报告，2020年5月，伊朗的浓缩铀库存达到1572公斤，8月下旬，浓缩铀库存达到2105公斤。[①] 从数字看，伊朗铀浓缩活动的速度还是相对稳定的。不过，随着浓缩铀库存的累积，美国军情部门经常援引的所谓伊朗“突破核门槛”（即拥有制造一枚核弹所需的高浓铀）的时间在缩短。

2020年12月初，伊朗立法机构紧急通过《反制裁战略法》，要求伊朗政府在2个月内将铀浓缩丰度提升至20%，并使20%丰度浓缩铀储量达到120公斤；3个月内在纳坦兹核设施运转1000台IR-2M离心机，在福尔多厂安装164台IR-6离心机并在未来1年内将数量增至1000台；4个月内重启阿拉克重水反应堆并将其活动恢复至协议前水平；5个月内在伊斯法罕启动生产金属铀；给伊核协议其他各方2个月时间减缓伊朗所受的石油和金融制裁，否则伊朗将停止自愿执行的“全面保障监督协定附加议定书”，暂停国际原子能机构核查等。[②] 2021年1月初，伊朗在福尔多核工厂将铀浓缩丰度提高到20%。根据国际原子能机构2021年2月24日发布的保障监督报告，截至2021年2月中旬，伊朗重水储量达到131.4吨（较上一季度报告增加3.4吨），浓缩铀总库存达到2967.8公斤，其中丰度20%的浓

① 伊核协议所规定的上限为202.8公斤。——作者注

② “Iranian Parliament Bill on Nuclear Program: Full Text in English,” National Iranian American Council, December 3, 2020, https://www.niacouncil.org/publications/iranian-parliament-bill-on-nuclear-program-full-text-in-english/?locale=en.

缩铀 17.6 公斤。[①] 伊朗还一度威胁暂停国际原子能机构核查活动。2 月 21 日，国际原子能机构总干事格罗西访问伊朗，双方达成妥协，伊朗自 2 月 23 日起停止执行核协议框架下的“自愿措施”，但仍会完全执行与国际原子能机构的“全面保障监督协定”，国际原子能机构能够在未来三个月继续执行必要的核查，但诸如突击核查等做法将受到限制。

需要指出的是，伊朗在加大核研发活动的同时仍保持克制。其一，伊朗没有切断与国际原子能机构的合作，伊朗核活动仍然受到国际原子能机构相对严格的监督。在这种情况下，伊朗不太可能秘密发展核武器。其二，伊朗虽然提高了铀浓缩丰度，但并未突破 20%这一门槛，这也是 2015 年核协议达成之前伊朗铀浓缩的最高丰度。长期以来，以色列强调在伊朗核问题上有红线，即伊朗生产出足够量的 20%丰度的浓缩铀。换言之，如果伊朗的铀浓缩丰度超过 20%或丰度 20%的浓缩铀存量过大，以色列就可能武力打击伊朗核设施。[②] 伊朗对此心知肚明，总是游走于红线而非突破红线。其他指标方面，2013 年之前，伊朗拥有近 2 万台离心机，浓缩铀储量约 1 万公斤。[③] 与之相比，眼下伊朗核研发的量级还比较小。

2020 年，伊朗核工业与科学界还遭受两记“重拳”。一是 7 月 2 日，纳坦兹核工厂一座组装先进离心机车间发生诡异爆炸，部分精密设备损毁。美智库评估认为，此次袭击造成的损毁非常严重，伊朗要将先进离心机方

---

① 国际原子能机构（IAEA）：《根据联合国安全理事会第 2231（2015）号决议在伊朗伊斯兰共和国开展核查和监测的总干事的报告》，2021 年 2 月 24 日，https://www.iaea.org/sites/default/files/21/03/gov2020-10_ch.pdf。

② Julian Borger, “Binyamin Netanyahu demands ‘red line’ to stop Iran nuclear programme,” *The Guardian*, September 28, 2012, https://www.theguardian.com/world/2012/sep/27/binyamin-netanyahu-iran-nuclear-programme.

③ Kelsey Davenport, Daryl G. Kimball & Greg Thielmann, *Solving the Iranian Nuclear Puzzle: Toward a Realistic and Effective Comprehensive Nuclear Agreement*, Arms Control Association, June 2014, pp. 11–12.

面的能力恢复至爆炸前至少需要一年时间。[①] 二是11月27日，伊朗顶尖核科学家法赫里扎德在乘小汽车出行途中遭枪击身亡。法赫里扎德是伊朗核研发计划的关键人物，担任隶属国防部的国防创新与研究组织（SPND）主任。伊朗革命卫队高官称，法赫里扎德遭卫星遥控的自动机枪精准射杀。历史上，以色列曾轰炸伊拉克、叙利亚的核设施，对纳坦兹核工厂发起过“震网”网络病毒攻击，涉嫌于2010—2012年连续暗杀4名伊朗核科学家。故外界多猜测这两次袭击是以色列所为。伊朗对此极其愤怒，但始终没有公布完整的调查结果，也没有采取军事报复行动。这固然是伊朗能力不足，国内安保有漏洞，对外秘密行动能力比以色列差很多。但同样重要的是，伊朗也可能考虑到了美国大选因素。在本国核设施遇袭问题上保持克制，就不会给特朗普表现的机会，不会跟着以色列的节奏走，因而间接地有利于拜登胜选以及未来美伊关系。

二、核问题之外的博弈与美国大选的影响

在国际军控议题中，伊朗核问题涉及浓厚的地缘政治因素，与中东局势密切相关。伊朗核问题的国际博弈不仅在狭义的“核”层面，同时也体现于地区安全层面。

一是涉波斯湾航运安全问题。典型事件如2019年5—6月，多艘油轮在阿联酋附近海域遭黏附性水雷袭击，美国指责是伊朗所为。二是美国盟友沙特油田被袭。典型事件如2019年5月，也门胡塞武装使用无人机袭击沙特石油管道，导致该管道暂时关闭；同年9月14日，沙特东方省两处重

---

① David Albright, Sarah Burkhard, and Frank Pabian, “Damage to the Iran Centrifuge Assembly Center (ICAC) at Natanz Is Far More Severe and Extensive Than Previously Reported,” ISIS, July 8, 2020, https://isis-online.org/isis-reports/detail/damage-to-the-iran-centrifuge-assembly-center-icac-at-natanz/8.

要石油设施遭无人机和导弹袭击，沙特损失约一半的石油产能，美国、沙特调查后认为是伊朗所为。三是美国驻伊拉克基地被袭。典型事件如2019年12月27日，美军在伊拉克基尔库克的一处基地遭30余枚炮弹袭击，1名美军承包商身亡。2020年，美伊在上述三条战线的博弈仍在继续，伊拉克是其中焦点。2020年1月3日凌晨，美国使用无人机击毙刚抵达伊拉克的伊朗革命卫队"圣城旅"司令苏莱曼尼等人。1月8日，伊朗向美国在伊拉克安巴尔省的阿萨德基地发射10余枚弹道导弹，造成部分设施损毁和部分美军士兵轻度"创伤性脑损伤"，无人员死亡。3月11日，美军在巴格达北部的塔季军营遭多枚火箭弹袭击，2名美军和1名英军死亡，10余人受伤。7月5日，巴格达绿区的美国使馆附近遭火箭弹袭击，但未造成实质伤亡和损失。7月26日，巴格达北部的塔季军营遭火箭弹袭击，但未伤及驻扎在该军营的美军。2020年12月，美国国防部表示，过去一年中伊拉克美军驻地及设施遭遇火箭弹袭击50余次，后勤车队等遇袭90余次。12月20日，美驻巴格达大使馆遭到21枚火箭弹袭击，部分馆内建筑受损，特朗普政府曾为此召开国安会议，但决定暂不动武。

相比于2019年下半年伊朗对美国的反制，尤其是2020年初双方围绕苏莱曼尼之死的激烈对峙，美伊博弈烈度在2020年大部分时间有所下降，伊朗袭击美国目标的烈度和杀伤力有所下滑。这种烈度和节奏的变化是由很多因素造成的，比如，苏莱曼尼之死对伊朗及伊拉克的什叶派民兵造成一定震慑，新冠肺炎疫情对相关各方的军事行动都造成了一定影响，但最重要的影响因素是美国大选。对伊朗而言，在绝对实力远逊于美国的情况下，脱困的捷径是等待美国政策改变。如果特朗普下台而民主党胜选，新政府改变"极限施压"的做法，这是伊朗求之不得的。伊朗不能直接影响美国选举的结果，但可尽量避免特朗普在伊朗问题上得分。2020年5月19日《纽约时报》报道称，伊朗改变了对美策略，减少乃至叫停与美国的直接对抗，接受卡迪米出任伊拉克总理，叫停对美国目标的火箭弹袭击，主要考虑是美国大选选情不明、特朗普输赢不定，伊朗对美挑衅过狠反而对特朗普有利。[①] 特朗普若抓住伊朗袭击美国目标的把柄，对伊朗展开军事报复并大肆宣传，很可能拉抬其民意支持。在美国大选季保持克制，至少不会增加特朗普的胜选概率。从实际情况看，从 2020 年第二季度开始到拜登胜选之前，伊朗对美国目标的袭击烈度有明显下降。尽管很难评估伊朗的隐忍到底起了多大作用，但拜登当选美国总统无疑对伊朗有利。

三、拜登政府希重返伊核协议

早在竞选期间，拜登就曾多次批评特朗普的伊核政策，认为“极限施压”没能够阻止伊朗推进核研发，还酿成重大地区安全危机。2020 年 9 月，拜登在美国有线电视新闻网（CNN）发表专文阐述其伊朗政策，要点有三：一是坚决防止伊朗拥有核武器。二是如果伊朗重新严格遵守伊核协议，美国也将重返协议，这是后续谈判的起点。美国将扩展核协议条款，处理人质、人权、也门战事等其他关切。三是把伊朗的地区影响力推回去，针对性地制裁伊朗侵犯人权、支恐等行为。[②] 重返伊核协议、与伊朗谈判是拜登伊朗战略的关键词。以拜登执政为标志，伊朗核问题出现了触底反弹的迹象。

拜登上台后在伊朗核问题上主要做了三件事。一是组建了明显旨在回归奥巴马路线的外交团队。其核心成员基本是奥巴马政府处理伊朗问题的

① Alissa J. Rubin and Farnaz Fassihi, “Iran Quietly Lowers the Temperature with U. S. ,” *The New York Times*, May 19, 2020, https: //www. nytimes. com/2020/05/19/world/middleeast/iran-us-relations.html.

② Joe Biden, “There's a smarter way to be tough on Iran, ” CNN, September 13, 2020, https: //edition. cnn. com/2020/09/13/opinions/smarter-way-to-be-tough-on-iran-joe-biden/index. html.

旧将。国家安全顾问沙利文曾是2012年前后美伊在阿曼秘密接触的重要人物，国务卿布林肯曾担任奥巴马的副国家安全顾问，常务副国务卿舍曼则是奥巴马时期美方的伊核协议首席谈判代表，担任伊朗问题特使的马利也是奥巴马时期的伊核谈判美方团队核心成员。这批人相信谈判与协议是制约伊朗的最佳方式，对特朗普毁约痛心疾首，矢志复活伊核协议，挽回自己过去的外交成果。二是向伊朗伸出谈判的橄榄枝。2021年2月18日，欧盟对外行动署官员表示，已准备好邀请伊核协议成员国和美国参加一场非正式会晤。美国务院发言人随后表示，将接受欧盟邀请，参加“5+1”会谈，讨论伊朗核问题的外交解决途径。这是拜登上台后美欧首次正式向伊朗发出谈判邀约。三是在向伊朗发出谈判邀约的同时释放一些善意。拜登政府取消特朗普任内对伊朗常驻联合国官员活动范围施加的额外限制，致信联合国安理会确认联合国对伊朗常规武器禁运到期失效，撤销2020年9月特朗普政府要求安理会恢复对伊制裁的决定。此外，拜登政府还于2021年1月底从波斯湾撤出了“尼米兹”号航母战斗群，结束了2019年5月之后至少在波斯湾常驻一艘航母的状态，2月中旬取消了特朗普对也门胡塞武装的“外国恐怖组织”认定。

伊朗的反应较为冷淡。2021年2月28日，伊朗外交部发言人称，现在不是谈判的合适时机。重启伊核谈判的努力暂时遇挫。这一局面反映出美伊双方对如何重返或重谈伊核协议的分歧。伊朗认为，美国是破坏伊核协议的始作俑者，如果美国取消制裁，伊朗可以立刻重新履行伊核协议。简言之，伊朗希望拜登政府无条件地重返伊核协议，核心步骤是取消特朗普时期的对伊制裁。拜登政府则认为，美伊双方自动重新履约是不现实的，需要谈判解决如何重返伊核协议的问题，美国不准备在谈判之前减缓制裁，或仅仅为了让伊朗回到谈判桌而提前作出实质让步。

在立场有落差的情况下，伊朗采取了“闹”的做法，美国采取了

“等”的姿态。从拜登正式就任总统之前开始，伊朗就打破在美国大选季中的克制姿态，加大对美挑衅的力度。诸如2021年初扣押韩国油轮，2月16日在伊拉克打死美军承包商，3月3日袭击有美军驻扎的伊拉克阿萨德基地，以及2月下旬开始限制国际原子能机构对伊朗核活动的核查，都可视为伊朗向拜登政府提高谈判价码。拜登政府对伊朗新一轮挑衅则采取了相对冷静的态度。白宫称对伊朗拒绝谈判感到失望，但仍将就此问题进行有意义的接触。对伊拉克美军承包商死亡，美国报复性空袭了叙利亚伊拉克边境一带的伊拉克什叶派民兵据点，但空袭规模不大、造成的伤亡有限。美国伊朗问题特使马利3月10日称，美国将根据国家安全需要决定处理伊朗核问题的节奏，不会因为伊朗6月总统选举加快或放慢节奏。[①] 这体现出美国对伊核谈判的耐心。

四、前路漫漫

拜登时期伊核谈判起步困难，但有关各方回到谈判桌是迟早的事。一方面，美国、伊朗其实都想谈，也知道争议最终还得通过谈判来解决，欧盟、中国、俄罗斯也都支持复谈；另一方面，当前美伊博弈态势已与特朗普时期有明显区别，已从剑拔弩张甚至战争边缘状态缓和下来。难题在于怎么谈、谈什么、能否谈成。[②] 换言之，伊核谈判正式重启后的任务将更加艰巨。

回顾历史，美伊最早于2012年前后开始在阿曼进行秘密接触，2013年

---

① Barak Ravid, “Exclusive: Biden envoy says Iran elections not factor in timetable for nuclear talks,” March 10, 2021, https://www.axios.com/biden-conditions-iran-sanctions-c4d5dcf6-8421-4c60-8cc0-d7aad1cbbff2.html.

② 牛新春：《拜登政府中东政策的“变”与“不变”》，《世界知识》2021年第3期，第20页。

伊朗鲁哈尼总统上台后重启伊朗核问题“5+1”谈判，2013 年底达成临时核协议，2015 年 7 月达成全面核协议，整个过程旷日持久、一波三折。拜登时期的伊核谈判内外条件将比奥巴马时期更差。

一是美伊关系整体情况更差。奥巴马第二任期时，美伊曾有过心照不宣的合作，即共同打击“伊斯兰国”以及维护伊拉克的稳定；拜登时期，美伊已没有反恐这一合作的共同点，反而继承了特朗普时期美伊对峙的负面遗产，美伊互信处于历史上的低谷。

二是美伊国内政治环境更差。奥巴马时期的伊核谈判能顺利启动，并在半年内达成初步成果，与伊朗内政变化高度相关。当时，伊朗国内民众不满内贾德总统时期与美国对抗造成的困难局面，希望与美国关系缓和，伊朗最高领袖在很大程度上认可这一点。鲁哈尼当选新总统后，恰可顺势启动伊核谈判。如今，鲁哈尼总统两届期满，6 月总统大选之后的新总统政策如何，最高领袖对伊核谈判的态度如何，都不确定。总之，伊朗内政环境对伊核谈判顺利展开并不特别有利。从美国看，经历特朗普 4 年总统任期，美政治极化和两党对立更加严重。奥巴马谈伊核协议时固然遭到共和党反对，但拜登遭遇的质疑更早、更多。拜登任命布林肯、舍曼时均遭到参院共和党人诘问，任命伊朗问题特使马利更遭到右派人士的广泛质疑。甚至参院多数党领袖舒默也对拜登的伊朗政策持保留态度。2021 年 3 月 9 日，美国众议院 70 名民主党和 70 名共和党议员联名致信国务卿布林肯，要求拜登政府与伊朗达成的协议应该是“全面”的，要解决伊朗对所在地区构成的所有威胁，尤其是核项目、弹道导弹项目和恐怖主义威胁。[①] 由此可见，美政界对拜登重返伊核协议设置了较高的门槛。

---

① Marc Rod, “70 Democrats and 70 Republicans sign bipartisan Iran deal letter,” *Jewish Insider*, March 9, 2021, https://jewishinsider.com/2021/03/michael-waltz-anthony-brown-bipartisan-iran-letter/.

三是中东地区局势更不利于达成协议。奥巴马时期，沙特、以色列等国就反对美伊缓和，反对伊核协议，以色列总理内塔尼亚胡甚至称协议是“历史性错误”。此后，中东的反伊朗阵营在特朗普撮合之下更趋团结，标志性的事件是2020年下半年以色列与阿联酋、巴林等阿拉伯国家实现关系正常化。地区两大反伊朗势力联手对伊核谈判造成更大压力。拜登当选以来，以色列一贯地对伊核谈判持批判态度，以色列与伊朗之间还出现了疑似袭击对方轮船的情况。沙特、阿联酋等国则称，他们应该是未来核协议的参与方。① 这些国家的言行都会干扰到伊核谈判的节奏。

四是减缓制裁问题的处理难度更大。在未来的伊核谈判中，美国解除对伊制裁必定是最为重要的议题。此番伊核谈判启动艰难的一个重要原因就是，伊朗认为美国没有在解除制裁问题上显示足够的诚意。减缓制裁问题面临意图和技术两个层面的不确定性。在意图上，拜登政府可能希望利用特朗普时期留下的制裁体系，而非过早、过快地减缓制裁，从而保持对伊朗经济的压力，在与伊朗谈判中争取更有利的结果。

拜登政府即使想解除制裁，也存在技术上的制约。拜登执政之际，美国对伊朗制裁达到40年来最严厉的程度，被列入制裁名单的伊朗实体为史上最高，解除或减缓这些制裁需要大量艰苦的工作。美伊之间的讨价还价也将更为激烈。特朗普时期不仅恢复了奥巴马根据伊核协议取消的对伊制裁，还以侵犯人权、支持恐怖主义等理由施加了不少与核问题不相关的制裁。例如，2019年4月，美国务院将伊朗伊斯兰革命卫队认定为“外国恐怖组织”；2019年6月，特朗普签署第13876号行政令，制裁伊朗最高领袖及其附属组织（如领袖办公室、有关基金会等）。伊朗认为这些制裁违反了

① Emma Graham, “Saudi Arabia should be a ‘partner’ on any future nuclear deal with Iran, foreign minister says,” CNBC, November 22, 2020, https://www.cnbc.com/2020/11/22/saudi-arabia-says-it-should-be-a-partner-on-any-future-iran-deal.html.

伊核协议的精神而应予以取消。从理论上说，拜登可以通过行政手段取消这些制裁。但是，在美国法律环境中，取消涉恐制裁的门槛很高。革命卫队既被美当局认定为“外国恐怖组织”，也被认定为涉恐实体（根据13224号行政令），拜登不会轻易给革命卫队“脱恐”。对于伊最高领袖的制裁则极具象征性意义，拜登取消这一制裁需要付出政治代价。[①] 因此，与伊朗可以较容易地缩减核研发活动不同，美国减缓对伊制裁不可能一蹴而就。

综上所述，拜登时期的伊核谈判将比奥巴马时期更为艰难，伊核协议的复活之路将曲折反复。在美伊直接对话启动或双方达成初步妥协之前，伊朗核问题还可能进一步恶化。伊朗还会抓住最近一段时间继续累积浓缩铀，增加运转的离心机数量，也可能再次拿与国际原子能机构的合作做文章。鉴于此，伊朗核问题虽然有望重回妥协与谈判的正轨，但要达成基础牢、可持续性强的协议仍非易事。

① Brian O'Toole, "Rejoining the Iran nuclear deal: Not so easy," Atlantic Council, January 14, 2021, https://www.atlanticcouncil.org/in-depth-research-reports/issue-brief/rejoining-the-iran-nuclear-deal-not-so-easy/.

朝核问题的沉寂与风险

凌胜利　王寅鸽

内容提要：2020 年，受新冠肺炎疫情和美国大选等因素的影响，朝核问题相对沉寂，朝鲜半岛安全形势总体保持稳定，但美朝、朝韩关系都出现不同程度的恶化，使得朝鲜半岛的安全风险有所增加。由于美朝之间根深蒂固的互不信任、韩国战略自主性相对有限和朝核问题相关各方合作乏力等原因，朝鲜半岛虽然能够维持相对稳定，但风险始终存在。对于朝核问题而言，更是面临着“不进则退”的情况。由于拜登政府的对朝政策将有所调整，朝核问题将面临更大的不确定性。对此需要推动有关各方的积极沟通，加强朝鲜半岛的危机管理和促进朝鲜半岛的“停和机制”转换，使得朝鲜半岛局势能够相对缓和，朝核问题能够最终得以和平解决。

关 键 词：朝核问题；美朝关系；东北亚安全；朝韩关系

作者单位：外交学院国际安全研究中心

朝核问题是影响朝鲜半岛和东北亚地区的重要议题。美国总统特朗普执政期间，对朝政策相对灵活。一方面，对朝鲜进行“极限施压”，在经济和军事方面不断施加压力；另一方面，通过“峰会外交”等外交方式，确保朝鲜半岛保持基本稳定。尽管如此，朝核问题依然未能得到合理解决。[①]

① 林利民、程亚克：《有关朝核前景的若干焦点问题评析》，《现代国际关系》2020 年第 3 期，第 1 页。

2020年，受美国大选和新冠肺炎疫情的影响，朝核问题相对比较沉寂。不过，朝鲜的几次导弹试射和炸毁开城工业园内的朝韩联络办公室大楼，在一定程度上也显示了朝鲜半岛的风险增加。随着拜登政府开始执政，美国对朝政策势必会有所调整，朝核问题的前景将面临更大的不确定性。

一、朝鲜半岛总体安全形势

2020年，突如其来的新冠肺炎疫情在全球蔓延，扰乱了现有的国际秩序，也对朝鲜半岛的安全形势带来重要影响。受疫情的影响，朝鲜半岛相关各方的互动有所减少，围绕朝核问题的沟通也相应减少。总体看来，朝核问题相对沉寂，朝鲜半岛基本保持稳定状态。

美朝互动虽有所减少，但双边关系总体稳定。历经2019年美朝元首两次会晤所掀起的高潮之后，美朝关系面临着“不进则退”局面。虽然两国元首会晤引发全球关注，但由于双方分歧太大，朝核问题的解决未取得突破性进展，美朝关系的实际进展也比较有限。新冠肺炎疫情暴发以来，特朗普政府对朝政策依然是软硬兼施。一方面，特朗普政府继续强调对朝鲜进行制裁，[①] 另一方面也在寻求与朝鲜对话解决问题，避免朝鲜半岛事态恶化。不过，朝鲜认为美国缺乏诚意，与美国的会谈意愿下降。加之受疫情影响，朝鲜也尽量减少与外界的接触。2020年7月7日，朝鲜外务省负责美国事务的局长权正根发表谈话，重申朝鲜无意与美国会谈。朝鲜还告诫韩国不要仍然不合时宜地以“仲裁者”自居，希望促成朝美对话，这只会导致朝韩关系每况愈下。

① 李枏：《新冠疫情期间朝韩美三边关系调整与朝鲜半岛局势走向》，《东北亚学刊》2020年第5期，第38页。

不过美韩双方还是不放弃沟通，希望尽可能稳住朝鲜，确保朝鲜半岛安全形势总体稳定。2020 年 7 月 9 日，美国副国务卿、朝鲜政策特别代表斯蒂芬·比根与韩国新任国家安保室室长徐薰举行会谈，双方就推动朝鲜半岛和平进程交换了意见。比根在会谈中强调美国和朝鲜重启对话的重要性，表示美方将与韩国保持密切合作。徐薰高度评价比根致力于重启美朝对话的举措，并希望其为美朝重启对话继续努力。① 尽管如此，美朝关系在 2020 年基本没有太多进展。2020 年是美国的大选之年，对美朝关系也产生了极为重要的影响。为了全力冲击连任，特朗普政府不希望朝核问题在大选之年有所恶化。随着大选日期的临近，特朗普总统仍希望将朝核问题作为他的一大政绩，② 对朝鲜半岛局势依旧保持高度关注，为此也在一定程度上寻求安抚朝鲜，不采取刺激朝鲜的举措，尽量避免朝核问题横生变数，使得朝鲜半岛基本保持稳定。

2020 年的朝韩关系呈现下滑趋势。韩国总统文在寅在 2020 年的新年记者会上称，发展韩朝关系有助于推动朝美对话取得进展，有利于争取国际社会对放松或豁免部分对朝制裁的支持，他将继续推动朝韩关系改善。③ 但就现实情况看，2020 年的朝韩关系并没有如人们所预期的那样有较大进展，反而再度陷入摩擦状态。2018 年以来，在韩国的积极推动下，美朝关系有所改善，朝鲜也在弃核问题上作出了重要让步，不过，这并未换取美对朝的回报。朝鲜多次要求美国取消或减少对朝鲜的国际制裁、韩国给予朝鲜相应的物质援助作为回报。不过，朝鲜的这些要求并未得到满足，这在一

① 《美韩官员就朝鲜半岛局势交换意见》，新华网，2020 年 7 月 10 日，http://www.xinhuanet.com/mil/2020-07/10/c_1210695888.htm。

② 张慧智：《特朗普政府对朝核问题的危机管理及前景研判》，《东北亚论坛》2020 年第 3 期，第 30-42 页。

③ 조선중앙통신, 『문재인신년기자회견, 북핵외교집중』, 2020. 1. 14, https://cn.yna.co.kr/view/MYH20200114012000881?section=search.

定程度上引发了朝鲜的不满。随着朝鲜不满情绪与日俱增，韩国则成为迁怒的对象。朝鲜继续贯彻劳动党七届五中全会确立的重返“核武开发和经济发展”并进的“正面突破”的战略方针，保持对美施压态势，同时对韩政策也进行了调整。朝鲜中央通讯社 2020 年 6 月 9 日发表公报称，为抗议韩国纵容“脱北者”从韩国向朝鲜方向散发反朝传单，朝方将从当地时间当天中午 12 时开始切断朝韩之间一切通信联络线，并重新界定了朝韩为敌对关系。[①] 韩国统一部认为此举将使朝鲜半岛局势再度紧张，大幅压缩两国对话空间，给本已陷入僵局的朝鲜半岛局势增添了新变数，使得南北关系出现一定程度的倒退。[②] 不过文在寅政府为了维护朝韩关系，还是要求韩国国内团体停止散发传单，但遭到韩国国内反对党等势力的抗议。更为严重的是，2020 年 6 月 16 日，朝鲜炸毁了开城工业园区的韩朝联络办公楼。朝鲜一系列强硬举措，无疑令韩国比较难堪，也使得朝韩关系有所下滑。

尽管美朝、朝韩的矛盾有所增加，但朝鲜半岛安全形势总体稳定，这与相关各方保持对话和沟通密不可分。2020 年 1 月 13 日，中国外交部副部长罗照辉在莫斯科同俄罗斯副外长莫尔古洛夫举行磋商，就朝鲜半岛问题及亚太形势进行沟通。中俄双方一致认为，延续半岛对话缓和局面，符合各方共同利益，也是国际社会普遍期待。双方呼吁朝美坚持对话协商正确方向，相向而行，积极寻找打破僵局、解决相互关切的有效办法；重申支持朝韩改善关系、推进和解合作。双方商定继续为推动半岛政治解决进程发挥积极作用。[③] 2020 年 5 月 24 日，国务委员兼外交部长王毅在两会记者

---

① 조선중앙통신,『북남사이의모든통신련락선들을완전차단해버리는조치를취함에대함여』, 2020. 6. 9, http://www.kcna.kp/kcna.user.article.retrieveNewsViewInfoList.kcmsf#this.

② 《朝鲜批评美国干涉朝鲜半岛事务》，新华网，2020 年 6 月 11 日，http://www.xinhuanet.com/world/2020-06/11/c_1126101580.htm。

③ 《中俄副外长磋商朝鲜半岛问题及亚太形势》，新华网，2020 年 1 月 14 日，http://m.xinhuanet.com/2020-01/14/c_1125457839.htm。

会上表示，朝美之间保持沟通与对话是化解双方矛盾分歧、推动解决半岛问题的重要前提。还是那句话，谈总比不谈好。中方乐见朝美领导人能够保持互动，希望朝美早日恢复有益的对话接触。但同时，增进朝美互信、打破半岛僵局更需要实实在在的行动。也就是说，真正解决半岛问题，既要“坐而论道”，更要“起而行之”。[①] 每当朝鲜半岛形势有所恶化之时，中国都是呼吁有关各方保持冷静。在朝鲜炸毁开城工业园区的朝韩联络办公楼之后，中国外交部发言人赵立坚表示，朝鲜和韩国是同一民族，作为近邻，中国一贯希望朝鲜半岛保持和平与稳定。

总体来看，2020 年朝鲜半岛安全形势总体稳定符合各方的共同利益。但是这种相对稳定缺乏持续性，关键在于困扰朝鲜半岛安全的朝核问题并未得到有效的解决，且美朝、朝韩之间的沟通也有所减少，这在一定程度上增加了朝鲜半岛的安全风险。

二、影响朝鲜半岛安全形势的原因分析

朝核问题已经困扰国际社会多年，也成为影响朝鲜半岛安全局势的重要因素。2020 年朝鲜半岛总体保持稳定，但动荡的风险有所增加，其主要原因有如下几个方面。

（一）美国对朝鲜半岛的关注有所下降

特朗普执政以来，虽然通过美朝首脑会晤推动了朝鲜半岛局势缓和，但由于特朗普政府坚持对朝“极限施压”政策，缺乏解决朝核问题的担当

---

① 《王毅谈半岛局势：既要“坐而论道”，更要“起而行之”》，中国新闻网，2020 年 5 月 24 日，https://www.chinanews.com/gn/2020/05-24/9193426.shtml。

和魄力，使得朝核问题难以获得实质性解决。从朝核问题的历史来看，美朝互信的严重缺失始终是朝鲜半岛局势持续僵化的主要原因。导致美朝双方互不信任的原因主要有两点：一是由于两国并未建立正常的外交关系，沟通渠道有限。信息的缺失增加了双方战略误判的可能性。美国坚持朝鲜半岛无核化目标，主要基于对朝鲜政权根深蒂固的不信任，认为其他核国家拥核只是为了威慑，不会轻易使用，而担心朝鲜会在某种情况下使用核武器。① 相对于实力，美国更是基于意图来评判朝核的威胁。二是美朝都认为对方在信誉问题上存在不良记录。从美国入侵伊拉克和利比亚的事件中，朝鲜认为美国难以遵守承诺。特朗普退出伊朗核协议和《中导条约》，更加深了朝鲜的疑虑，伊朗总统曾当面告诫朝鲜外相，美国不可靠且不值得信任。② 而美国不少人仍认为朝鲜会利用谈判的机会加强自己，获得核国家的合法性，而不在弃核问题上采取实际行动。③

美朝作为朝鲜半岛局势的主要矛盾方，由于缺乏互信，导致朝鲜半岛局势难以得到根本好转。特朗普上任后一度在朝核问题上打破常规，推行自上而下的“首脑外交”。但三次首脑会谈后，朝核问题却无实质进展，对于朝鲜提出的缓解制裁等要求，美国基本置之不理，这体现美国对推动解决朝核问题缺乏诚意。特朗普政府朝核政策的结果，反过来加深了朝美之间的互不信任，④ 也使得朝核问题的解决更加困难。2021 年 1 月，朝鲜最高领导人金正恩在劳动党第八次代表大会报告中明确表示，美国无论谁掌

---

① 王俊生：《处于转折期的朝鲜半岛：国际合作与中国角色》，《东北亚学刊》2020 年第 2 期，第 40 页。

② Saphora Smith, “North Korea’s Foreign Minister Visits Iran after U. S. Sanctions Are Reimposed,” *NBC News*, August 8, 2018, https://www.nbcnews.com/news/world/north-korea-s-foreign-ministervisits-iran-after-u-s-n898611.

③ 王俊生：《处于转折期的朝鲜半岛：国际合作与中国角色》，《东北亚学刊》2020 年第 2 期，第 40 页。

④ 张薇薇：《东北亚正面临新的地缘政治现实》，《环球时报》2021 年 1 月 29 日第 14 版。

权，对朝政策的本质和本心决不会改变。① 因为美朝互不信任，无核化的谈判无异于一场零和博弈，两国都拒绝在核心议题上妥协让步，致使半岛局势缓和进展缓慢，② 继续处于僵持状态。

2020 年是美国大选之年，特朗普政府对于朝核问题的关注有所下降，其主要目标是维持朝鲜半岛局势的基本稳定，不给竞选连任添乱。基于此考虑，美国一方面继续保持与朝鲜的沟通与接触，另一方面也适度包容朝鲜的一些极端举措。但由于美国在朝核问题上难以作出巨大调整，或满足朝鲜的部分诉求，使得朝核问题再次陷入僵局。

（二）韩国对于朝鲜半岛局势的战略自主性有限

韩国的对外政策深受国际体系和美韩同盟的影响，自主性比较有限。韩国政府对朝政策的制定和实施不得不考虑东北亚地区国际体系变动的影响。在冷战后期，韩国的对朝政策受两极格局影响极大。21 世纪以来，东北亚地区体系内又发生了权力转移。伴随着中国的崛起，中美之间的战略竞争加剧。如何在处理好中韩关系与美韩关系、避免陷入自主与联盟困境，已经成为近几届韩国政府不得不考虑的问题。③

朝韩关系和美韩关系难以并行推进，美韩同盟关系变化影响着韩国在朝韩关系与美韩关系之间的战略选择。冷战后，韩国在对朝政策上的最终目标是实现民族统一，而美国在对朝政策上则更强调安全因素，双方政策

---

① 조선중앙통신,『조선로동당제 8 차대회에서한결론』, 2021. 1. 13, http://www.kcna.kp/kcna.user.article.retrieveNewsViewInfoList.kcmsf#this.

② 张弛：《朝鲜半岛局势发展前瞻与中国的作用》，《国际问题研究》2020 年第 1 期，第 108-120 页。

③ 凌胜利：《双重困境与动态平衡——中美亚太主导权竞争与美国亚太盟国的战略选择》，《世界经济与政治》2018 年第 3 期，第 70-91 页；성기영,「박근혜정부의대북정책성공가능성：북한행동변수와미중관계전망에따른시나리오분석」,『통일연구』제 17 권제 2 호，2013：5-37。

分歧日益明显。[①] 美韩双方虽在对朝政策上存在分歧，但鉴于韩国在安全上对美国的依赖及美国的国际影响力，韩国对朝政策在很大程度上受到美国对朝政策以及美韩关系的影响。[②] 当美国对朝政策或亚太战略有所调整时，韩国的对朝政策也会相应调整。[③]

回顾2020年以来的朝鲜半岛局势，韩国的战略自主性局限体现得尤为明显。2018年以来的朝鲜半岛局势缓和与韩国在各方尤其是美朝之间协调不无关系。不过随着美朝互动的加深，韩国的协调作用逐渐减弱。由于美国主导着对朝政策，而韩国对美国的政策影响有限，在缓解制裁方面难以起到劝说美国的作用。这也使得朝鲜对韩国的作用日益轻视，甚至反感韩国的协调。

2020年1月16日，美国驻韩大使哈里斯就再次强调，“韩朝合作应通过美韩工作组来进行协调”，[④] 在一定程度上体现出韩国在对朝政策上的被动状态。随着美朝直接接触的实现，朝鲜也越发清楚地看到韩国角色的局限性，并多次表达对韩国服膺美国政策的不满。在2019年10月第十八届不结盟运动峰会上，朝鲜最高人民会议常任委员会委员长崔龙海表示，只有韩国彻底摆脱侵害民族共同利益的对外依赖，为民族大业担当应尽的责

---

① Lee Sook Jong, “Allying with the United States: Changing South Korean Attitudes,” *Korean Journal of Defense Analysis* 17, no. 1 (2005), pp. 81-104; Heo Uk, “The US-ROK Alliance: Security Implications of the South Korea-US Free Trade Agreement,” *Pacific Focus* 23, No. 3 (2008), pp. 365-381.

② 韩献栋：《韩国的外交困境：一个概括性框架的解读》，《东北亚论坛》2012年第3期，第68页；朱锋：《冬奥外交、韩朝接触与美朝首脑会谈——朝鲜半岛是否将出现历史性新变化?》，《现代国际关系》2018年第3期，第12-16页。

③ 김종욱，「오바마행정부의동북아시아외교전략과우리정부의정책방향：한국의대북정책을중심으로」，『통일정책연구』 제18권제1호，2009：1-31.

④ 정용수，『해리스，韓개별관광추진경고…北은‘금강산철거’최후통첩』，중앙일보，2020.1.17，https://news.joins.com/issue/10372.

任，南北关系才能得到改善。① 但受制于国际形势，短期内韩国政府对朝政策所受自主性因素的限制将持续增加，文在寅政府能在多大程度上实现其“和平与繁荣的朝鲜半岛”的政策目标，仍是一个未知数。②

（三）有关各方的合作效果有限

朝核问题不仅是美朝之间的问题，更因朝鲜半岛在地缘政治上的重要性而牵涉到周边国家的利害关系。③ 但是朝核问题有关国家由于国内国际各种因素的影响，对朝核问题的关注度和影响力不尽相同，且难以形成推动朝核问题持续解决的合力。

中国历来积极推动朝核问题的和平解决。在过去的 20 多年间，中国一直在朝核问题的解决上不懈地贡献着积极力量，发挥关键的建设性作用。中国曾多次在朝核问题陷入僵局之时，以“劝和促谈”为宗旨将各方拉回了谈判桌，在半岛局势的发展过程中扮演着重要角色。④ 中方认为，朝核问题解决思路已经明确，那就是坚持无核化与和平机制“双轨并进”，尽快制定“分阶段、同步走”路线图，不要再失去解决问题的难得机遇。

日本对于朝核问题的关注有三点考虑。一是基于对朝核问题的安全担忧，积极配合美国对朝政策。由于日本离朝鲜的距离较近，朝鲜发展核武器被日本视为重要威胁，朝试射导弹更加剧了日本的安全担忧。不过由于日朝之间尚未建交，双方之间的沟通有限，日本对朝政策基本上追随美国。

---

① 연합뉴스，『북한 2 인자는국제회의에서미국이적대정을포기하도록촉구하였다』，2019. 10. 29，https: //cn. yna. co. kr/view/ACK20191029000200881?section=nk/index.

② 凌胜利、丁贵梓：《韩国对朝政策包容度的演进逻辑——基于韩国对朝政策的分析（1988—2018）》，《当代亚太》2020 年第 5 期，第 160 页。

③ 위성락，「주요국가의협력이한반도비핵화과정에미친영향」，『세계적지식』 제 22 권제，2019：18.

④ 张弛：《朝鲜半岛局势发展前瞻与中国的作用》，《国际问题研究》2020 年第 1 期，第 118 页。

二是日本对于“朝鲜绑架日本人”问题耿耿于怀，每次参与朝核问题的协商都希望能够推动该问题的进一步解决。即便日本不能参加，也经常要求美国将日本人质问题列为重要议程向朝鲜施压。三是日本想发挥地区大国作用。作为东北亚地区的重要国家，日本一直视介入朝核问题为其发挥地区大国作用的重要渠道。由于日朝关系的复杂性、美日同盟给朝鲜带来的压力、国内对朝政策不统一等原因，日本难以在短时间内取得对朝对话的突破。[①] 不过，一旦朝核问题有所缓和，日本也存在被边缘化的趋向。

俄罗斯作为联合国安理会常任理事国和东北亚地区大国，一直积极参加朝核问题的和平解决进程，也多次提出相关建议。当前，从朝鲜角度看，由于对美国越来越失望，所以希望借助俄罗斯向美国施压。同时，在难以打破美国制裁的背景下，朝鲜也希望获得俄罗斯的实质性帮助。但对俄罗斯而言，由于国际社会对朝制裁尚未解除，俄罗斯不可能单方面解除对朝制裁，俄朝关系发展有明显瓶颈。俄罗斯与美国在反恐等一些问题上有战略合作，也不会为朝鲜牺牲自身利益。[②] 俄是否会采取行动回应朝方期待具有不确定性。

总之，朝核问题是涉及多方利益的复杂问题，各方能够形成合力对于朝核问题的持续解决至关重要。从目前情形来看，有关各方对于解决朝核问题的共识有限，集体行动更是乏力，导致朝核问题时常陷入僵局。

三、朝核问题的前景与建议

受新冠肺炎疫情和美国政府更迭等因素影响，朝核问题不确定性有所

---

① 程桂龙：《日本朝核政策的转变与发展研究》，《国际关系研究》2020 年第 6 期，第 111 页。

② 王俊生：《处于转折期的朝鲜半岛：国际合作与中国角色》，《东北亚学刊》2020 年第 2 期，第 39 页。

增加。美国拜登政府在对朝政策方面恐怕会更加循规蹈矩，很难像特朗普政府对朝政策那样灵活，更难以无条件进行美朝首脑会晤。由于朝核问题进展有限，文在寅政府对朝政策的国内支持会有所下降，在美朝之间发挥协调作用减弱。朝鲜对美、韩的耐心则在逐渐消耗，采取强硬举措可能性增加，由此也会导致朝鲜半岛的动荡风险增加。为了维持朝鲜半岛的稳定局势，关键还是要推动朝核问题的和平解决，对此应在以下三个方面多做努力。

一是推动有关各方的积极沟通尤为必要。“六方会谈”曾为朝核问题的解决作出了重要贡献。对于“六方会谈”机制，国际社会褒贬不一，但在当时东北亚地区困难形势下，“六方会谈”对于缓和矛盾、稳定局势、阻遏战争无疑发挥了重要作用。[①] 不过，“六方会谈”机制也存在缺乏实质的内容推进、约束性太差，退出成本过低、多边协调差等问题，未来也需要对“六方会谈”机制进行改革，强化其安全保障的多边效用，通过“六方会谈”机制来形成经济促弃核的职能。[②] 回顾朝核问题的演进历程，加强有关各方对话沟通有助于维护朝鲜半岛的和平与稳定。尽管“六方会谈”重启比较困难，但保持有关各方沟通仍有必要。无论是美朝直接对话，还是三方会谈、四方会谈或六方会谈，只要有助于促进朝鲜半岛的稳定和朝核问题的解决，都可以灵活的开展。为了缓和朝鲜半岛局势，可以基于“双轨并进”“双暂停”为切入点，在照顾各方利益关切的前提下，争取推动朝鲜核问题的解决，为朝鲜半岛和平稳定与繁荣、东北亚进一步互联互通

---

① 林利民、程亚克：《有关朝核前景的若干焦点问题评析》，《现代国际关系》2020 年第 3 期，第 10 页。

② 王帆：《中国视角：朝核问题现状及解决途径》，《和平与发展》2020 年第 1 期，第 18-20 页。

及亚太和平与稳定创造条件。①

二是要加强朝鲜半岛的危机管理。回顾朝核问题持续多年发酵的历程，加强朝鲜半岛的危机管理很有必要。由于相关各方的沟通机制比较有限，且战略互信严重不足，使得朝鲜半岛危机事件爆发的风险较大。展望未来，由于美国政府更迭，美朝互动将有所改变。如果朝核问题不能向前推进，“不进则退”带来的压力会有所增加，进而可能会引发潜在冲突和新危机，此前各方的克制态度能否延续面临着不确定性。从 2019 年下半年朝鲜的举措来看，试图重拾“边缘政治”的迹象比较明显。如果朝鲜再次进行核试验或导弹试射，美韩方面能否保持克制，不使事态升级，对于朝鲜半岛局势稳定具有重要影响。显然，为了维持朝鲜半岛的安全稳定，面对安全风险有所增加的不利局面，加强朝鲜半岛的危机管理更加迫切。

三是要促进朝鲜半岛“停和机制”转换。朝核问题之所以久拖不决，与朝鲜半岛脆弱的安全环境有关。朝鲜战争已经结束 60 多年，但战争相关各方仍处在停战状态，尚未签订和平协议，这也使得在法律上存在战争死灰复燃的可能性。多年来，朝鲜之所以寻求发展核武器，在一定程度上是“拥核自保”之举。这也使朝鲜弃核要换取一定的安全保障，如美朝签署和平协议。对于朝核问题的解决，美朝之间相互妥协并改善安全关系至关重要。美国作为大国应该率先让步，在美朝关系正常化和停战机制转化方面作出积极姿态，事实证明，一味制裁只会导致两败俱伤的后果。② 作为朝核问题的主要当事国，美国应积极主动解决问题，在东北亚事务中发挥更多建设性作用，在朝鲜半岛问题政治解决进程中担负责任，为推动地区局势

① 林利民、程亚克：《有关朝核前景的若干焦点问题评析》，《现代国际关系》2020 年第 3 期，第 65 页。

② 王帆：《中国视角：朝核问题现状及解决途径》，《和平与发展》2020 年第 1 期，第 9 页。

走向缓和、实现本地区长治久安作出积极贡献。[1] 朝鲜也应抓住机会，在核导问题上保持克制，与美国积极开展沟通，在对话基础上共同推动朝核问题的和平解决。

① 《驻韩国大使邢海明在第15届“济州论坛”发表演讲》，外交部网站，2020年11月8日，https://www.fmprc.gov.cn/web/wjdt_674879/zwbd_674895/t1830413.shtml。

【外空与反导】

美利用低地轨道商业卫星资源推动军事现代化发展评析

刘　洁

英国等提出的“外空负责任行为新倡议”评析

王国语　刘佳琦　张梓阳

美利用低地轨道商业卫星资源推动军事现代化发展评析

刘　洁

内容提要：在庞大的社会资本支持下，美国已经拥有全球规模最大的低地轨道商业通信卫星星座和低地轨道遥感卫星星座。为加速新兴商业航天技术在军事应用领域的应用，推动美军事现代化发展，美军通过机构调整和机制建设，积极挖潜以低地轨道商业通信和遥感卫星为典型代表的低地轨道商业卫星资源的军用价值，效果已经显现。低地轨道商业卫星资源正在逐步成为美军构建未来作战能力的战略资源。

关 键 词：美军；低地轨道；商业卫星；通信；遥感

作者单位：中国航天系统科学与工程研究院

作为国家战略资源，航天是构建和提升国家安全能力不可或缺的支柱行业，是造福民生和创造新经济价值的强大引擎，更是推动传统产业和应用现代化发展的生力军。因此，主要航天国家也是经济、科技和国防安全能力首屈一指的国家。

一、国家安全前提下政府鼓励航天技术商业化发展

毫无争议，在当前诸多航天核心技术和前沿应用领域，美国都是实力

最强的国家，同时也是发展最快的国家。这与美国的航天科技在重商主义与市场自由竞争环境中发展密不可分。自 20 世纪 60 年代美国发射第一颗人造卫星以来，只要航天领域出现新理念、新探索，美国政府即从政策牵引、制度建设、经费保障方面给予及时而有力的支持。

对有潜力创造经济价值的发展方向，在符合国家安全利益前提下，美国政府一贯允许并鼓励产业化发展，并通过制度保障，构建和维护创新创业生态，确保政府和军方可以在市场机制下吸纳科技创新最新成果、社会丰厚资本和各行业积累的经验与智慧，以开创社会民生和国防建设的新应用和新价值。

美政府以政策推动卫星通信、发射服务、卫星遥感、空间资源商业化开发促进了相关产业快速发展，产业化发展带来的科技进步又往往第一时间应用于美军现代化建设中。因此，美军一直是商业卫星通信和遥感服务的坚定支持者和忠实用户。

二、美军牵引商业航天技术与服务进入军事应用领域

天基遥感、导航和通信是获取和传递关键信息，构建指挥、控制、通信、计算机、情报、监视与侦察（C4ISR）一体化作战体系的基础，是美军吸纳先进信息技术成果推动军事现代化发展的重要依托。

当前，全球规模最庞大、覆盖最广的空间通信卫星系统和遥感卫星系统均由美国商业公司建立，这些系统的开发过程贯穿着美军坚信低地轨道商业航天资源可用于提升作战能力和构建未来最强军事实力的决心。

（一）挖潜低地轨道商业通信卫星星座的军事应用价值

2014 年以来，以美国太空探索技术公司的星链计划和英国一网公司的

一网卫星计划为代表的低地轨道商业通信卫星星座项目逐渐从概念构想进入在轨部署和商业示范应用阶段。此类计划始终强调其目标是通过提供天基全球无缝互联网覆盖向偏远地区提供便宜而可靠的宽带接入服务，弥合信息鸿沟，克服信息孤岛带来的沟通障碍，从而赢得预期每年500亿美元的通信服务收入，同时激发经济和科教文化全面发展的潜力。

值得关注的是，这些项目的军事应用价值从来没有被忽视。美军对利用低地轨道商业卫星资源在美军事侦察和军事打击行动中发挥作用、提升美军战斗力和促进美军事现代化发展寄予厚望。① 美军从此类项目概念提出阶段即高度关注其进展，不断挖掘其提升美军信息获取、决策制定、任务执行能力的可能。为此，美国军方通过鼓励开创性探索，给予概念验证经费，发放应用验证合同，最终采购成熟解决方案等途径来鼓励和引导商业航天企业为其提供产品与服务。

（二）委托第三方开发低地轨道通信卫星军用导航定位功能

美军在引导太空探索技术公司开发星链卫星军事通信能力的同时，还与有成功经验的研究机构合作，以拓展星链卫星更多军事应用可能性。

多年来，美国军方高度依赖全球定位系统（GPS）。十多年来该系统由共31颗卫星在距地球约20200km的中地轨道运行，其中至少24颗卫星提供不间断服务。② 由于距离地球遥远，全球定位系统信号到达地面时非常微弱，容易受到电子信号干扰。美军多次声称全球定位系统信号在俄罗斯、中东国家和其他地区会受到干扰，导致全球定位系统终端被诱导输出错误

---

① Gillian Rich, "SpaceX Expands Military Role With First Pentagon Contract In New Market," Investors, November 6, 2020, https://www.investors.com/news/spacex-starlink-based-design-will-be-elon-musk-first-military-satellite.

② "Space Segment," GPS, May 21, 2021, https://www.gps.gov/systems/gps/space/.

位置信息。①

为研究星链卫星提供导航服务的可能性，美陆军未来司令部授予得州大学电磁导航实验室一份金额达950万美元的研究合同。该项研究的负责人曾于2008年创建融合（Coherent）公司，向美国海军提供融合全球定位系统和铱星导航信号的高精度定位服务。美军方判断，星链计划可以提供另一个替代全球定位系统的解决方案，并寄希望于这个方案更加先进。

建设一个全新的携带超高精度钟的新低地轨道卫星系统耗资巨大，得州大学电磁导航实验室则提出，通过较为简单的软件升级对星链卫星进行适度修改，利用全球定位系统信号和星链卫星的通信能力可提供位置和导航服务。星链的星上全球定位系统接收器所用算法非常先进，卫星定位精度高达厘米级，且卫星运算能力极强，可为地面用户完成大量运算。此外，星链卫星作为天基互联网路由器，可提供传输速率可达100Gbps的高速数据传输服务，而全球定位系统卫星的数据传输速率仅为100bps。通过瞬时轨道计算和钟计算，星链卫星可以将用户定位精度提高到70cm，远高于当前智能手机、手表和车载导航系统数米级的定位精度。

对美军方而言，星链提供的导航卫星服务最大优势是强抗干扰能力和抗诱骗能力。星链卫星距地面仅500—1100km，信号抵达地面的速度比全球定位系统快10倍以上，信号强100倍。星链卫星微波信号的方向性比全球定位系统高约10倍，这样地面天线接收真实信号的方向更加明确，更不容易被外来干扰所诱骗。②

---

① Martyn Warwick, "Starlink Satellite Constellation to Be Opted by US Army to Provide Unjammable GPS System," Telecom TV, September 29, 2020, https://www.telecomtv.com/content/6g/starlink-satellite-constellation-to-be-co-opted-by-us-army-to-provide-unjammable-gps-system-39783/.

② Mark Harris, "SpaceX's Starlink Satellites Could Make US Army Navigation Hard to Jam," *MIT Technology Review*, September 28, 2020, https://www.technologyreview.com/2020/09/28/1008972/us-army-spacex-musk-starlink-satellites-gps-unjammable-navigation/.

2020年9月，《麻省理工科技评论》发表了得州大学电磁导航实验室的一项研究报告，指出仅通过软件升级，星链计划第一期4425颗卫星完成部署实现全球覆盖后，可提供低成本、高精确和几乎无法被干扰的导航定位服务，功能可替代全球定位系统。根据得州大学电磁导航实验室的计算结果，使用星链卫星1%的下行容量和不高于0.5%的能耗，星链系统即可向全球99.8%的人口提供连续的导航服务。这份研究报告的结论无疑令美军和太空探索技术公司振奋。①

三、美军通过机制建设提速商业航天技术军事应用效率

2000年以前，美天基资源大多掌握在政府和军方手中，2000年以来，美私营商业航天企业掌握的天基资源逐渐增多，甚至已经在数量上超过政府和军方资源。为充分利用商业创新成果，美军通过机构改革建立可畅通实现商业航天技术军事化应用的机制。

（一）陆军设立商业技术研发与军事应用创新协同机制

2018年8月，美军成立陆军未来司令部，负责发展高科技军事设备，推进陆军部队现代化建设。与美陆军其他司令部着眼随时应战不同，未来司令部聚焦未来战争，为美陆军探索未来战争形势、评估未来作战环境及可能出现的新威胁，并以此为依据为未来作战人员提供掌控未来战场所需的概念、能力和组织结构。

未来司令部的职责是充分利用私营部门的创新能力，推动创新理念向

① "SpaceX Starlink Satellites Could Provide US Military with an Unjammable Alternative to GPS Navigation," Military & Aerospace, October 7, 2020, https://www.militaryaerospace.com/sensors/article/14184788/satellites-unjammable-navigation.

现实技术的快速开发，让研发成果快速转化为正式项目的产品和技术，解决具有创新技术的私营公司与军方联系少、不善于应对传统烦冗采办流程的问题。

为开发星链计划的军事应用前景，美国陆军未来司令部委托得州大学电磁导航实验室研究星链计划提供导航位置服务可能性，还于 2020 年 5 月向太空探索技术公司签发了一份测试星链卫星传递军用网络数据的协议。通过在美陆军示范项目的应用，星链计划的军用价值将得到更科学、更有效的评估，为后续有序推广奠定了良好基础。①

（二）陆军以示范应用促商业技术在军事应用领域的推广

美陆军作战能力发展司令部是发展与形成美陆军未来能力重要部门，其主要工作是开展陆军现代化建设的研发活动，通过融合科技、概念、研发、工程、测试和采购等领域的人才，确保美国陆军始终占据全球最强地面部队的地位。

陆军未来司令部是推动美军从工业时代运行模式向信息时代迈进的重要平台。其任务是改变武器装备现代化建设方式，使美军能够在速度和规模上适应、创新及融合前沿技术，保持一贯的战场优势。

美陆军曾多次表示，使用传统静地轨道通信卫星解决方案，延时长、通量不足，车辆安装的卫星天线终端尺寸太大且移动不便。美国陆军希望通过了解低地轨道卫星星座和低地轨道卫星的地面终端，寻求最先进的低轨商业卫星通信方案在军事领域的应用潜力。美国陆军作战能力发展司令部（CCDC）的指挥、控制、通信、计算机、网络、情报、监视与侦察

① Martyn Warwick, "Starlink Satellite Constellations to Be Con-opted by US Army to Provide Unjammable GPS System," Telecom TV, September 29, 2020, https://www.telecomtv.com/content/6g/starlink-satellite-constellation-to-be-co-opted-by-us-army-to-provide-unjammable-gps-system-39783/.

（C5ISR）中心负责该项目，要求提供可用、可靠和灵活的一体化网络，确保在任何作战环境下信息通信畅通。①

美军在正式采购私营部门的技术和服务前通常会签发《合作性研发协议》，通过示范项目进行评估。2020 年 5 月，美陆军向太空探索技术公司签发了为期 3 年的《合作性研发协议》，以测试战场应用星链卫星宽带通信服务。如应用效果良好，美国陆军将成为星链计划的正式用户。根据协议，美国陆军需评估星链卫星宽带通信服务接入军方系统的性能和表现，如融合程度和保密安全效果。此外，陆军还将测算配套地面设备的成本。

（三）空军设立新机制以缩短新技术军事应用周期

2016 年 6 月，美国空军组建了战略发展规划与试验办公室，其任务是通过采购商业产品并测试其在战场的应用效果，第一时间获取有军事应用前景的新技术，大幅缩短新技术用于传统军事计划的周期，为美空军构建面向未来的多域作战能力。

2018 年 2 月，星链计划的第一批两颗卫星丁丁 A 和丁丁 B 发射后，美空军战略发展规划与试验办公室立即启动星链卫星的军事应用验证，在 C-12 军用运输机上使用星链卫星进行通信测试。美空军显示，采用星链卫星通信，数据传输速率可高达 610Mbps。②

随着星链计划在轨卫星数量持续增加，2018 年 12 月，美空军战略发展规划与试验办公室为“利用商业航天互联网的国防实验”（DEUCSI）项目，

---

① Tom Fish, “SpaceX Shock: Starlink’s US Military Partnership Warning—Chinese Will Respond in Kind,” *The Express*, April, 7, 2020, https://www.express.co.uk/news/science/1266130/spacex-news-starlink-us-military-space-force-war-games-china-army-communications.

② Michael Sheetz, “SpaceX Prepares for Air Force Test Connecting an Aircraft to Its Starlink Satellite Internet,” CNBC, March 12, 2021, https://www.cnbc.com/2021/03/12/spacex-prepares-for-air-force-test-of-starlink-satellite-internet.html.

正式向太空探索技术公司签发了一份价值2870万美元的试验验证合同。根据合同，美空军在3年内将对多种军机使用星链卫星宽带通信服务进行试验验证。[①]

截至2021年5月中旬，在轨星链卫星数量已经超过1500颗，成为当前世界上最庞大的在轨星群，美空军提出将继续拓展试验项目，开展更多的地面固定点间通信、军用飞机与地面一个或多个固定点通信、地面移动车辆通信等示范应用。[②]

四、美军批量采购成熟的低地轨道商业遥感卫星服务

出于对全球安全形势的关注，美军对高质量图像和增值服务的需求旺盛，因此在自有资产外拓展商业替代方案的需求持续增长。近年来，美军用与商业卫星遥感能力融合应用确实起到了加强侦察与战斗决策能力的效果。

美国新兴商业航天企业行星公司于2013年开始部署在轨遥感卫星星座。2016年，美国国家地理空间情报局开始从行星公司采购卫星影像，2018年10月和2019年4月，美国国家地理空间情报局分别两次向行星公司签发价值均为590万美元、采购6个月卫星图像的合同。[③] 不久后，美国国家侦察办公室于2019年6月与行星公司签署了一份未透露金额的协议，

---

① Sandra Erwin, "Air Force Laying Groundwork for Future Military Use of Commercial Megaconstellations," *Space News*, February 28, 2019, https://spacenews.com/air-force-laying-groundwork-for-future-military-use-of-commercial-megaconstellations/.

② Joey Roulette, "Musk Satellite Project Testing Encrypted Internet with Military Planes," Reuters, October 22, 2019, https://www.reuters.com/article/us-spacex-starlink-airforce-idUSKBN1X12KM.

③ Jen Marcus, "Planet Awarded New Contract with National Geospatial-Intelligence Agency," Planet, October 3, 2018, https://www.planet.com/pulse/national-reconnaissance-office-signs-contract-with-planet-federal/.

双方就行星公司的遥感卫星星座如何满足当前和未来国家安全需求的开展为期 5 年的研究与验证工作。当时，行星公司的在轨卫星达到 140 颗，已经是全球在轨规模最为庞大的遥感卫星系统。[①][②] 短短 4 个月后，2019 年 10 月，美国国家侦察办公室表示行星公司的卫星影像非常有价值，向行星公司签发了一项为期数年的服务采购合同，金额未透露。根据合同，行星公司日常提供分辨率为 3—5 米的鸽群卫星数据。[③]

行星公司拥有全球最庞大的遥感卫星星群，截至 2021 年 5 月中旬，该公司在轨运营的卫星已超过 200 颗。[④] 在与美国政府利益密切相关的事件和军方行动中频频出现，其情报收集能力一再得到美国军方的肯定。行星公司为美军提供卫星情报的事件包括 2019 年朝鲜试射近程导弹，2019 年伊朗火箭发射失败，2019 年美国指控伊朗而非也门无人机轰炸沙特石油工厂，2019 年 12 月朝鲜建设新远程导弹设施，2020 年 1 月伊朗导弹袭击美军驻伊拉克军事基地，2020 年 5—6 月中印边界冲突期间中国军队集结情况，等等。行星公司为这些全球瞩目的事件向军方提供了高分辨率图像和数据分析服务。

五、结语

低地轨道商业通信和商业遥感卫星计划是当前全球商业航天活动的热

---

① Debra Werner, "NRO Awards Imagery Subscription Contract to Planet," *Space News*, October, 15, 2019, https: //spacenews. com/nro-awards-imagery-subscription-contract-to-planet/.

② Jen Marcus, "Planet Awarded New Contract With National Geospatial Intelligence Agency," Planet, October 3, 2018, https: //www. planet. com/pulse/planet-nga-contract/.

③ Peter B. de Selding, "Commercial Earth Observation German Imagery Policy Sets No Hard Limits on Resolution," *Space News*, October 14, 2013, https: //spacenews. com/37666commercial-earth-observation-german-imagery-policy-sets-no-hard-limits-on/.

④ "Company: Our Constellation Achieve Your Next Breakthough," Planet, May 21, 2021, https: //www. planet. com/company/.

点。美军密切关注相关计划的进展，敏锐捕捉低地轨道商业卫星资源的军事应用潜力，通过灵活的成果转化机制正在积极推进和放大其在美军事能力现代化建设的作用。

英国等提出的“外空负责任行为新倡议”评析

王国语　刘佳琦　张梓阳

内容提要：2020 年 12 月，英国等在联合国大会提出的“通过负责任行为准则、规则和原则减少空间威胁”决议草案（简称“外空负责任行为新倡议”）虽然获得通过，但并不意味着国际社会将在防止外空军备竞赛议题上获得预期的突破和进展。该倡议提出的“识别威胁—行为定性（负责任/不负责任）—制定规则”的路径貌似合理，实则不然。若将该倡议与美国 2020 年颁布的一系列以宣称“中俄威胁论”为出发点的外空安全政策（尤其是《外空防务战略》）对比，就会发现其中千丝万缕的联系。国际社会应当冷静客观地分析该倡议利弊，避免未来防止外空军备竞赛规则制定进程陷入政治僵局，应坚持识别国际社会而非个别国家及利益集团面临的威胁风险，重新审视“负责任/不负责任”的区分路径，聚焦讨论与外空安全相关的国际法规则识别和解释，才能对已有规则体系不足达成共识，为制定有效的外空军控新规则奠定基础。

关 键 词：外空；负责任行为；外空军控；防止外空军备竞赛；外空规则

作者单位：北京理工大学法学院

一、概述

2020 年 12 月 7 日，联合国大会第 75 届会议通过题为“通过负责任行为准则、规则和原则减少空间威胁”（以下简称“外空负责任行为新倡议”）的75/36号决议,[①] 决定在联大第76届会议“防止外层空间的军备竞赛”议题下列入题为“通过负责任行为准则、规则和原则减少空间威胁”的分议题。2020年10月12日，联合国大会第一委员会举行期间，英国以澳大利亚、法国、德国、日本、美国等22国名义，提出了“通过负责任行为准则、规则和原则减少空间威胁”的决议草案（A/C. 1/75/L. 45/Rev. 1）,[②] 随后比利时、加拿大、意大利、韩国等21个国家加入为决议草案提案国。[③] 11月6日，该决议草案全文以150票赞成、12票反对、8票弃权的获表决通过。中国、俄罗斯等国投反对票，印度、以色列等国投弃权票。[④]

与此同时，联大一委“防止外层空间的军备竞赛”议题下获得通过的决议草案还包括：“防止外层空间的军备竞赛”决议草案（A/C. 1/75/L. 3）,[⑤] 以174票赞成、2票反对（美国、以色列）表决通过；“不首先在外层空间放置武器”决议草案（A/C. 1/75/L. 62）,[⑥] 以122票赞成、32票反对、21票弃权表决通过；“防止外层空间军备竞赛的进一步切实措施”决议草案（A/C. 1/75/L. 63）, [⑦]以139票赞成、2票反对（美国、以色列）、33票弃权表决通过。[⑧]

由此可见，外空军控领域的国际政治斗争和分歧仍十分明显。21世纪

---

① A/RES/75/36, 2020. 12. 16, UN, 16 December 2020, https: //undocs. org/zh/ A/RES/75/36.

② https: //undocs. org/ch/ A/C. 1/75/L. 45/Rev. 1.

③ A/75/397, UN Digital Library, https: //digitallibrary. un. org/record/3892623? ln = en.

④ 具体投票结果请参见 *Prevention of an arms race in outer space: report of the 1st Committee: General Assembly*, 75th session, A/75/397, https: //digitallibrary. un. org/record/3892623?ln = en。

⑤ https: //undocs. org/ch/ A/C. 1/75/L. 3.

⑥ https: //undocs. org/ch/ A/C. 1/75/L. 62.

⑦ https: //undocs. org/ch/ A/C. 1/75/L. 63.

⑧ 有关这三个决议草案的具体投票结果请参见 A/75/397, UN Digita Library, https: //digital library.un. org/record/3892623?ln = en。

初以来，中俄共提的“防止在外空部署武器”[①] 等倡议，获得了发展中国家的广泛支持，而美国坚决反对，欧洲阵营则尽量保持中立。该格局在本届联大会议上出现了变化的趋势，英国提出的“外空负责任行为新倡议”，获得了一定数量的发展中国家支持。未来的外空安全、外空军控博弈局势将日益复杂激烈，从国际社会视角看，这不利于缓解外空紧张关系、增强大国间互信以及促进外空活动的长期可持续发展。

二、“外空负责任行为新倡议”主要内容

通过该倡议的75/36号决议包括16段序言和7段正文，[②] 可从主要共识、序言部分重要问题、正文的主要行动倡议三个方面进行分析。

（一）主要共识

各国在涉及“尊重已有国际规则体系权威”，“通过防止外空军备竞赛避免误判和紧张升级”等方面鲜有分歧。如“重申国际法，包括《联合国宪章》，对外层空间活动的适用性以及所有国家不受任何歧视并在平等及符合国际法的基础上探索和利用外层空间的权利”，[③] “申明所有国家必须按照包括《联合国宪章》在内的国际法开展探索和利用包括月球和其他天体在内的外层空间的活动，并敦促会员国在制定空间政策时考虑到这一点”，[④]

---

① 2008年中国和俄罗斯在裁军谈判会议介绍了关于防止在外层空间放置武器以及防止威胁使用或使用武力攻击外层空间物体的条约草案，并于2014年提交了最新文本。具体内容请参见CD/1839，https://undocs.org/ch/CD/1839，以及CD/1985，https://undocs.org/ch/CD/1985。

② 具体内容请参见A/RES/75/36，2020. 12. 16，https://undocs.org/zh/A/RES/75/36。

③ A/RES/75/36，序言第一段。

④ A/RES/75/36，正文第一段。

“重申防止外层空间军备竞赛可使国际和平与安全避免出现严重危险”,[①] “确认各国需努力避免和减轻事故、沟通失误或缺乏透明度对和平与安全的潜在影响，以避免导致误判和紧张升级并促成军备竞赛”。[②]

（二）序言中的重点问题

除倡议“进一步制定和实施负责任行为准则、规则和原则”[③] 外，序言部分还涉及空间碎片、网电干扰和核查手段三个焦点问题。

第一，关于产生长期滞留外空碎片问题。决议“强调指出由于蓄意破坏空间系统而产生的长寿命轨道碎片加大了在轨碰撞的风险，并增加了误解和误判的可能性，从而有可能导致冲突”,[④] 根据大会记录，没有国家对该段表述投反对票。[⑤] 但这不意味着各国就“产生长期滞留外空碎片”问题形成了具体共识，尤其是在可能产生长寿命空间碎片的地基、天基反卫星试验问题上，还未能达成有关其合法性的共识，以及有关“禁止或限制产生长期滞留外空碎片”的政治共识。不可否认的是，该段表述对于开展产生碎片活动（包括长期滞留外空碎片的反卫试验）持消极乃至否定的立场，这也许是印度最终投弃权票的重要原因之一。[⑥]

第二，关于网电干扰攻击问题。决议“强调指出将此种技术和手段用于不符合维护国际稳定与安全目标的目的，包括用于干扰运营商和用户信号以及攻击支持空间系统的地面基础设施，可能引发威胁感，并可能对地

① A/RES/75/36，序言第八段。

② A/RES/75/36，序言第十三段。

③ A/RES/75/36，序言第十五段。

④ A/RES/75/36，序言第七段。

⑤ 参见 A/75/397, https://digitallibrary.un.org/record/3892623?ln=en。

⑥ 印度于2019年3月27日开展了低轨（300公里左右）的反卫星试验。具体情况参见王世纯：《莫迪：印度成功完成首次反卫星试验已成太空超级大国》，观察者网，2019年3月27日，https://www.guancha.cn/military-affairs/2019_03_27_495310.shtml。

球的和平与安全产生不稳定影响，而且外层空间和地球上已经存在这种威胁”。[①] 表决时，该段以 138 票赞成、11 票反对、7 票弃权得以通过。[②] 该段提到的“外空活动中的网络安全问题”，的确是外空安全和外空规则制定领域面临的新问题，[③] 但包括中俄在内的 11 个国家仍投反对票，笔者认为这里可能有一些政治因素的考虑。在联合国和平利用外空委员会（外空委）“外空活动长期可持续性”（LTS）准则制定谈判期间，[④] 俄罗斯提出了“尊重他国地面信息设施安全”等相关准则案文，[⑤] 获得了中方支持，但因美国的阻挠和迟滞立场，外空活动长期可持续性工作组对该案文未展开充分讨论，最终未获通过。“外空负责任行为新倡议”的目标也是制定一套“准则、规则和原则”，从工作机制上看，该倡议的确存在与已有国际进程相互交叉重复的问题。毕竟，外空活动长期可持续性工作还未结束，2019 年联合国外空委大会已决定再次设立外空活动长期可持续性工作组，继续开展有关如何促进外空活动长期可持续性的工作（LTS2.0），不排除在外空活动长期可持续性新工作组框架下继续讨论制定外空活动长期可持续性准则。因此，外空军控领域和外空委框架内的外空国际规则制定可能存在交叉和重叠，这是国际社会应继续关注和解决的问题。

第三，关于核查手段问题。决议“认识到在有效核查可以具有民用和军事两种用途的空间物体的能力、解读空间物体的行为、确定这些系统是否会被用于违背维护国际安全和稳定目标的目的方面存在种种挑战的情况

---

① A/RES/75/36，序言第十二段。

② 参见 A/75/397, https://digitallibrary.un.org/record/3892623?ln=en。

③ 有关外空活动中网络安全的国际规则请参见王国语：《外空活动中的网络安全国际规则探析》，《当代法学》2019 年第 1 期，第 86-88 页。

④ 笔者作为中国代表团谈判专家，从 2012 年至 2018 年参加了“外空活动长期可持续性”的具体谈判工作。

⑤ 准则内容请参见 A/AC.105/L.301, http://www.unoosa.org/res/oosadoc/data/documents/2016/aac_105l/aac_105l_301_0_html/AC105_L301C.pdf。

下，重申核查是所有军控文件的重要组成部分之一”。[①] 表决时，该段以135票赞成、12票反对、10票弃权得以通过，中俄对该段投了反对票。笔者理解，中俄并非否定有效核查手段对于防止外空军备竞赛的重要性，在中俄等30余个国家共提并得到通过的“防止外层空间的军备竞赛”决议草案中，也提到“强调有必要采取包括适当有效核查规定的进一步措施以防止外层空间的军备竞赛”。[②] 但问题出在“重申核查是所有军控文件的重要组成部分之一”的表述上。中俄认为，“一项军控条约是否包含核查条款以及核查手段的选取，往往要从政治上的可接受性、技术上的可行性以及经济上的可承受性等几个方面综合考虑”，“技术方面，外空核查措施涉及监测、跟踪和定位等前沿技术，现阶段尚不具备充分技术条件建立有效的国际核查机制”，“并非所有军控条约都有核查条款”。[③] 可见，中俄虽认可核查手段的重要性，但不将其视为制定外空军控国际文件的前置或必要条件。

（三）正文中的主要行动倡议

决议正文包括七段内容，主要包括识别威胁风险、对威胁与风险进行定性（负责任或不负责任）、提出对减少误解误判风险建议三项倡议。第五段是其核心内容，“鼓励会员国研究对空间系统的现有和潜在威胁和安全风险，包括由外层空间或地球上的行动、活动或系统产生的威胁和安全风险，说明哪些行动和活动可被视为负责任、不负责任或具有威胁性及其对国际

---

① A/RES/75/36，序言第十四段。该段中文文本有漏译，没有翻译“while reaffirming that verification is one of the essential components of all arms control instruments”，文中相应中文部分由笔者自行翻译，特此说明，仅供参考。——作者注

② https://undocs.org/ch/A/C.1/75/L.3，第三段。

③ 中国、俄罗斯代表团联合向裁军谈判会议提交的关于“防止外空军备竞赛的核查”的工作文件（CD/1781），http://www.fmprc.gov.cn/mfa_chn/wjb_602314/zzjg_602420/jks_603668/fywj_603672/t309185.shtml。

安全的潜在影响，并就进一步制定和执行负责任行为准则、规则和原则以及减少对外层空间误解和误判的风险交流看法”。[①]

可见，“外空负责任行为新倡议”的实施路径是“识别威胁—行为定性（负责任/不负责任）—制定规则（提出具体倡议）”。正文对具体倡议提出了指引或直接的建议，如“考虑为管控威胁建立直接沟通渠道”，[②]“自愿向其（裁军谈判会议和联合国裁军审议委员会成员国和观察员国）通报本国的空间安全政策、战略或理论”。[③] 这些都是在透明度问题上向各国提出的具体要求。

三、对“外空负责任行为新倡议”的应有认识

“外空负责任行为新倡议”表面看是着眼于减少外空误解误判、维护外空和平与安全，因此获得大部分发展中国家的支持。然而，在笔者看来，该倡议很有可能成为美国在国际社会继续推销其针对中俄的外空安全政策的工具，非但不能缓和外空紧张关系、推动外空安全国际法治和国际治理，反而会加剧外空博弈的紧张态势，可能引发不必要的误解误判和政治分歧，不利于国际社会在防止外空军备竞赛领域达成有效的法律和政治共识。笔者呼吁国际社会对于该倡议有清醒的认识，应从本质上分析其动机和可能带来的政治法律分歧，进而研究提出一条更具有可行性的、有效的外空安全、外空军控国际治理路径。

“负责任/不负责任外空行为”提法具有浓厚政治色彩和明确目标指向，与美国2020年颁布的一系列外空安全政策如出一辙，对中俄的针对性很

---

① https://undocs.org/ch/A/C.1/75/L.45/Rev.1.

② 同上，第三段。

③ 同上，第四段。

强。美国2020年6月颁布的《外空防务战略》用大量篇幅描述美国及其盟友面临的共同威胁和挑战，明确指出“中俄对美国的外空作战构成了最直接，最严重的威胁”，而且是“紧急而持久的威胁”。① 在谈及“与盟友、合作伙伴、行业和其他美国政府部门和机构合作”时，《外空防务战略》指出，“作为良好的外空管理者”，美国应“坚持国际公认的负责任的行为标准，并支持美国在外空交通管理（STM）和外空活动长期可持续性（LTS）方面的领导地位”。② 由此看来，英国提出的“外空负责任行为新倡议”未必是其“原创”，该倡议与美政策呈遥相呼应、互为砥砺之势，不禁让人联想和质疑英国提出该倡议的真正动机。

因此，对国际社会而言，识别和回答何为“负责任外空行为”固然重要，但并非最优选择。国际社会应当从“识别潜在威胁和安全风险”“未来需要讨论的规则范围和性质”以及现实可行的讨论路径等方面对“外空负责任行为新倡议”进行再思考。

（一）关于识别潜在威胁和安全风险

对于各国而言，应当识别国际社会面临的共同威胁和风险，而非识别个别国家面临的威胁和风险，避免规则讨论政治化。

识别潜在威胁和风险是国际社会解释和制定外空国际规则、提出有效外空军控方案的重要手段。但前提是识别共同威胁，而非个别国家或利益、军事集团面临的威胁，否则讨论将陷入政治僵局。因为国际社会对于规则的共识，无论是对已有规则的解释，还是制定新规则，必定建立在均衡体现各方利益诉求基础上。换言之，最终的规则共识必然是建立在政治共识

---

① U. S. Department of Defense, *Defense Space Strategy Summary*, June 17, 2020, p. 3, https://media.defense.gov/2020/Jun/17/2002317391/-1/-1/1/2020_DEFENSE_SPACE_STRATEGY_SUMMARY.pdf.

② Ibid.

基础上又相互妥协的方案。规则共识既是对已有外空战略均衡的体现，又是维护未来外空战略稳定的重要保证，而不是“外空霸权、绝对优势、绝对领先”等非均衡战略所能实现的。因此，仅识别个别国家面临的威胁挑战是无法走向规则共识的。

个别国家在其外空防务战略、国家航天政策中高调声称其外空安全面临来自某些特定国家的威胁。如果在此基础上识别“威胁”“负责任/不负责任行为”，主张制定限制其“假想敌”以消除其面临的所谓“威胁风险”的国际规则，势必混淆外空安全国际治理规则诉求与个别国家维护其外空霸权及打破战略均衡规则诉求的界限，甚至将规制讨论的国际平台变成其继续推进其“污名化”手段的“政治游戏场”。这样的讨论非但不能有效回应国际社会对于外空安全、外空军控的关切，反而会加剧国家间的外空紧张关系，更加不利于达成符合国际利益的政治和规则共识。

因此，当务之急是识别各国在防止外空军备竞赛、促进外空活动长期可持续发展领域所面临的共同威胁、风险和挑战。例如，低轨巨型星座给空间环境治理、频轨公平分配带来的挑战；外空武器化、大国间紧张的外空关系等带来的外空安全风险；空间天气、近地天体给外空活动、国家安全、公共安全带来的潜在威胁等。在此基础上，国际社会应共同积极思考如何通过识别、解释已有规则、制定补充性或创新性的新规则，客观公正的均衡各方诉求和利益，从而有效规范各国的外空活动、外空行为，推动构建包括外空安全、外空军控在内的外空国际法治新体系。

反之，如果在仅考虑个别国家面临的威胁风险的基础上讨论规则问题，企图通过国际规则解释与制定打破已有的外空战略均衡，绑架和利用国际社会、国际平台提出“污名化”、打压限制其“假想敌”的政治倡议、规则方案，本身就是“不负责任”的行为，只是其“霸权主义、单边主义、利己主义”在外空安全全球治理领域的复制、翻版和延伸，也势必将相关讨论带入“政治泥沼”。

（二）关于未来需要讨论的规则范围和性质

在该议题项目下，各国应坚持聚焦在与防止外空军备竞赛相关的外空安全、外空军控问题，以避免和已有国际规则议事平台交叉重叠，给后续讨论带来不必要的困难和成本。

如上所述，识别共同威胁、风险和挑战是考虑规则解决方案的前提。而从国际安全视角看，并非所有的共同威胁风险和挑战都是该决议讨论的范围。如国家监管，空间碎片减缓等外空环境治理，正常操作中的协调通报和避碰，低轨巨型星座，频谱分配等问题，不属于外空军控讨论的范围。因此，国际社会在对共同威胁风险达成共识之后，接下来应聚焦在外空安全、外空军控领域，就外空安全面临的具体威胁风险达成进一步的共识，继而就防止外空军备竞赛提出和达成有效的规则解决方案和共识。

目前来看，外空安全面临的共同威胁风险和挑战，根本上是大国围绕外空安全问题的误解误判风险骤增，并且不排除“擦枪走火”的可能，进而引发严重的外空安全事件。个别国家高调成立天军，通过制定相关国内安全和歧视性的对外合作政策、组织有针对性的外空演习、开展系列具有挑衅性的外空操作，毫不掩饰地孤立、威胁、恫吓其战略竞争对手，试图打破外空战略均衡，实现外空绝对优势和霸权地位。这必然加剧外空紧张局势，增加误解误判，客观上导致了外空对抗行为愈演愈烈，乃至带来爆发外空冲突的风险。

因此，未来讨论的规则范围应当关注解决外空对抗行为、外空武器化、外空使用武力、外空武装冲突等给国际社会带来的共同威胁和挑战。此外，关于低轨巨型星座过度军事化利用、近地天体防御问题，也可视为国际安全视角下的共同威胁和挑战，可以根据各国立场及具体情况纳入讨论范围。

总之，未来的讨论应当聚焦在外空安全、外空军控领域，避免所有的外空治理问题都军控化。例如，有关外空活动长期可持续性、外空环境治理、外空交通治理、外空资源开发开采等问题，虽然都存在明确的国际规则、机制构建诉求，但已有相关的国际平台和议题进行专门讨论，因此，不宜将其纳入该决议下讨论，否则会增加讨论成本，造成各国外交资源的浪费。

（三）关于“负责任/不负责任”的规则讨论路径

首先，“负责任”和“不负责任”是政治视角而不是法律视角的区分方式，因此，极易被从个别国家而非国际社会整体立场出发单方界定。例如，A 国为回应 B 国对其实施的外空威慑而采取的外空行为，可能被认为对 B 国是不负责任的，但从整体和长远来看，有利于维系外空战略均衡和稳定，对于国际社会而言，反而是负责任的。因此，以区分“负责任/不负责任”为基点讨论规则问题是不合适的，必然使法律规则的讨论政治化，从而无法就规则解释和规则制定达成共识。

其次，“负责任”和“不负责任”法律含义是模糊的。“负责任”（being responsible for）一词在国际空间法中的原有含义是指国家应当为其本国空间活动承担国际责任，一方面强调国家应当对无论是政府机构还是非政府实体开展的本国活动承担“批准和持续监管的义务”；另一方面是指在其本国空间活动产生损害等不利后果时（《外空条约》第六条），国家应当承担国际法上的赔偿等责任。显然，政治视角的“负责任”与法律视角的“负责任”具有不同的含义。因此，从识别“负责任/不负责任”的政治视角出发来讨论规则问题，必然也会带来法律上的混淆，对尊重已有法律原则权威和谋求新法律共识等方面都会产生不利影响。

再次，从规则视角来看，国际社会所面临急迫且重大的挑战是国际法、国际规则适用性不明的问题。对于网电干扰、共轨操控、外空自卫、外空武装冲突等与外空安全紧密相关的行为和活动，能否适用已有规则以及在多大程度上适用已有规则，缺乏必要的国际讨论和共识。例如，《外空条约》的提前磋商义务、妥为顾及义务、避免有害污染义务、国际合作原则等法律规定，针对上述外空行为、活动和态势是否适用以及如何适用的问题，各国尚未开始正式讨论，学术界虽然开展了相关研究，但仍存在诸多分歧。因此，各国有必要先就相关规则在外空安全、军控领域解释和适用问题开始深入讨论，才可能就已有国际规则体系存在问题达成一致，继而才可能对规则制定的倡议达成一致，无论是制定补充性规则或创新性规则。

最后，国际社会只有通过“解释规则—制定规则”的路径，才能有效解决和应对外空安全、外空军控领域面临的问题和挑战。通过全面深入的讨论已有国际规则体系在外空安全、外空军控领域的适用情况，寻找各方关于规则解释的分歧以及现有法律体系的不足，才是就特定行为的“合法、合理边界”“已有或应有限制”达成政治和法律共识的必要前提。因此，现阶段讨论的核心不应是区分“负责任”和“不负责任”行为，而应是对既有国际法（包括外空法、国际电信法、一般国际法）的解释适用问题。在对已有法律的适用性没有弄清楚之前，就考虑通过区分“负责任/不负责任”来另行制定一套所谓的准则、规则或原则，其可行性令人质疑，前景令人担忧。这既是对已有法律权威的贬损，导致空间法律体系更加碎片化，同时也会引发不必要的政治分歧，使得外空安全、外空军控的国际法治建设变得更为艰难，距离实现防止外空军备竞赛的目标反而越来越远。

总之，关于外空安全、外空军控的国际政治和法律共识，很难通过识别“负责任/不负责任”外空行为实现。离开对已有法律体系有关“合法行为”“非法行为”“禁止行为”“不禁止但应受一定限制的行为”规定的讨论，来区分“负责任行为”和“不负责任行为”，是一种冒险轻率的路径选择，本身就充满着诸多不确定性。试图通过解读政治术语来制定规则，本身就是矛盾的。在对已有规则的理解都存在分歧之前，制定新规则也必然存在巨大的变数。因此，国际社会在防止外空军备竞赛问题上的首要任务，是识别共同面临的威胁挑战，无论是实践层面的，还是法律层面的，只有清晰认识旧法律体系在应对新威胁挑战上存在的不足，才能看清规则解释、规则制定的方向，继而共同努力、妥协务实，探寻既能均衡反映各方诉求，又能有效防止外空军备竞赛、外空冲突的军控和规则方案。

【网络安全与人工智能】

美国网络战略转向及其对国际网络安全治理的挑战

鲁传颖　桂畅旎

人工智能军事应用与国际安全治理

朱启超　龙坤

全球网络空间军事行动新态势及其对国际规则进程的影响

唐　岚

美国网络战略转向
及其对国际网络安全治理的挑战

鲁传颖　桂畅旋

内容提要：拜登政府执政初期的网络安全战略在很大程度上受到特朗普政府保守主义理念的影响，给国际网络安全治理带来极大的挑战。特别是特朗普政府形成的美国在网络行动领域所秉持的“持续交手”“靠前防御”等新政策导向是对网络空间国际安全治理理念的巨大颠覆，不仅会影响大国网络战略互动，也成为网络空间不稳定的因素，加剧了网络空间的分裂。

关 键 词：网络战略；持续交手；靠前防御；靠前猎捕

作者单位：上海国际问题研究院网络空间国际治理研究中心
中国信息安全测评中心

当今，世界面临“百年未有之大变局”，各国国内民粹主义、民族主义泛滥，国际上“冷战”“热战”交织，新冠肺炎疫情加剧了地缘政治冲突，现实与虚拟的界限进一步被打破。美国特朗普政府任期内加快调整网络安全战略，突出安全性和进攻性趋势，践行“持续交手”（Persistent Engagement）、“靠前防御”（Defend Forward）等行动理念，网络空间军事化加剧。美国新任拜登政府在一定程度上仍会继承特朗普政府的治网方略，持续推动美国网络安全战略的“保守主义”转向，继续实施进攻性网络行动，这将加剧国际网络安全治理困境，给全球网络空间治理带来挑战。

一、美国网络战略的“保守主义”转向

一直以来，美国的互联网产业得益于“自由主义”的支持，“放松监管，鼓励竞争，推动全球化，让市场自己进行调节，让企业得到最大自由空间”的理念也映射到美国早期的国家网络战略中。随着网络技术的发展以及网络行为体力量的变化，网络安全问题逐渐凸显，并成为影响国家安全问题的重要方面，美国的网络战略也开始呈现出“保守主义”的特点。

（一）美国战略界对网络安全政策的集体反思

近年来，网络攻击事件频繁以及美国在网络空间大国中相对优势下降的趋势引起了美国战略界的恐慌。特别是中国在经济发展、高科技创新等领域的发展步伐不断加快，中美之间的经济实力差距正在迅速缩小，导致美国战略界出现了前所未有的地位焦虑。[①] 此外，以黑客干预美国大选为标志性事件的网络安全挑战再次表明网络安全的不对称性非常突出，攻防之间难易程度不成比例，[②] 这对以民主程序作为核心价值观的美国战略界来说无疑是巨大威胁。战略界开始反思既有网络安全战略的成败得失，从威胁认知、武力使用、规则构建三方面推动美国网络战略转向，具体表现如下。

一是“大国战略性竞争”话语下网络空间威胁认知的形成。特朗普上台以后，《国家安全战略》《国防战略》等重点文件不断宣示美国战略转

---

① 赵庆寺：《“新冷战”话语的演化逻辑与应对策略》，《人民论坛·学术前沿》2018 年第 22 期，第 29 页。

② 鲁传颖：《国际政治视角下的网络安全治理困境与机制构建——以美国大选“黑客门”为例》，《国际展望》2017 年第 4 期，第 37 页。

向，传统的地缘政治争夺与大国竞争重新成为美国的安全战略重点。对于网络空间，美国战略界形成一种共识，即互联网已经成为大国战略竞争的主要领域。对此，美国从零和博弈和“新冷战”的角度看待网络空间中的大国关系，形成“大国竞争”下的威胁认知。例如，在高科技领域，自从华为在5G研发和商业发展中取得巨大成功以来，美国政府一直致力于通过各种行政和立法手段进行制止和遏制，并宣称华为及其产品和服务对美国国家安全构成重大威胁。对华为的打压本质上是要维持美国在高科技领域的主导地位，反映出美国在技术、安全和经济领域的零和博弈思想，以及在高科技领域进行“新冷战”的构想。此外，在大选方面，因外国行为体通过互联网干预大选一事，使美国政府将投票系统等大选基础设施的网络安全提升到维护美国核心价值安全的高度。

二是对于网络空间状态的塑造从“维稳优先”到“先发制人”。特朗普政府将美国在网络空间的状况归咎于奥巴马政府对网络空间“维稳”的过分关注，特别是因担心网络冲突升级，迟滞了对于对手国网络攻击的及时回应，这在一定程度上鼓励了对手的进一步行为。“针对对手网络攻击进行回应可能会形成升级的风险，但不回应则几乎肯定会带来更多的攻击”的观点逐渐成为共识。为阻止美国网络安全形势继续恶化，特朗普的智囊团建议政府在网络行动理念塑造、实践操作等方面遵循一种更具主动性和进攻性的方式。

三是防御“低于武装冲突门槛的网络行动”成为主要目标。“9·11”事件后，美国全力保障国土安全，防止本土遭遇大规模恐怖袭击，网络空间领域亦然。在国土安全部的引领下，美国大力构筑网络防御力量，设计并升级“爱因斯坦计划”，以抵御“网络9·11”式大规模针对关键基础设施的网络攻击事件。但近几年，美国战略界开始反思这类投入大但收效小的网络防御方式，认为美国并未有效抵御对手针对美国的网络攻击，反倒在网络空间形成“越防护越不安全”的态势。美国战略界普遍认为，当前网络空间战略竞争已转为低烈度的常态性竞争，对手国利用网络空间不断开展“武装冲突门槛之下的持续性攻击行为”，如网络间谍、信息操纵等，而受制于传统的军事规则，美国对此“束手无策”，丧失了网络空间的主动权，亟须进行战略升级。美国智库战略与国际问题研究中心（CSIS）高级副总裁詹姆斯·刘易斯曾表示，美国将太多注意力放在保护国内关键基础设施免受珍珠港式大型网络攻击的做法适应不了当前网络空间形势而需更正。[①] 要求改革美国的网络防御方式、目标和对手的呼声越来越高。

（二）特朗普政府以“美国优先”引领网络空间战略

特朗普提出“美国优先”政策是保守主义转向的开端，突出表现为对网络安全领域面临的风险高度重视，[②] 优先考虑改善国内关键基础设施的安全；淡化美国在国际合作和国际事务中的领导地位；进一步强调“以实力求和平”，发展网络能力，以维护美国在网络空间的“霸权”。

首先，更加聚焦于本国安全与利益，优先考虑改善关键国内基础设施的安全。不同于奥巴马政府国内外“多管齐下”的治网思路，特朗普政府宣示从“美国人的切身利益出发解决网络安全问题”，更加偏向优先处理国内的现实问题。无论是在行政令还是在国安战略中，特朗普政府网络安全治理的重心都是围绕提升联邦政府计算机安全性和维护关键基础设施网络安全展开。[③] 特朗普上台后不久就颁布了《增强联邦政府网络与关键性基础设施网络安全》行政令，要求升级联邦政府网络设施，强化关键基础设

① James Andrew Lewis, “Rethinking Cybersecurity: Strategy, Mass Effect, and States, ” CSIS, accessed January 29, 2021, https://www.csis.org/analysis/rethinking-cybersecurity.

② 鲁传颖：《保守主义思想回归与特朗普政府的网络安全战略调整》，《世界经济与政治》2020年第1期，第60-79页。

③ 桂畅旎：《特朗普网络安全治理回顾、特点与展望》，《中国信息安全》2018年第1期。

施保护。2018 年 11 月，专门领导关键基础设施防护工作的网络安全和基础设施安全局（CISA）成立，在加强公私合作、防范网络威胁特别是保障选举基础设施安全上成效显著。

其次，淡化对国际事务的投入，以“小多边”的形式拉拢志同道合的国家。从“美国优先”的发展历史来看，其提出的时机往往是在美国与世界关系发生重大变化之际。这一思想的最终目标不是放弃全球化或回归孤立主义，而是追求以更低的投入和更高的回报介入国际事务，以获取美国的长远战略利益。① 从特朗普政府的政策举措中不难看出，其并不重视传播民主和自由的价值观，而是强调建立“基于规则的国际秩序”，倡导基于美国利益的网络空间国际规则。② 完成这项任务的主要手段是利用在网络安全和数字经济上的优势，为国际社会树立榜样，并逐渐改变其他行为体的行为。从美国国防部发起的“AI 防务伙伴关系”到“布拉格提案”下形成的“5G 安全联盟”，美国以意识形态为分野进行的“小多边”外交，其意图仍然是构筑以美国国家利益与安全利益为导向的多边机制。

（三）网络安全议题在美国国内政治生态中的“有利”地位

与往届政府相较，2020 年特朗普政府网络空间政策面临的最大变量就是新冠肺炎疫情与大选安全问题。但需要注意的是，疫情和大选形势没有让美国的网络安全政策偏离既定的轨道，而是继续以确保美国利益、维持美国优势为主导。在疫情和大选的催化下，美国网络安全议题的政治化趋势越来越明显，这是由网络安全议题在美国国内政治生态中的特殊地位所

① 汪晓风：《“美国优先”与特朗普政府网络战略的重构》，《复旦学报（社会科学版）》2019 年第 4 期，第 180 页；蔡翠红：《特朗普政府的网络空间战略》，《当代世界》2020 年第 8 期。

② 汪晓风：《“美国优先”与特朗普政府网络战略的重构》，《复旦学报（社会科学版）》2019 年第 4 期，第 185 页。

决定的。

第一，网络安全议题在两党层面几乎没有分歧。与其他政策领域相比，网络安全议题在美国两党政治中属于最易达成共识的一类。例如，美国国会下属的由两党议员共同组成的“网络空间日光浴委员会”，就是无党派倾向的网络空间政策咨询机构。在2020年一系列国会立法议程中可以发现，民主党与共和党纷纷就网络安全问题提出了治理方案，并且几乎没有受到党派分歧的影响。截至2021年1月，该委员会提出的52项建议中有25项被纳入2021财年国防授权法案（National Defense Authorization Act for Fiscal Year 2021）。[①] 这一方面是因为上述法案都或多或少涉及“战略竞争对手”的因素，比较容易在两党之间达成共识；另一方面也说明，在华盛顿政治精英看来，网络安全威胁是不容置疑的现实情况，两党在这一议题上不存在党派利益分歧。

第二，拜登政府对美国未来网络安全政策的立场将不会有重大改变。网络安全政策在两届政府之间的延续性十分重要。从奥巴马政府到特朗普政府，美国的网络安全政策经历了巨大的转折。除了继承部分政策之外，特朗普政府突破了奥巴马政府对网络行动边界的划定，将现实世界中大国竞争这一传统安全问题引入网络空间，并以此为由积极打造进攻性网络力量。[②] 但是，在拜登政府的网络安全政策纲领中，并未发现有巨大的颠覆或转折，只是稳步而有重点的继续推进现有政策。[③] 由此可见，特朗普政府网络安全政策基本脉络依然会得到延续。

---

① “NDAA Enacts 25 Recommendations from the Bipartisan Cyberspace Solarium Commission,” U.S. Senator Angus King, January 2, 2021, accessed January 29, 2021, https://www.king.senate.gov/newsroom/press-releases/ndaa-enacts-25-recommendations-from-the-bipartisan-cyberspace-solarium-commission.

② 蔡翠红、王天禅：《特朗普政府的网络空间战略》，《当代世界》2020年第8期，第26页。

③ Eric Geller, “Biden prepping to ramp up U.S. cyber defenses—while keeping some Trump policies,” Politico, August 20, 2020, accessed January 29, 2021, https://www.politico.com/news/2020/08/20/joe-biden-cyber-defenses-399530.

基于上述，美国当前的网络空间政策是由“美国优先”的理念与美国对大国威胁的认知所决定的，而网络安全议题在美国国内政治生态中的“有利”地位确保了当前网络安全政策的延续。

二、美国“持续交手”理念及全球网络空间军事化发展

在“美国优先”指引下，特朗普政府着重强调国内网络军事能力建设。第一是加强队伍机制建设。2017 年 8 月 18 日，特朗普宣布升格网络司令部，将其从战略司令部下属的二级司令部正式升格为一级联合作战司令部，推进下属的 133 支网络任务部队在 2018 年 5 月实现全面作战能力，并加强网络行动的国际协调，积极向北约提供网络战能力支持，加强与“五眼联盟”的情报共享与行动协调等。第二是松绑网络行动程序。相比于前任政府对于网络战的谨慎态度，特朗普政府进行了一系列的“政策松绑”和“权力下放”准备，在 2018 年 8 月签署“国家安全总统备忘录 13”（NSPM 13），取代奥巴马第 20 号总统令（PPD-20），简化军方执行进攻性网络行动的官僚程序；在“2019 财年国防授权法案”（National Defense Authorization Act for Fiscal Year 2019）中明确授权国防部长在网络空间发起军事行动的权力。美国前国家安全顾问约翰·博尔顿明确表示，“我们的手脚不像在奥巴马政府时期那样受到束缚”。第三是增强国防部行动权力。除“国防部网络战略”授权国防部发动网络战的权力外，美国政府在“2019 财年国防授权法案”中也明确国防部长有权在网络空间进行包括秘密行动在内的军事行动，并将网络行动和信息行动视为传统军事活动，要求国防部推进归因技术，并在适当时候展示实力与打击意图，让对手清楚任何针对美国的网络攻击或恶意网络活动将遭受严重的后果。在此基础上，美国战略界提出“持续交手”网络行动理念，并成功推动形成国家政策。

（一）“持续交手”的提出及主要内容

辛辛那提大学政治学教授理查德·哈克内特（Richard J. Harknett）和美国国防分析研究所研究员迈克尔·菲瑟凯勒（Michael P. Fischerkeller）在2017年提出“持续交手”的概念，[①] 主要针对网络空间“武装冲突门槛下的持续性网络攻击”，力求在不诉诸武力的前提下维护网络空间战略利益。2018年3月，美国网络司令部在其指挥战略愿景文件《获取并维持网络空间优势》（*Achieve and Maintain Cyberspace Superiority*）[②] 中明确提出“持续交手”的行动原因是为美国创造行动优势，阻止敌方形成优势；行动方法是在进攻和防御之间无缝、机动切换；行动空间是全球行动，尽量靠近对手源头；行动时间是连续行动，以塑造网络战场空间。当前，“持续交手”已成为美国网络行动的指导思想，并在针对伊朗、朝鲜、俄罗斯等国的网络行动中初具雏形，基本上形成了一套以“低烈度网络行动”为主要方式，以“靠前防御”为行动指引，以“塑造网络空间可接受行为”为主要目标的作战体系。

一是以持续性“低烈度网络行动”为主要方式，突出网络空间日常竞争。“持续交手”本质上是美国“网络威慑”战略下的战术深化，一方面要求美国坚决反制“武装冲突门槛之下的网络活动”，在网络日常冲突中坚决地捍卫美国的网络空间利益，以维持美国的战略优势；另一方面通过实施“低烈度网络行动”保持与对手的持续互动，塑造对手行为，牵引对手战略动向。“持续交手”反映了美国防范目标从会造成大规模人员伤亡的网

① Michael P. Fischerkeller & Richard J. Harknett, “Deterrence is Not a Credible Strategy for Cyberspace,” *Orbis* 61, no. 3 (2017), pp. 381-393.

② The U. S. Cyber Command, “Command Vision for US Cyber Command: Achieve and Maintain Cyberspace Superiority,” accessed January 27, 2021, https://www.cybercom.mil/Portals/56/Documents/USCYBERCOM%20Vision%20April%202018.pdf.

络事件转化为持续的低烈度网络行动，为美国公开进行日常对抗性网络行动提供战略依据。

二是以“靠前防御”为行动指引，谋求“先发制人”优势。“持续交手”一改过去“回应式”的网络战略理念，要求将网络空间战场边界直接推到对手国网络中，限制对方的行动自由，并以主动攻势逼迫对手将主要资源运用于防御以减少攻击，最终实现战略目标。为更好地推进“持续交手”的落地，特朗普政府在2018年《国家安全战略》中提出“靠前防御”的行动理念，要求深入对手国网络空间“腹地”，查找“漏洞”、了解意图与能力、拦截并阻止潜在的网络攻击，实现源头打击。美国国防部高官公开表示，“持续交手”是保障“靠前防御”实现“先发制人”的关键。

三是以塑造网络空间“可接受行为”为最终目标，以美式标准“画红线”。理查德·哈克内特和迈克尔·菲瑟凯勒认为，“持续交手”的益处是鼓励美国的对手在网络空间进行适应性学习。美国网络司令部的愿景文件也明确指出，“通过开展持续的行动和在武装冲突水平以下更有效的竞争，塑造对手的评估，明确网络空间可接受行为与不可接受行为的区别”。在2017年第五届联合国信息安全政府专家组（UNGGE）谈判无果后，美西方国家和中俄等新兴国家在网络空间国际规则上的合作陷入困局，短期内难以达成有约束力的全球性协议。对此，美意图联合盟友与合作伙伴先期就网络空间“负责任国家行为规范”“可接受行为”达成共识，联合盟友与伙伴提高对手国发动攻击的成本，再通过“持续交手”加强与对手国家的互动与博弈，通过攻击为主的手段影响对手，再依赖美国强大的网络实力塑造网络空间行为准则，塑造形成以美国实力为基础的“默式博弈”模式。[①] 其实质是在网络空间以美式标准进行“画红线”，体现了美国政府在界定、塑造和管理网络空间方面保持主导地位的意图。

（二）“持续交手”推动网络对抗进入新时代

“持续交手”反映了美国政府意图重新定义网络空间对抗性质，推动网络空间对抗进入新时代，将给全球网络空间带来深远影响。

一是美国拓展网络空间战略纵深，进攻型网络战略加速成形。“持续交手”要求改变一味针对事件进行回应的防御式准备，采取一种更积极的进攻态势针对目标进行溯源、拦截或打击，抢占主动权，其核心理念在于“行动”，而非“行动反应”。“持续交手”标志着美国的网络行动触发由“基于事件”转向“基于目标”，拓展美国网络空间战略纵深。在地理范围上，“持续交手”要求深入域外网络进行前期准备，突破了国防部前期网络安全任务仅限于保护国防部信息系统的限制。前美国国安局局长保罗·中曾根撰文表示，“如果我们仅限于国防部网络，‘持续交手’不可能获得成功，我们必须在对手的虚拟空间中进行反制”。[②] 在时间范围上，传统的网络防御多是“一时一事”，而“持续交手”则是长期持续进行，无时间限制。美《2018 国防部网络战略》明确指出，国防部将通过“靠前防御”来应对日常的恶意网络活动，[③] 这将极大区别于 2015 年网络战略中规定国防

① 默式博弈，来源于托马斯·谢林的“默式谈判”（tacit bargaining），即在无法实现有效沟通的情况下，博弈双方或多方存在共同利益，并且为实现共同利益寻求协调彼此行为的默契。参见托马斯·谢林：《冲突的战略》，赵华等译，华夏出版社，2006；张一飞：《默式博弈视角下美国对华战略探析》，《新战略研究》2017 年第 1 期。

② Paul M. Nakasone, “A Cyber Force for Persistent Operations,” JFQ 92, 1st Quarter 2019, pp. 10–14.

③ U. S. Department of Defense, *Cyber Strategy Summery, 2018*, September 2018, accessed January 29, 2021, https://media.defense.gov/2018/Sep/18/2002041658/-1/-1/1/CYBER_STRATEGY_SUMMARY_FINAL.PDF.

部以保卫为重点，而是执行更广泛、更积极的任务。

二是美国加速网络空间对抗实战化，他国网络主权面临被侵害风险。“持续交手”要求网络空间行为体跨越地域与时间限制，保持不断“交手”进行持久作战。如此，美国意图通过“持续交手”摒弃传统国际关系中的“主权”与“领土权”原则，并在网络空间塑造新的国家间互动原则。网络司令部愿景文件明确指出，网络司令部的行动空间将是全球行动，并尽量靠近对手源头。特朗普政府在“2019 财年国防授权法案”第 1302 节中，也明确授权国防部采取秘密军事行动来保卫美国，包括采取“环境准备”“信息行动”等具体措施，这将使在外国和敌方系统进行侦察和监视并植入恶意软件合法化。“美在俄罗斯电网中植入恶意软件”“美对伊朗开展网络战”等行动表明，美国“持续交手”的实施是美国军事霸权在网络空间的延伸与拓展，将严重践踏网络空间业已成为共识的“主权”原则。

三是网络空间冲突将常态化，中俄成为主要目标。“持续交手”是美国推行“大国竞争”的重要手段，为美国网络空间进攻型防御战略提供了依据和指导方法，将网络空间战场边界直接推进到对手网络中，主动制造摩擦与不确定性的战略环境。为配合“持续交手”战略，自 2018 年以来，美国国防部开始实施“靠前猎捕”（Hunt Forward），即通过与对手国家的邻国或地区合作，加强网络空间探测行动，以了解对手网络行动战术、技术和程序（Tactics，Techniques，and Procedures，TTPs），还可直接在对手网络中开展网络打击行动，是美国网军首次实现在境外伙伴国的非国防网络中搜集信息、设置防线、反制攻击，已在黑山、乌克兰、北马其顿、爱沙尼亚等国和地区实施，针对中俄的意图非常明显。

（三）全球网络空间加速军事化

网络空间军事化是指各国将与网络空间相关的资源、技术持续投入军事和安全领域以实现战略目标的过程。[①] 随着以“持续交手”“靠前防御”和“靠前猎捕”为突出特点的进攻型网络行动战略基本成形，美国开始在针对俄罗斯、中国、伊朗、朝鲜以及“伊斯兰国”的网络行动中进行实践应用。这不仅加剧了其他国家的安全担忧，使得网络对抗成为常规选项，也加剧了网络空间军事化。

一是颁布网络行动战略，发布网战指引。以英国、法国、德国以及瑞典等国为代表的传统工业化国家均形成了网络空间军事化的战略体系，对自身在网络空间的进攻、防御与威慑能力进行统筹及规划。[②] 自 2018 年 11 月发布《网络空间信任和安全巴黎倡议》（*Paris Call for Trust and Security in Cyberspace*）以来，法国在网络空间就变得尤为积极。2019 年 1 月，法国发布了该国首个进攻型网络作战条令，[③] 明确其网络战略的进攻性属性，指出未来网络攻击行动将成为法军常规军事行动的组成部分。日本尽管在新修订的“防务计划大纲”中坚持“专守防卫”原则，但无论是指导思想还是武器装备发展层面，主动进攻色彩已明显加强，并明确武装网络领域，将发展干扰对手指挥通信系统、网络及瘫痪雷达等系统的进攻作战能力。

二是扩编网络作战部队，锻造专业化网战队伍。除网络司令部外，美陆海空三军均在强化自身网络防御和进攻能力建设，美国海军陆战队 2020 年 6 月初启动一支名为“第一网络营”（1st Network Battalion）的新部队，用于保卫支持该部门服务和指挥控制的网络。美空军同年 9 月成立第 867 网络空间作战大队，该部队将简化空军网络攻防及在数字领域的情报收集工作，并通过识别对手的活动、阻止攻击以及采取行动击败对手来保卫国

---

① 杨楠：《网络空间军事化及其国际政治影响》，《外交评论》2020 年第 3 期，第 69-93 页。

② 同上。

③ Arthur P. B. Laudrain, “France’s New Offensive Cyber Doctrine,” Lawfare, February 26, 2019, accessed January 27, 2021, https://www.lawfareblog.com/frances-new-offensive-cyber-doctrine.

家。此外，美国陆军正筹备在太平洋地区部署一支特别任务部队，有针对性地对中国发展执行情报、电子、网络及导弹攻击的能力，并将与专门研发和管理美国间谍卫星的美国国家侦察局（National Reconnaissance Office，NRO）开展合作。[①] 依据苏黎世联邦理工学院（ETH）安全研究中心的高级研究员、斯坦福大学国际合作与安全中心成员麦克斯·斯密茨博士的最新研究，包括英国、法国与德国在内的16个主要北约国家均在2010年前后着手建立统筹性的网络军事组织，大部分在近五年内得到了实质性发展和扩张。[②] 法国在2017年建立网络防御司令部后，又在2018年颁布《2019—2025年军事规划法》，加强武装部队的行动，计划到2025年再增加16亿欧元用于网络行动以及增加1500名网络作战人员，达到共计4000名网络作战人员。[③] 英国在2020年11月宣布成立“国家网络部队”（NCF），主要由攻击性黑客组成，受政府通信总部（GCHQ）和国防部控制，并计划在未来10年内将人员增加至3000人左右。[④] 2019年，印度也宣布成立国防网络局，专门负责印军网络作战部队建设。

三是发起网络实战，国家间网络对抗成为新常态。根据战略与国际问题研究中心网络事件报告梳理统计，2020年有国家支持背景的网络攻击事

---

① 《美军计划在太平洋部署专门特遣部队遏制中国》，路透社，2020年1月10日，https://www.reuters.com/article/bbg-us-army-pacific-special-force-0110-idCNKBS1Z90SK，访问日期：2021年1月29日。

② Max Smeets, “NATO Members’ Organizational Path Towards Conducting Offensive Cyber Operations: A Framework for Analysis,” CCDCOE, accessed January 28, 2021, https://ccdcoe.org/uploads/2019/06/Art_09_NATO-Members-Organizational-Path.pdf.

③ Arthur P. B. Laudrain, “France’s New Offensive Cyber Doctrine,” Lawfare, February 26, 2019, accessed January 28, 2021, https://www.lawfareblog.com/frances-new-offensive-cyber-doctrine.

④ Dominic Nicholls, “New National Cyber Force launched with pledge to recruit 3,000 staff to tackle cyber conflicts,” *The Telegraph*, November 19, 2020, accessed January 27, 2021, https://www.telegraph.co.uk/news/2020/11/19/new-national-cyber-force-launched-pledge-recruit-3000-staff/.

件高达112起，[①] 主要包括疫苗信息窃取、外交政策情报获取、军事报复、商业行为等。当前，网络战已从“纸上谈兵”进入“实战对抗”，从“圣战旅”总司令苏莱曼尼被无人机精准射杀，再到顶级核科学家法赫里扎德被人脸识别锁定后受卫星控制的机枪扫射而亡，“机器杀人”使得现代战争形态出现重大变化；伊朗和以色列也展开了频繁的网络对抗，引发包括核设施在内的工控系统瘫痪和人员伤亡；特朗普政府陆续披露针对包括俄罗斯“互联网研究所”和伊朗的网络行动，网络战选项已经成为重要的国家权力工具。[②]

三、国际网络安全治理面临的困境

鉴于“持续交手”理念驱使的全球网络空间的“军事化”给各国带来强烈的不安全感和不确定性，国际社会加快思考如何从国际规范层面规制，但由于网络冲突的概念并不清晰，归因溯源等技术问题还未取得突破，以及以美国为首的西方国家以技术优势在网络空间推行霸权的意图和行径，使全球网络安全治理陷入困境。

（一）关键概念定义不清晰

网络空间作为新兴概念，相关定义仍未达成共识，特别是对于网络武器、网络攻击、网络战等概念界定还存在重大分歧，因此很难进一步讨论对网络武器、网络军备的限制。[③] 近年来，在一些学术机构和智库的推动

① “Significant Cyber Incidents,” CSIS, accessed January 29, 2021, https://www.csis.org/programs/strategic-technologies-program/significant-cyber-incidents.

② 桂畅旎：《2020年国际网络空间发展与安全态势》，《中国信息安全》2020年第12期。

③ 程群：《网络军备控制的困境与出路》，《现代国际关系》2012年第2期，第15-21页。

下，部分网络空间基础概念的分歧逐渐在消弭，如美国东西方研究所与俄罗斯莫斯科大学于 2011 年 4 月发布联合报告，对网络空间的 20 个基本术语加以界定，这有利于促进术语统一化。[①] 但是在美国推动的“持续交手”“靠前防御”这些新动向上术语的分歧仍然非常明显，美国内学界和官方在理解上仍有差异，这直接影响到网络空间主要行为体建立对话的能力。

（二）溯源技术未取得实质突破

建立网络规范和信任措施主要是以“透明度”为中心，即能够识别攻击的肇事者，并能够确定对手的实力。当前，网络技术的开放性和匿名性增加了溯源的难度，[②] 使得取证分析和跨国数据收集存在较大的困难，主要体现在：首先，当前互联网上的大部分数据掌握在各国的互联网服务提供商手中，而互联网服务提供商又受到各国法律的约束，单纯依赖于国家间的司法互助协定来进行跨国数字取证往往费时费力。其次，所有的数据都可以被欺骗，即可以在攻击的数据包中使用虚假地址来掩盖真实的 IP 地址，使得溯源更难。最后，匿名工具的使用可以进一步掩盖犯罪者，使溯源变得复杂。在缺乏准确溯源的情况下，各国相互怀疑和猜测加剧，并诉诸建立越来越强大的武器库来保持战略平衡，[③] 形成安全困境。

（三）国际法的适用性问题仍未解决

《联合国宪章》中的自卫权、一般国际法中的反措施、国际人道主义法

① 吕晶华：《网络军备控制：中美分歧与合作》，《中国信息安全》2015 年第 9 期，第 43-47 页。

② 鲁传颖：《网络空间安全困境及治理机制构建》，《现代国际关系》2018 年第 11 期，第 49-66 页。

③ Sanjay Goel, “How Improved Attribution in Cyber Warfare Can Help De-Escalate Cyber Arms Race,” *Connections* QJ 19, no. 1 (2020), pp. 87-95.

在网络空间的适用性问题与网络空间军事化问题密切相关，直接影响着网络空间的安全与稳定。以美欧为代表的西方国家与中俄立场相去甚远。美欧认为维护国家安全，必须采取自卫和反措施，并且需要用武装冲突法等国际法为依据建立网络军事行动的基本准则。这一战略的背后实际上是要利用美欧领先的网络军事力量建立在网络空间的战略优势，增加对非西方国家的网络威慑能力。[①] 美国倾向于以现存的国际规范来保障其强者地位，对于其而言，推动网络空间规范发展能够创造可预测性并且威慑敌对势力的网络袭击。[②] 因此，以美国为首的西方国家不断加强网络空间军事化建设，并且在联合国信息安全政府专家组和联合国信息安全开放式工作组（OEWG）机制推动现有国际法在网络空间完全适用性，为其军事化建设谋求合法性和正当性。以中俄为代表的网络“后起国”对武装冲突法、诉诸武力法在网络空间的适用一直持审慎态度，认为将武力、制裁、追责引入网络空间会导致网络空间不稳定，主张以《联合国宪章》以及现有的国际安全架构来解决网络空间的冲突问题，避免将使用武力的决定权交由网络强国。

（四）网络空间分裂加剧

美国的网络安全转向“牵一发而动全身”，加剧了其他国家和地区的安全恐慌，各国也相继在顶层设计层面进行改革。

欧盟提出“技术主权”“数据主权”寻求“战略自主”。特朗普推行的“美国优先”战略淡化盟友的作用，必然对欧盟造成利益上的严重损害，并

---

① 鲁传颖：《专家组未能达成共识的原因及其对网空治理的影响》，搜狐网，时评，2017 年 12 月 5 日，http://www.sohu.com/a/208620660_761681。

② Catherine Lotrionte, “A better defense: Examining the United States’ new norms-based approach to cyber deterrence,” *Georgetown Journal of International Affairs*, no. 14 (2013), pp. 75-88.

推动其寻求“战略自主”。正如欧委会主席冯德莱恩所说：“欧洲必须具有一定的技术能力，根据自己的价值观并遵守自己的规则来作出自己的选择。”[①] 在这一过程中，“技术主权”和“数据主权”是保障欧盟得以维护其网络空间利益和自身价值观的重要基础。中美两国逐渐引领全球技术发展，且欧盟境内的大部分数据掌握在美国企业手中，这样的实际情况坚定了欧盟维护其数据主权的决心。以2020年2月发布的《塑造欧洲数字未来》(*Shaping Europe's Digital Future*)[②]、《人工智能白皮书》(*WHITE PAPER On Artificial Intelligence-A European Approach to Excellence and Trust*)[③] 和《欧洲数据战略》(*A European Strategy for Data*)[④] 三份战略文件为标志，欧盟正式吹响了打造全球技术和数字领导权的号角，在2020年底生效的《数字服务法案》(*Digital Services Act*) 中提出，要建立与欧盟政治价值观念相匹配的网络防火墙，[⑤] 欧盟希望通过建立数字防火墙维护其在网络空间的合理权益，同时提升其在数字治理和网络空间治理中的话语权。

俄罗斯将加快“主权互联网”建设上升为“国家意志”。基于日益复杂的地缘政治环境和美国在网络空间咄咄逼人的态势，俄罗斯在2019年11月正式实施《主权互联网法》(即俄罗斯联邦法律N90-FZ，由《俄罗斯联

① 网安寻路人：《欧盟委员会主席首提“技术主权”概念》，安全内参，2020年2月21日，https://www.secrss.com/articles/17295，访问日期：2021年1月24日。

② European Commission, *Shaping Europe's Digital Future*, February 2020, accessed January 24, 2021, https://ec.europa.eu/info/sites/info/files/communication-shaping-europes-digital-future-feb2020_en_4.pdf.

③ European Commission, *WHITE PAPER On Artificial Intelligence-A European Approach to Excellence and Trust*, February 19, 2020, accessed January 24, 2021, https://ec.europa.eu/info/sites/info/files/commission-white-paper-artificial-intelligence-feb2020_en.pdf.

④ European Commission, *A European Strategy for Data*, February 2020, accessed January 24, 2021, https://eur-lex.europa.eu/legal-content/EN/TXT/PDF/?uri=CELEX:52020DC0066&from=EN.

⑤ European Commission, *Commission Launches Consultation to Seek Views on Digital Services Act Package*, June 2, 2020, accessed January 24, 2021, https://ec.europa.eu/commission/presscorner/detail/en/ip_20_962.

邦通信法》及《俄罗斯联邦关于信息、信息技术和信息保护法》修正案组成)，规定“一旦认定俄网受到威胁，监督局可主动切断与外部互联网连接”的“主动断网”措施。[①] 2019 年 12 月，俄罗斯政府公开宣布已成功完成了国家互联网的外部“断网”测试演习，进一步强化了俄罗斯国家网络在全球网络空间内自主互联与主动防护上的能力。随着俄罗斯面临的外部战略环境越来越严峻，维护互联网主权也成为其“国家意志”。[②] 普京总统 2017 年 5 月批准的《俄罗斯联邦信息社会发展战略（2017—2030）》就明确了保障网络空间信息安全的战略目标是保卫俄罗斯网络空间主权和政策的独立自主，《主权互联网法》及其“断网”实践是俄罗斯寻求网络主权的最新尝试。

四、结语

特朗普政府时期为拜登新政府遗留的“持续交手”“靠前防御”“靠前猎捕”等网络行动理念，将持续引导美国的网络军事化能力建设，美国在网络空间仍将继续追求“以实力求和平”的基本理念。各国为了维护自身网络安全，在网络空间中谋求发展的基本权利，不得不投入更多资源以加强自身的网络安全能力建设。网络空间的关键概念定义不清晰、归因溯源技术未突破以及国际法适用性问题分歧的存在又使国际网络安全治理面临困境。对此，国际社会需采取措施，共同维护网络空间的战略稳定，包括探讨基本术语，在归因溯源、漏洞披露上探索合作空间，在多边机制下规范网络武器使用，最终构建网络空间国际安全架构。

---

① Alexandra Ma, “Russia officially introduced a ‘sovereign internet’ law to let Putin cut off the entire country from the rest of the web,” Business Insider, November 1, 2019, accessed January 21, 2021, https://www.businessinsider.com/russia-sovereign-internet-law-cut-web-access-censorship-2019-11.

② 王智勇、刘杨钺：《“主权互联网法案”与俄罗斯网络主权实践》，《信息安全与通信保密》2020 年第 10 期，第 93-99 页。

人工智能军事应用与国际安全治理

朱启超　龙坤

内容提要：近年来，世界上主要国家在人工智能军事应用领域采取了诸多举措，通过出台战略规划、深化领域布局、推动战场应用等方式，加快军队的智能化发展进程，智能化战争雏形初显。但是，人工智能发展应用也带来了诸多安全问题，使得人工智能的国际安全治理成为热点话题。由于大国意愿不足、国际机制缺乏约束力、新冠肺炎疫情冲击等原因，人工智能国际安全治理的进展仍十分缓慢。未来，中国需要以人类命运共同体理念为指导，在推动军事智能化发展的同时，也要积极参与人工智能领域国际安全治理进程，尤其要加强中美在这一领域的协调与合作。

关 键 词：人工智能；军事应用；国际安全治理

作者单位：国防科技大学国防科技战略研究智库

国防科技大学文理学院

近年来，人工智能第三次浪潮引发的新一轮科技革命和军事革命正风起云涌。一方面，人工智能具有广泛的渗透效应和强大的赋能效应，正快速在情报分析、辅助决策、自主武器、网络攻防、指挥控制、后勤维护等军事领域不断深化应用；另一方面，由于人工智能技术仍处于弱人工智能阶段，相关约束政策和法规尚不完善，人工智能发展应用带来的安全问题也引发了国际社会广泛关切，人工智能的国际安全治理问题也日益凸显。

一、主要国家人工智能军事应用动向

目前，有七个国家在人工智能军事应用领域占据领先优势，分别是美国、中国、俄罗斯、英国、法国、意大利和韩国。① 这些国家都在军事智能化建设领域投入了大量的资金，部分国家取得了显著的进展。分析来看，当前世界上主要的人工智能军事应用动向可总结为三个方面。

（一）重视人工智能军事应用战略规划

美国防部出台了正式的人工智能军事战略，并建立了联合人工智能中心这一机构，整体筹划和推动人工智能的军事应用。对美军而言，人工智能提供了一条维持军事优势的新路径，并有望极大降低美国士兵的生命安全风险，因此，美国大力推进以人工智能为核心的“第三次抵消战略”。《美国国防战略报告》（NDS）要求加大对人工智能和自主性的投资，为美国提供具有竞争力的军事优势。② 2018 年 6 月 27 日，国防部副部长帕特里克·沙纳汉（Patrick Shanahan）签署备忘录，指示建立联合人工智能中心（Joint AI Center，JAIC），以推动国家任务倡议，运用人工智能解决美国防部面临的关键问题。③ 在 2019 年 2 月发布的《2018 国防部人工智能战略概要：利用人工智能促进安全与繁荣》中，这一机构成为协调美国防部推动

① Stephen Holtz, “AI Applications in the Military,” March 27, 2020, https://blogs.ischool.berkeley.edu/w231/2020/03/30/ai-applications-in-the-military/.

② *National Defense Strategy of the United States, 2018.*

③ U. S. Department of Defense, *Subject: Establishment of the Joint Artificial Intelligence Center*, June 27, 2018, https://admin.govexec.com/media/establishment_of_the_joint_artificial_intelligence_center_osd008412-18_r....pdf.

人工智能军事应用、贯彻美军人工智能战略的核心机构。[①] 2019 年 2 月 11 日，特朗普签署《维持美国在人工智能时代的领导地位》行政命令，启动"美国人工智能倡议"（American AI Initiative），强调要维持美国在人工智能领域的领导地位，这对于维护美国的经济和国家安全至关重要。[②] 2 月 12 日，美国防部发布《2018 国防部人工智能战略概要：利用人工智能促进安全与繁荣》报告，标志着美军人工智能战略的正式出台。美国的部分军兵种也出台了相应的人工智能战略。例如，2019 年 9 月 12 日，美军发布《2019 空军人工智能战略》，标志着美空军专属人工智能战略的正式出台。这份文件秉承了特朗普签署的《维持美国在人工智能时代的领导地位》行政命令和《2018 国防部人工智能战略概要：利用人工智能促进安全与繁荣》等文件的指导理念，确立了一个推动人工智能嵌入美空军领域建设的基本框架，阐述了美空军围绕人工智能技术、数据、算法、人才和伙伴关系等人工智能生态系统的核心原则，并明确了具体的目标和路线图。[③] 此外，美军也为这些战略规划的落地给予了大量的资金支持。2018 年 7 月底，美国防部宣布了合同金额高达 100 亿美元、合同期为 10 年的"联合企业防

---

① 据联合人工智能中心负责人美国空军中将约翰·杰克·沙纳汉（John N. T. "Jack" Shanahan）指出，这一机构的研究重点领域包括情报探知、预测性维护与供应、救灾和人道主义援助以及网络空间等领域。参见 U. S. Department of Defense, *Summary of The 2018 Department Of Defense Artificial IntelligenceStrategy: Harnessing AI to Advance Our Security and Prosperity*, February 12, 2019, p. 4, https: //media. defense. gov/2019/Feb/12/2002088963/-1/-1/1/SUMMARY-OF-DOD-AI-STRATEGY.PDF。

② The White House, *Executive Order on Maintaining American Leadership in Artificial Intelligence*, February 2019, https: //www. whitehouse. gov/presidential-actions/executive-order-maintaining-american-leadership-artificial-intelligence/.

③ *2019 The United States Air Force Artificial Intelligence Annex to the Department of Defense Artificial Intelligence Strategy*, July 2019, https: //www. af. mil/Portals/1/documents/5/USAF-AI-Annex-to-DoD-AI-Strategy. pdf.

御基础设施”（JEDI）项目招标。[①] 2018年9月，美国防部高级研究计划局（DARPA）宣布拟投入20亿美元的资金用于“下一代人工智能”的研究，旨在提升机器学习的情景推理和适应能力。[②] 美国《2020财年国防授权法案》给联合人工智能中心划拨2亿美元资金。[③] 最新的《2021财年美国国防授权法案提议》特别强调对人工智能、5G、高超声速等关键技术进行投资，建议对人工智能投资8.41亿美元，对“自主性”（autonomy）投资17亿美元。[④] 2020年，联合人工智能中心已授予德勤咨询公司一份价值1亿美元的合同，以创建“联合共同基金会”（Joint Common Foundation，JCF），以提供一个人工智能开发环境，提升数据的标准化和安全水平，在整个国防部范围内测试、验证和实地部署人工智能能力。[⑤] 美国国会通过了《2021财年国防授权法案》（*The Fiscal 2021 National Defense Authorization Act*），人工智能军事应用是重要部分。该法案明确要通过将直接采购权下放给负责人、简化流程等措施提高人工智能办公室在国防部中的地位，并要求开展

---

① 2019年10月，微软拿下了这项合同。参见 Microsoft snags hotly contested ＄10 billion defense contract, beating out Amazon, October 25, 2019, https://www.cnbc.com/2019/10/25/microsoft-wins-major-defense-cloud-contract-beating-out-amazon.html; U.S. Department of Defense, "Contracts For Oct. 25, 2019, "https://www.defense.gov/Newsroom/Contracts/Contract/Article/1999639/。

② Courtney Albon, "DARPA announces ＄2 billion investment in next wave of AI technology," Inside Defense, September 7, 2018, https://insidedefense.com/insider/darpa-announces-2-billion-investment-next-wave-ai-technology.

③ The Congress, *National Defense Authorization Act For Fiscal Year 2020*, December 9, 2019, https://www.congress.gov/116/crpt/hrpt333/CRPT-116hrpt333.pdf.

④ U.S. Department of Defense, *DOD Releases Fiscal Year 2021 Budget Proposal*, February 10, 2020, https://www.defense.gov/Newsroom/Releases/Release/Article/2079489/dod-releases-fiscal-year-2021-budget-proposal/source/GovDelivery/.

⑤ Patrick Tucker, "The Pentagon's AI Factory Gets a Powerful New Tool," Defense one, August 14, 2020, https://www.defenseone.com/technology/2020/08/pentagons-ai-factory-gets-powerful-new-tool/167708/; U.S. Department of Defense, "Joint Artificial Intelligence Center Director Briefs Reporters on Efforts to Scale AI," November 24, 2020, https://www.defense.gov/Newsroom/Transcripts/Transcript/Article/2427955/joint-artificial-intelligence-center-director-briefs-reporters-on-efforts-to-sc/.

"联合人工智能中心 2.0"计划，旨在重新调整技术研发结构，在明确需求的基础上定向开发新技术，帮助美军更好地建立作战优势。联合人工智能中心的职能由原来的开发人工智能产品转型为成熟的战场人工智能孵化器（battlefield AI incubator），通过提供人工智能就绪性评估、创建联合基金会让美国国防部各部门都能访问数据库以及软件工具等手段，协助国防部各部门强化人工智能应用。①

俄罗斯政府也高度重视人工智能的发展和军事应用。虽然至今为止俄罗斯国防部还没有出台专门的人工智能军事战略，但在领导人讲话和相关政策文件中都体现了对人工智能及其军事应用的高度重视。其中，2018 年俄罗斯外交和国防政策委员会发布的《人工智能在军事领域的发展现状及应用前景》报告认为，未来中短期内，国家间围绕人工智能等战略前沿技术领域的竞争将深刻影响国家战略走向。② 2017 年 9 月 1 日，俄总统普京指出，"人工智能技术不仅仅是俄罗斯的未来，也是全世界的未来。谁能成为人工智能领域的领导者，谁就将主宰世界"。③ 2019 年 10 月，普京签署命令批准《2030 年前俄罗斯国家人工智能发展战略》，旨在使"俄罗斯在全球人工智能领域占据领先地位"和"获得技术独立和竞争力"，标志着俄罗斯人工智能战略的正式出台。此外，俄罗斯国防部长还批准了《2025

① U. S. Department of Defense, "Joint Artificial Intelligence Center Has Substantially Grown To Aid The Warfighter," November 18, 2020, https://www.defense.gov/Explore/News/Article/Article/2418970/joint-artificial-intelligence-center-has-substantially-grown-to-aid-the-warfigh/; Jackson Barnett, "'JAIC 2.0' moves away from building products to focus on DOD-wide AI transformation," November 6, 2020, https://www.fedscoop.com/jaic-2-0-moving-away-from-products-artificial-intelligence/; Jackson Barnett, "2020 in review: Joint AI Center gets a '2.0' and a clear path forward,"December 30, 2020, https://www.fedscoop.com/2020-year-in-review-jaic-makeoever/.

② 《俄罗斯坚定推进智能化军队转型》，新华网，2018 年 11 月 22 日，http://www.xinhuanet.com/mil/2018-11/22/c_129999852.htm。

③ James Vincent, "Putin says the nation that leads in AI 'will be the ruler of the world'," The Verge, September 2017, https://www.theverge.com/2017/9/4/16251226/russia-ai-putin-rule-the-world.

年前发展军事科学综合体构想》，旨在加快研发可以驾驶车辆的类人机器人、组建在战场上可与人类战士并肩战斗的机器人部队，并希望通过运用无人机遂行监听和侦察、巡逻和火力支援、哨兵和现场安保、弹药运送、伤员疏散、布雷和排雷、掩护和隐蔽等作战任务。①

其他国家也在人工智能军事应用领域进行了一些顶层设计，尽管还没有出台正式的人工智能军事战略，但很多官方文件和领导人讲话已经提及这一领域的重要意义。例如，日本在2016年发布的《防卫省中长期技术展望》中，就将无人化、智能化作为未来防卫技术的重中之重。2018年日本《防卫计划大纲》进一步明确要对人工智能等尖端技术进行重点投资。2019年6月，日本政府出台《人工智能战略》，旨在使日本成为引领人工智能技术研发和产业繁荣的国家。这一战略规划的实施自然会带动日本军事力量的智能化水平提升。印度也十分注重人工智能军事应用。早在2018年2月，印度就任命了一个17人组成的人工智能工作组，旨在研究人工智能的军事和民用用途，提升印度的国防能力。② 2018年6月，印度政府也发布了《人工智能国家战略》，以实现“AI for all”的目标为指向，旨在将印度打造成为人工智能领域的发展高地。不难预见，这一战略的实施也会助推印度军事智能化的进一步发展。③

（二）加快人工智能军事应用的领域布局

总体来看，各国近年来推动人工智能在军事领域不断深化应用，提升

---

① 内閣府『人工知能技術戦略実行計画』、平成30年8月17日、https://www8.cao.go.jp/cstp/tyousakai/jinkochino/keikaku.pdf#search=‘AI%E6%8A%80%E8%A1%93%E6%88%A6%E7%95%A5+%E5%86%85%E9%96%A3%E5%BA%9C’。

② 转引自季自力、王文华：《世界军事强国的人工智能军事应用发展战略规划》，《军事文摘》2020年第9期，第10页。

③ NITI Aayog, *National Strategy On Artificial Intelligence*, June 2018, https://niti.gov.in/national-strategy-artificial-intelligence.

情报分析、指挥控制、自主武器研发、军事训练和后勤等领域的行动效能，且其在网络攻防、信息战等领域的进展也深受关注。

一是智能化情报分析与指挥控制。将人工智能运用于情报分析领域最著名的案例当属美国的“Maven”项目。2017 年 4 月 26 日，美国国防部副部长罗伯特·沃克（Robert Work）签署了一份关于主题为“专家项目”（Project Maven）的备忘录，亦称“高级图像识别”（Image Recognition）项目，组建“算法战跨职能小组”（Algorithmic Warfare Cross-Functional Team, AWCFT），这一机构的首要任务是为战术无人机系统（UAS）和中空全动态视频（FMV）提供增强功能或自动化功能、开发和传播（PED）的技术支援，以打击“伊斯兰国”（ISIS）行动，减轻美空军在无人机视频数据分析领域的人力负担，增强情报分析和军事决策能力。据美国“防务系统”网站披露，美国算法战跨职能小组 2019 年底已开发出四套智能算法，预计将很快投入实战应用。[①] 韩国国防部投入数十亿韩元，用于推动人工智能在情报侦察、指挥控制等领域的运用，开发智能型信息化情报监视侦察系统，运用人工智能和大数据技术分析间谍卫星、侦察机、无人机搜集的影像情报，远期目标是开发基于人工智能的指挥控制系统，实时研判传递战况。此外，为使部队更加贴近实战、节省开支、预防事故，韩军还在积极开发应用虚拟现实技术的训练、培训及实习系统。[②]

二是自主武器研发和部署。美国各军兵种在自主武器的研发部署领域取得了显著进展。例如，美海军计划从 2020 年至 2024 年投入约 40 亿美元，购买 10 艘大型无人水面舰艇和 9 艘大型无人潜艇。其中，“海上猎人”

---

① U. S. Department of Defense, Establishment of an Algorithmic Warfare Cross-Functional Team (Project Maven), GovExec, April 26, 2017, https://www.govexec.com/media/gbc/docs/pdfs_edit/establishment_of_the_awcft_project_maven.pdf.

② 《韩军拟建人工智能情侦指控系统》，联合早报网，2018 年 4 月 3 日，http://www.zaobao.com/realtime/world/story20180403-847872。

（Sea Hunter）水面无人艇是具有高度（完全）自主能力的武器系统，是美国防部高级研究计划局（DARPA）“反潜战持续追踪无人艇”（Anti-Submarine Warfare Continuous Trail Unmanned Vessel，ACTUV）项目的产物，目前已经过2016年初始测试、2017年任务系统改装以及2019年作战适应性和协同性检验。2018年，在美国海军4000架现役飞机里，就包括41架无人机，后续还在不断采购。[①] 2020年12月15日，美国空军首次将人工智能部署在一架U-2侦察机上，该算法可以通过控制雷达和传感器等系统，搜寻敌方的导弹发射器，开创了人工智能首次自主控制军用系统的先河，美国空军助理部长威尔·罗珀博士称“算法战时代已经来临”。[②] 俄罗斯也研发了“天王星”系列和“平台-M”“阿尔戈”等型号的作战机器人，可执行战场巡逻、侦察、排雷、近距离火力支援等任务，在叙利亚战场和国内反恐行动中的表现十分亮眼。俄罗斯还将无人水下潜航器作为实现新型战略威慑的撒手锏武器，其研发的“波塞冬”核动力无人潜航器被美国称为“战略核武器”，可携带核战斗部，隐蔽航行至敌国海岸，摧毁其沿岸经济设施，杀伤大量人口。[③] 以色列研发的军用无人车已在加沙地带的边境巡逻，并计划在无人车上装备武器，分阶段部署到与埃及、约旦、叙利亚和黎巴嫩的边境地区，其研发的“守护者”（Protector）无人车已经列装部队。[④]

---

① 季自力、张申、王文华：《美国海军加快智能化进程》，《军事文摘》2020年第3期，第29-33页。

② Anthony Cuthbertson, “AI flies military plane for first time as US Air Force declares ‘algorithmic warfare has begun’,” MSN, December 17, 2020, https://www.msn.com/en-xl/money/tech-and-science/ai-flies-military-plane-for-first-time-as-us-air-force-declares-algorithmic-warfare-has-begun/ar-BB1c1Ogm.

③ 《俄罗斯坚定推进智能化军队转型》，新华网，2018年11月22日，http://www.xinhuanet.com/mil/2018-11/22/c_129999852.htm。

④ “The Future of War: Israel First to Deploy Fully Automated Military Robots,” *The Mainichi*, August 24, 2016, http://global.factiva.com/redir/default.aspx?P=sa&an=AIWMDM0020160824ec8o000105&cat=a&ep=ASE.; “Israel First to Deploy Autonomous Military Robots,” *Israel Today*, August 25, 2016, http://www.israeltoday.co.il/NewsItem/tabid/178/nid/29924/Default.aspx.

韩国自主研发的一些无人装备已经部署在实际作战领域。其中，“SGR-A1”型哨兵机器人已经部署在朝韩边境的非军事区。据称，这款哨兵机器人拥有高度自主模式，理论上可以在没有人类干预的情况下自主运行，可自主开火射杀人员。[①] 韩国部署了“超级宙斯盾Ⅱ”（Super Aegis Ⅱ）机枪，能够识别、跟踪和摧毁4公里范围内的移动目标。自2010年以来，这项武器一直在有人控制的情况下使用。英军也在积极研发智能作战机器人。2018年9月，英国国防部宣称已经研制出一种名为“智人”（SAPIENT）的人工智能军事机器人，能够扫描城市战场，发现隐藏敌人，并将信息发送给作战士兵。[②] 此外，英军通过“自主战士2018”等演习活动测试了战场机器人。[③]

三是运用人工智能推动训练、后勤等领域的智能化。人工智能为军事训练和培训提供了新的方式。例如，在军事训练领域，“神探夏洛克”（SHERLOCK）智能辅导系统已被用于美国空军的培训中，该系统能够为美国空军技术人员提供如何操作电子系统对飞行器进行诊断的培训。[④] 同时，南加州大学的信息科学学院已研制出一个基于替身的训练程序，能够为派驻海外的军人提供跨文化交流训练。[⑤] 后勤方面，美国空军已经运用

---

① Jean Kumagai, “A Robotic Sentry For Korea's Demilitarized Zone,” IEEE Spectrum, March 2007, https://spectrum.ieee.org/robotics/military-robots/a-robotic-sentry-for-koreas-demilitarized-zone; Alexander Velez-Green, “The Foreign Policy Essay: The South Korean Sentry—A ‘Killer Robot’ to Prevent War,” March 1, 2015, https://www.lawfareblog.com/foreign-policy-essay-south-korean-sentry%E2%80%94-killer-robot-prevent-war.

② “Prepare for WAR: UK unveils MILITARY ROBOTS to give Britain the edge to destroy enemies,” *The Express*, September 2018, https://www.express.co.uk/news/uk/1021798/UK-military-robots-war-British-Britain-World-War-3-Artificial-Intelligence-soldiers.

③ “‘Autonomous Warrior’: UK Army Conducts its Largest Test of Battlefield Robots,” *Sputnik News*, November 12, 2018, https://sputniknews.com/europe/201811121069732373-uk-robot-war-test/.

④ Stanford University, *Artificial Intelligence and Life in 2030 One Hundred Year Study on Artificial Intelligence | Report of the 2015 Study Pane*, p. 32, September 2016, https://ai100.stanford.edu/sites/g/files/sbiybj9861/f/ai100report10032016fnl_singles.pdf.

⑤ Michael V. Yudelson, Kenneth R. Koedinger, and Geoffrey J. Gordon, “Individualized Bayesian Knowledge Tracing Models,” *Artificial Intelligence in Education*, 2013.

人工智能推动飞机的预测性维护。不同于传统的等到飞机出现故障再进行维修，人工智能驱动的预测性飞机维护可以根据每位飞行员的不同需求定制专门维护计划。这一方法目前已被 F-35 的自主物流信息系统（Autonomic Logistics Information System）使用，可通过提取嵌入飞机发动机和其他机载系统的实时传感器数据，并将数据输入预测算法，以确定技术人员何时需要检查飞机或更换部件。[①] 同样，美国陆军“后勤支持计划”（LOGSA）已与 IBM 签订合同，旨在开发根据安装在每辆车上的 17 个传感器获取的信息，为史崔克车队（Stryker fleet）开发定制维护计划。2017 年 9 月，后勤支持计划开始了第二个项目，该项目将使用沃森（Watson）分析维修配件配送的运输流程，试图确定最节省时间和成本的供应方式。这项任务目前是由人工分析师完成的，他们每年仅分析 10%的运输请求就为陆军节省了大约 1 亿美元。有了沃森，陆军将有能力分析 100%的运输请求，可能在更短的时间内实现更大的成本节约。[②]

（三）人工智能成为局部战争冲突的新宠

2015 年 12 月，叙利亚政府军在俄军“平台-M”履带式地面作战机器人和“阿尔戈”轮式作战机器人的支援下，击毙 77 名武装分子成功攻占

① Marcus Weisgerber, “Defense Firms to Air Force: Want Your Planes' Data? Pay Up,” *Defense One*, September 19, 2017, http://www.defenseone.com/technology/2017/09/military-planes-predictive-maintenance-technology/141133/.

② Adam Stone, “Army Logistics Integrating New AI, Cloud Capabilities,” C4ISNET, September 7, 2017, https://www.c4isrnet.com/home/2017/09/07/army-logistics-integrating-new-ai-cloud-capabilities/.

"伊斯兰国"武装分子控制的拉塔基亚省 754.5 高地。[1] 2020 年，人工智能在战争冲突中的表现更是吸引了世界的高度关注。2020 年 1 月 3 日凌晨，伊朗圣城旅的最高指挥官苏莱曼尼少将在巴格达机场上汽车后遭遇"定点清除"，被美军无人机发射"地狱火"导弹精准暗杀，引发了国际安全形势骤然紧张，也凸显了智能武器在新形势下作战运用的优势。[2] 据悉，美军出动 MQ-9 型死神无人机，发射数枚地狱火导弹摧毁了两辆汽车。不仅炸死了苏莱曼尼本人，还有前来机场迎接他的伊拉克"人民动员组织"副总指挥穆罕迪斯，以及十多名该组织的成员。2020 年 9 月 27 日，亚美尼亚和阿塞拜疆在纳戈尔诺-卡拉巴赫地区（Nagorno-Karabakh，简称"纳卡"）爆发冲突。此次纳卡冲突中，无人机作战为阿塞拜疆军队取得主导权发挥了关键作用，阿塞拜疆凭借无人机力量优势掌握了战场主动权，侦察、打击等行动屡屡得手。阿塞拜疆军队的无人机可以有效引导榴弹炮和其他各类火炮射击，让原本只有在平原地区才有优势的火炮发挥同样作用。而凭借长航时的特性，阿塞拜疆军队多款无人机可以滞留冲突地区上空侦察和监视高价值目标，如防空系统、前线指挥所、交通枢纽等，而后使用察打一体无人机或巡飞弹，对亚美尼亚高价值目标进行实时精确打击，这对传统上依赖地面作战力量的亚美尼亚构成了巨大威胁。从此次纳卡冲突可以看出，无人机的作战优势正不断塑造未来非对称作战样式，智能化战争大幕正在徐徐拉开。

---

① 无人机先将战场情况实时传送到俄军指挥系统。战斗机器人随后发起集群冲锋，抵近到距武装分子据点 100 米至 120 米后，用机枪、榴弹和反坦克导弹进行攻击，叙利亚政府军则在机器人后相对安全的距离内肃清残余武装分子。遇坚固火力点，"洋槐"自行火炮群根据无人机和机器人传回的画面，实施精确炮击。参见宁政杰、姚小锴、袁逸群：《智能化战争的先声：754.5 高地攻坚战中的机器人作战连》，来源：解放军报，中国军网，2021 年 1 月 28 日，http://www.81.cn/w-j/2021-01/28/content_9976296.htm。

② Nectar Gan, "Who was Qasem Soleimani, the Iranian commander killed by a US airstrike?" *CNN News*, January 3, 2020, https://edition.cnn.com/2020/01/03/asia/soleimani-profile-intl-hnk/index.html.

二、人工智能军事应用给国际安全治理带来新挑战

随着人工智能快速发展应用，并不断走上战争舞台，其日益涌现的安全威胁、技术滥用、隐私保护等问题也越来越受到各国关注和重视，人工智能全球治理尤其是国际安全治理问题已经成为当前全球瞩目的重要议题。

（一）人工智能军事应用带来的国际安全挑战

尽管人工智能军事应用对各国军队而言有着巨大的红利，但其对国际安全带来的挑战也不容忽视，主要有以下三个方面。

一是显著降低战争门槛和引发人工智能军备竞赛。传统上，国内民众和国际舆论对于战争伤亡敏感度是影响一国领导人是否选择诉诸战争手段的重要因素。而人工智能介入军事领域所带来的武器装备无人化和智能化能够有效降低己方军事人员在武装冲突伤亡的风险，能够一定程度上减少民众的顾虑和舆论压力，进而降低发动战争的门槛，这将提升国家间发生冲突的风险，给国际安全带来挑战。此外，大国围绕人工智能武器的军备竞赛正如火如荼地进行，如果不加以管控，也将为国际安全蒙上一层阴影。彼得·辛格（Peter W. Singer）指出，当前的人工智能竞赛由地缘竞争、知识前沿领域的科学动力以及追求利润的科技企业等不可阻挡的力量驱动。[①]而美国 SpaceX 公司创始人埃隆·马斯克（Elon Musk）警告称，各国围绕人工智能的军备竞赛可能会导致第三次世界大战的发生。[②]

---

① “Autonomous weapons are a game-changer: AI-empowered robots pose entirely new dangers, possibly of an existential kind,” *The Economist*, *January*, 25, 2018, https://www.economist.com/news/special-report/21735472-ai-empowered-robots-pose-entirely-new-dangers-possibly-existential-kind-autonomous.

② “Elon Musk says AI could lead to third world war,” *The Guardian*, September 4, 2017, https://www.theguardian.com/technology/2017/sep/04/elon-musk-ai-third-world-war-vladimir-putin.

二是破坏核威慑和危机升级的风险。战略稳定很大程度上建立在核大国相互确保摧毁的核威慑基础上，即强大的报复反击能力慑止了对方的先发制人核打击行动。然而，目前快速发展的传感器技术可能使得潜艇、机动导弹系统等报复性武器装备更加容易被发现、定位和摧毁，增大报复性核力量的脆弱性，由此侵蚀核威慑的根基。据报道，美国防部正在资助一项旨在运用人工智能帮助识别和预测核导弹发射，以及追踪和瞄准朝鲜和其他国家的移动导弹发射平台。如果属实，无疑会极大破坏战略稳定性。① 兰德公司的一份报告甚至认为人工智能可能会在2040年前引发一场核大战。② 此外，人工智能如果应用到核指挥系统，就可能带来自动危机升级的风险，有可能引发核大战，这也对国际安全形成了巨大的"未来阴影"。

三是智能武器扩散到恐怖分子的风险。智能武器对恐怖组织、跨国犯罪集团等非国家行为体具有巨大吸引力，使其有能力成倍增强武力强度，节省自身战斗人员，发动恐怖袭击等。例如，恐怖分子利用无人机或无人车运送爆炸物发动恐怖袭击可以增强隐蔽性，并降低人力成本和风险。这类行为体通常不会考虑国际规范的限制。人工智能领域的军备竞赛可能恶化"不对称战争"情况，刺激叛乱和报复行为，提高冲突升级的风险。2017年11月，著名科学家斯图亚特·拉塞尔（Stuart Russell）在日内瓦联合国特定常规武器公约会议上播放了一段"杀人蜂"进行自主杀人的视频，敲响了人工智能用于恐怖主义行动的警钟。视频中的"杀人蜂"机器人能够携带3克炸药，通过人脸识别等技术可自主跟踪目标，瞬间穿透人的颅骨，一击致命。据估计，仅耗费2500万美元就可以购置可毁灭半个城市的

---

① Phil Stewart, "Deep in the Pentagon, a Secret AI Program to Find Hidden Nuclear Missiles," The Wire, June 5, 2018, https://thewire.in/world/us-military-pentagon-secret-research-artificial-intelligence-nuclear-missiles.

② Edward Geist, Andrew J. Lohn, "How Might Artificial Intelligence Affect the Risk of Nuclear War?" Rand Corporation, April 24, 2018, https://www.rand.org/pubs/perspectives/PE296.html.

"杀人蜂"，而同等价格的战斧式巡航导弹仅能摧毁一座机场。不难预见，一旦恐怖分子掌握这种廉价而致命的自主武器，将为其进行新型恐怖袭击提供强大而有效的手段，国际安全将面临更为严峻的挑战。①

（二）人工智能的国际安全治理成为世界热点议题

由于人工智能对国际安全带来了诸多挑战，且这些问题涉及世界各国的安全利益，且无法由哪个国家独自解决，这就催生了人工智能全球治理尤其是人工智能国际安全治理这一议题。当前，国际社会特别是技术社群对于人工智能带来的国际安全挑战进行了警告，并呼吁推进人工智能国际安全治理。2015 年 7 月，1000 多名人工智能专家共同严重警告人工智能军备竞赛的危险，呼吁禁止使用自主武器。2017 年 8 月，埃隆·马斯克联合 26 国共 116 名科学家和企业家致信联合国，呼吁禁止发展和使用致命性自主武器。2018 年 2 月，Open AI、牛津大学、剑桥大学等 14 家单位共同发布了一份《人工智能恶意使用：预测、预防与缓解》报告，指出人工智能对数字安全、物理安全和政治安全等领域都带来巨大风险。

值得注意的是，中美已经有一些机构开始将人工智能国际安全治理作为重大课题进行合作探讨和研究。例如，清华大学战略与安全研究中心在"人工智能国际治理"框架下，于 2019 年 6 月启动了一项与美国布鲁金斯学会进行联合研究的项目，研究中心主任傅莹和美国布鲁金斯学会会长约翰·艾伦（John Allen）为项目总牵头人。约翰·艾伦认为，美中在人工智能等新兴技术领域的战略竞争日益明显，围绕着"人工智能军备竞赛"的说法不绝于耳。为避免不可控的军备竞赛，要重视人工智能所构成的国家

① Jessica Cussins, "AI Researchers Create Video to Call for Autonomous Weapons Ban at UN," Future of Life Institute, November 14, 2017, https://futureoflife.org/2017/11/14/ai-researchers-create-video-call-autonomous-weapons-ban-un/.

安全风险，以降低这些风险发生的可能性。当前正是规范智能技术发展和应用的关键期，一旦这些技术被纳入军事体系中，呼吁限制其在国家安全领域的应用将变得极为困难。傅莹也指出，从目前的趋势看，虽然人工智能武器化是不可避免的，但可以要求人工智能赋能武器的发展符合现有国际法规范。为此，各国需要就如何进行风险防范寻求共识，共同努力构建治理机制。[①]

自主武器的伦理规范和安全管控是人工智能国际安全治理的一个重点领域。在这方面，美国已经率先展开了动作。早在2012年，美国就出台了《国防部指令3000.09》，强调“自主和半自主武器系统的设计应允许指挥官和操作员对其进行适当的人为判断”，以及“授权使用、指挥使用或操作自主和半自主武器系统的人必须严格地服从，并执行战争法、适用的条约、武器系统安全规则和适用的交战规则”。[②] 2019年10月，美国国防创新委员会（Defense Innovation Board）[③] 发布《人工智能准则：推动国防部以符合伦理的方式运用人工智能的建议》（*AI Principles: Recommendations on the Ethical Use of Artificial Intelligence by the Department of Defense*）报告，提出了国防部运用人工智能的五项原则和十二条建议，强调军用人工智能系统应

① 傅莹：《人工智能与国际安全治理路径探讨》，人民论坛网，2020年12月24日，http://www.rmlt.com.cn/2020/1224/603061.shtml。

② U.S. Department of Defense, *Department of Defense Directive 3000.09: Autonomy in Weapon Systems*, Homeland Security Digital Library, November 21, 2012, https://www.hsdl.org/?view&did=726163.

③ 该委员会是美国一个独立联邦顾问委员会，旨在为美国防部高层提供政策建议，其成员包括来自谷歌、脸书等科技企业的高管和专家，目前的在研项目包括软件采购实践研究、5G生态系统、AI军事应用原则等。参见官网 https://innovation.defense.gov/。——作者注

当是“负责的、公平的、可追溯的、可靠的和可治理的”。[①] 2020年2月24日，美国防部长马克·埃斯珀（Mark Esper）正式签署这一文件，使其成为国防部在人工智能伦理领域的官方政策。[②]

（三）人工智能国际安全治理当前面临的问题

虽然人工智能的国际安全治理议题非常热门，但要实质性推动这一进程仍然面临巨大挑战。

主要军事大国对于智能武器军控的意愿不足是制约人工智能国际安全治理的关键因素。致命性自主武器系统（LAWS）军控是目前人工智能国际安全治理领域的热点和重点，但这一领域的军控进程进展十分缓慢，大国政治意愿不足是主要原因。总体而言，目前强烈要求限制致命性自主武器系统的主要是中小国家和发展中国家，军事大国对于致命性自主武器系统军控的意愿明显不足，[③] 认为目前致命性自主武器系统的利害尚不明晰，草率制定禁止政策有些为时过早。以美国为代表的发达国家非但不制止致命性自主武器系统的研发，反而要鼓励相关的技术创新，原因在于其可能带来很多军事利好和人道主义红利，比如能够增强对平民及民用目标的军

---

① Defense Innovation Board, *AI Principles: Recommendations on the Ethical Use of Artificial Intelligence by the Department of Defense*, October 2019, https: //media. defense. gov/2019/Oct/31/2002204458/-1/-1/0/DIB_AI_PRINCIPLES_PRIMARY_DOCUMENT. PDF. 更详细的报告参见 Defense Innovation Board, *AI Principles: Recommendations on the Ethical Use of Artificial Intelligence by the Department of Defense Supporting Documents*, October 2019, https: //media. defense. gov/2019/Oct/31/2002204459/-1/-1/0/DIB_AI_PRINCIPLES_SUPPORTING_DOCUMENT. PDF。

② U. S. Department of Defense, “DOD Adopts Ethical Principles for Artificial Intelligence,” February 24, 2020, https: //www. defense. gov/Newsroom/Releases/Release/Article/2091996/dod-adopts-ethical-principles-for-artificial-intelligence/.

③ Morgan, Forrest E. , Benjamin Boudreaux, Andrew J. Lohn, Mark Ashby, Christian Curriden, Kelly Klima, and Derek Grossman, *Military Applications of Artificial Intelligence: Ethical Concerns in an Uncertain World*, Santa Monica, CA: RAND Corporation, 2020, p. xiv, https: //www. rand. org/pubs/research_ reports/RR3139-1. html.

事感知能力，在战争中降低平民伤亡的风险。① 而其他国家则针锋相对地认为，致命性自主武器系统无法区分军人和平民，可能带来问责真空，降低战争门槛，严重威胁平民安全和人的尊严，如果放任其发展，无异于自掘坟墓。② 因此，推进人工智能国际安全治理，尤其是致命性自主武器系统的军备控制存在明显的政治阻碍。

此外，新冠肺炎疫情的暴发使人工智能国际安全治理更是举步维艰。正如习近平主席所言，当今世界面临“和平赤字”“发展赤字”“信任赤字”和“治理赤字”这四大“赤字”问题。主要大国之间由于互信缺失，对其他国家是否进行实质性禁止人工智能武器的研发和应用存在顾虑，而这一领域的军事应用潜力又十分巨大，可能颠覆现有的军力结构，因而导致人工智能国际安全治理领域的进展十分缓慢。同时受疫情影响，联合国《特定常规武器公约》框架下关于致命性自主武器系统（LAWS）会议无奈推迟，因而这一领域的进展几乎停滞。更具挑战性的是，人工智能领域的两大领跑国家——中国和美国目前的关系陷入了两国建交以来的最低点，美国对于通过战略竞争维持霸权的考量和焦虑感压过了对话合作的意愿。

三、结语

历史表明，一个时代的重要科技往往成为战斗力的增长点和倍增器。

---

① CCW, *Report of the 2015 Informal Meeting of Experts on Lethal Autonomous Weapons Systems* (LAWS), p. 16; United States of America, “Humanitarian benefits of emerging technologies in the area of lethal autonomous weapon system,” UN Geneva, March 28, 2018, https://www.unog.ch/80256EDD006B8954/(httpAssets)/7C177AE5.

② *Implementing International Humanitarian Law in the Use of Autonomy in Weapon Systems Submitted by the United States of America*, UN Geneva, https://www.unog.ch/80256EDD006B8954/(httpAssets)/518CBFEFDDE93C21C12583C8005FC9FA/$file/US+Working+Paper+on+Implementing+IHL+in+the+Use+of+Autonomy+in+Weapon+Systems.pdf.

军事智能化是未来的趋势，人工智能技术不断走向军事领域已经不可避免。人工智能的军事应用是一把“双刃剑”，既可以赋能国家军队建设，促进军事智能化发展，变革战争形态，同时也带来了国家间的人工智能军备竞赛、破坏战略稳定、武器扩散至恐怖组织手中等一系列问题。在此背景下，一方面，中国要积极抓住此次科技革命的契机，积极推动人工智能的研发和赋能军事领域，推动军队的“机械化信息化智能化融合发展”，为建设世界一流军队插上科技翅膀。党的十九大报告中专门提出要“加快军事智能化发展”，2020 年 10 月中共十九届五中全会公报中，进一步强调要“加快机械化信息化智能化融合发展”，[①] 这表明中国已经将基于人工智能的智能化视为建设世界一流军队的关键支撑。另一方面，中国要秉持人类命运共同体的理念，积极投身人工智能的国际安全治理进程，通过联合国等平台汇聚共识，在战略稳定性、对攸关生死的战场决策进行有效人类控制、安全管控、自主武器伦理规则制定等问题上积极设置议题，塑造话语权，维护中国的国家安全利益和世界的和平安全，与国际社会一道探索人工智能的良性治理，使得人工智能技术更好维护人类和平发展福祉，创建更加繁荣和安全的世界。

展望未来，中美关系依然是人工智能国际安全治理的关键变量。秉持多边主义理念的民主党总统拜登入主白宫后，中美关系有望迎来一定程度的缓和。拜登在受访时曾提及，俄罗斯是美国最大的安全威胁，而中国是美国最大的竞争对手。[②] 尽管当前拜登政府对于人工智能军事应用领域的政策还不明晰，但拜登在竞选时曾宣称在四年内要对人工智能、5G 等突破性

① 《中国共产党第十九届中央委员会第五次全体会议公报》，新华网，2020 年 10 月 29 日，http：//www. xinhuanet. com/politics/2020-10/29/c_1126674147. htm。

② 《台湾特稿：中美关系未定台湾前路隐晦台湾特稿》，联合早报网，2021 年 1 月 31 日，https: //www. zaobao. com/znews/greater-china/story20210131-1120544。

技术进行3000亿美元投资。① 此外，拜登政府2021年2月还在考虑出台遏制中国高科技发展的新规定，适用范围包括美国重要基础设施、网络及卫星业务、大数据托管业务、广泛使用的互联网连接软件以及先进计算、无人机、自主系统或先进机器人技术等领域所使用的技术。② 不难预见，拜登政府将很可能会大力推进人工智能军事应用，同时在人工智能国际安全治理领域进行布局，通过联合盟友和伙伴国重点推广前期美国防部已经确立的人工智能伦理准则，打造新的人工智能军事应用和规则联盟，维持美国在这一领域的全球领导地位。对此，我们应密切跟踪美等国家在人工智能领域的动向，与美等各方保持对话，加强合作，积极参与人工智能国际安全治理进程。同时采取适当措施，例如推动符合自身国家利益的人工智能伦理准则制定，避免陷入战略被动。

① "The Biden Plan To Ensure The Future Is ' Made In All Of America' By All Of America's Workers," Biden Harris Democrats, https://joebiden.com/made-in-america/.

② 此举旨在保障美国信息技术供应链安全，赋予商务部广泛授权，可禁止涉及"外国对手"的交易行为，防止外国对手利用信息通信技术服务供应链中的"薄弱环节"，"可信赖的信息通信技术及服务对我国国家安全和经济安全至关重要，这仍是拜登政府的头等大事"。参见《外媒：美拟实施遏制中国技术新规》，参考消息网，2021年2月28日，http://www.cankaoxiaoxi.com/china/20210228/2435974.shtml。

全球网络空间军事行动新态势及其对国际规则进程的影响

唐　岚

内容提要：技术的发展与地缘政治的回归，使网络空间日益成为大国竞争博弈的主战场。从国际安全与战略稳定角度看，主要大国一方面加快在网络空间的军事部署与准备，网络空间军事行动更具主动性与侵略性，网军可打击的范围无限扩大，全球网络空间的和平与安全面临前所未有的挑战；另一方面，随着低于武装冲突的网络军事行动趋多，传统的战争、主权等概念均需要全新界定和解读。各方分歧突出，致使网络空间国际规则进程迟滞，行为失范、规则缺失反过来又加剧了网络空间的军事竞争。

关 键 词：网络空间；网络战；网络安全；国际规则

作者单位：中国现代国际关系研究所科技与网络安全所

纵观全球，越来越多国家将网络空间视为作战域，并将发展网络武装和作战能力作为提升国家军事实力的一大支柱。伴随大国竞争的回归、国家间博弈的深入复杂以及技术的演进，网络空间军事化进程明显提速，网络空间军事行动增多且日渐成为决定一国能否占据战略先机和优势的主要手段之一。受此影响，全球信任赤字、治理赤字加剧，国际战略稳定面临更多不确定因素，相关国际规则的讨论焦点集中，难点众多，分歧突出，进展缓慢，传统国际治理理念、框架和机制有待全面革新。

一、网络空间军事对抗性渐增

联合国裁军研究所（UNIDIR）2011年曾统计，193个联合国成员中有114个制定了国家级网络安全规划，其中47国在规划中要求军方“发挥作用”，又有41国公开承认设立了专门机构策划网络军事行动。[①] 时至今日，主要大国在此基础上顺应变化，一方面重视提升网络作战能力，在武器、指挥、决策等方面追逐与对手的代差优势；另一方面更注重网络加持下的信息优势，实现远程打击、全球指挥和控制，巩固作战优势。网络空间军事行动呈现三大新动向。

（一）网络作战队伍与能力建设步伐加快

自2010年成立以来，美网络司令部的人员、机构与职责不断充实，地位提升明显，2018年5月正式从战略司令部独立出来升格为第十个联合作战司令部，同时宣布由133支小队组成的“网络任务部队”（Cyber Mission Force）[②] 具备全面运行能力，负责承担指挥、统筹和协调网络空间行动。从经费预算上看，网络行动在美军费中持续增加且渐成重头。从2016年的58亿美元、2017年的72.24亿美元、2018年的80.48亿美元、2019年的87.34亿美元、2020年的96亿美元，增长为2021年的98亿美元，其中网络空间作战预算为38亿美元，22亿美元用于支撑“网络任务部队”。美网

---

① “The Cyber Index: International Security Trends and Realities,” UNIDIR, p. 1, https://www.unidir.org/files/publications/pdfs/cyber-index-2013-en-463.pdf.

② 2013年开始打造“网络任务部队”，133支小队成员来自美国陆、海、空及海军陆战队4大军种，其中包括负责保卫国家不受重大网络攻击的13支“国家任务小队”；负责保护国防部网络与系统安全的68支“网络保护小队”；负责实施统一网络空间攻击的27支“作战任务小队”；负责提供分析与策划支撑的25支“网络支持小队”，现有人员6200人。——作者注

络司令部司令保罗·中曾根（Paul Nakasone）在回顾10年历程时坦言，“成功打造了一支训练有素的力量，建立了保护国家和获权从事攻击行动的团队”。[①] 2019年8月，时任总统特朗普签署第13号总统国家安全备忘录，授权网军司令无须经过总统同意即可开展攻击性网络行动。2019财年和2020财年的《国防授权法》均为美军网络行动提供更大的自由裁量权，包括降低网络行动的批准门槛，将此类行动等同于常规作战行为，放宽网络司令部采购权等。

2020年8月，澳大利亚推出新版《网络安全战略》，未来10年将增投13.5亿澳元用于提升网络情报与攻击能力，国防部下属的信号局（ASD）为此将招募500名网络间谍并通过研发“主动遏制”技术参与国家网络防御。[②] 此前澳国防部7月已发布《2020年国防战略更新》和《2020年部队结构计划》，计划未来10年投入2700亿澳元研发与升级作战能力，其中150亿澳元用于网络和信息战能力，即能够利用和攻击敌人的信息网络，并能根据军事目的对敌人开展网络行动。同年11月，英国宣布组建“国家网络部队”（National Cyber Force），成员涵盖政府通信总部（GCHQ）、军方、军情六处（MI6）及国防科学技术实验室等负责情报、安全和作战部门的人员。政府通信总部负责人杰米里·弗莱明（Jeremy Fleming）称，“国家网络部队”整合了英国的情报与国防能力，推动英国实现打击网络空间敌人、保护国家能力的转型。国防大臣本·华莱士（Ben Wallace）称此举将赋予英国一流的网络空间行动能力，与100年前成立空军一样具有里程碑

① “Commander Discusses a Decade of DOD Cyber Power,” Cyber Command, May 21, 2020, https://www.cybercom.mil/Media/News/Article/2245877/commander-discusses-a-decade-of-dod-cyber-power/.

② Anthony Galloway, “‘Offensive capability’: $1.3b for new cyber spies to go after hackers,” *The Sydney Morning Herald*, June 29, 2020.

意义。[①] 据称，该部队预算经费为 2.5 亿英镑，将用 10 年时间把人员从目前的 2000 人增至 3000 人，承担从打击恐怖组织和敌对国家行为，到追踪线上儿童色情与保护英国战机安全等职责。

（二）增大网络行动可见度，强化威慑效果

尽管网络空间被认为是一个竞争和对抗最为激烈的空间，但由于这一空间的独特性，迄今为止很多行动仍隐藏在水面之下，即便对诸如“震网”等全球瞩目的行动，美等也始终讳莫如深。面对日渐增多的来自国家层面的网络攻击，美英澳等国出于增强威慑效果的考虑，既加大政策宣示，也开始有选择地将一些行动公之于众，展示能力和意图，彰显决心。其中最引人注目的是美联合盟友开展的“发光交响乐”（Operation Glowing Symphony）行动和以捍卫美国中期选举安全为由对俄罗斯进行的网络攻击。

2020 年 1 月 21 日，美国国家安全档案馆公布了通过《信息自由法》获得的 6 份美国网络司令部文件，披露了针对恐怖组织“伊斯兰国”（ISIS）开展的网络攻击行动“发光交响乐”的众多细节，展现了美军网络作战的组织、规划、协同和评估各环节的运作。2015 年 3 月，网络司令部作出通过网络空间支持军事干预行动的指示后，以“坚定决心”（Operation Inherent Resolve）为代号的战前准备工作随之启动，包括信息收集和组建行动小组。2016 年 5 月，网络司令部综合评估收集到的大量有关“伊斯兰国”的信息数据，认为已足以支撑开展网络作战并成立“战神”联合特遣部队（Joint Task Force ARES，JTF-ARES），利用黑客攻击及网络武器摧毁“伊斯兰国”使用的计算机系统，瓦解其功能（例如对武装分子的宣传及

① “National Cyber Force transforms country’s cyber capabilities to protect the UK,” GCHQ, November 19, 2020, https://www.gchq.gov.uk/news/national-cyber-force.

经济支持能力）并追踪其网络枢纽位置。通过真实身份、IP 位置及所有使用的社交媒体、银行、电子邮件账号等内容对目标进行画像，精心构造电子邮件进行钓鱼攻击，通过各种手段进入内网，获取管理员权限和资产清单并实施毁灭行为。国外媒体据此称“发光交响乐”行动是“迄今为止最复杂的网络攻击行动”。除美国网军外，“五眼联盟”成员、荷兰及以色列军方亦参与其中。

2018 年，美网军首次参与确保中期选举的任务，联合国家安全局和国土安全部等部门组建“俄罗斯工作组”以阻止俄罗斯干扰中期选举。所开展的 4 个行动之一是切断位于圣彼得堡的俄罗斯互联网研究所（Internet Research Agency）的网络连接，利用电邮、弹窗等多种方式给俄信息行动的背后策划者发送信息，曝光其行动并发出警告。[①] 美军方就此次行动进行了简报，称其为“首次公开的海外网络行动”，成功模式可供未来借鉴，随后宣布“俄罗斯工作组”将成为常设机构。

无独有偶，澳大利亚、英国也相继披露参与打击“伊斯兰国”及其他网络行动的情况。澳大利亚信号局局长迈克·伯吉斯（Mike Burgess）讲述了切断“伊斯兰国”指挥官网络通信的细节。[②] 信号局在其 2020 年年度报告中亦列举了利用网络攻击打击疫情期间的窃取资金和数据等恶意网络行为，与政府通信总部合作打击在暗网上出售信用卡信息的网络犯罪团伙等。[③] 2018 年，政府通信总部负责人宣称对“伊斯兰国”实施了大规模攻击性网络行动，称“这是英国有史以来第一次以军事行动的方式系统性打

① Ellen Nakashima, “U. S. Cyber Command operation disrupted Internet access of Russian troll factory on day of 2018 midterms,” *The Washington Post*, February 27, 2019; Julian E. Barnes, “U. S. Begins First Cyberoperation Against Russia Aimed at Protecting Elections,” *The New York Times*, October 23, 2018.

② “Australia claims world first in cyber war,” *Australia Economic Review*, March 27, 2019.

③ “Annual Report 2019-20,” Australian Signals Directorate, October 12, 2020, https://www.asd.gov.au/sites/default/files/2020-10/asd-annual-report-2019-20.pdf.

压敌对方的网络活动”。[①] 2021 年 2 月，英国战略司令部司令帕特里克·桑德斯（Patrick Sanders）称通过网络攻击阻止“伊斯兰国”利用无人机发起突袭，通过攻击“伊斯兰国”成员手机和笔记本电脑阻断指挥链和信息传递，修改传输的信息，为阻止“伊斯兰国”的网上宣传能力，英网军还向位于不同国家的多个服务器发送恶意软件，锁定“伊斯兰国”账号、删除文档及帖子、视频等信息。[②] 英国前国家安全顾问马克·塞德威尔（Mark Sedwill）透露，英曾针对俄政府高层实施攻击性网络措施。[③]

（三）借助网络塑造全新作战方式，攫取战场优势

20 世纪 90 年代以来，美军陆续提出网络中心战、空海一体战、多域战、算法战以及最近提出的决策中心战等理念，根据技术变革不断革新作战方式，调整能力构建。网络空间既是一个主要的作战域，更是一个不可或缺的、提升战力的工具。在美军看来，当今对抗是多领域的混合作战，涉及网络空间、太空及电磁频谱、信息环境和认知领域等，是通过计算机协调的、跨越陆海空和网络空间、结合太空、网络、威慑、运输、电磁频谱作战、导弹防御等与对手展开全面的竞争。为此，美国开始构建“联合全域指挥与控制”（JADC2）战场网络，以传感器为“节点”，以网络为“筋脉”，以数据为“弹药”，贯通不同作战域，打破不同军种界限，实现对所有领域能力的无缝集成、有效指挥控制和快速智能决策，掌控战场态势。

---

① “Director's speech at Cyber UK 2018,” GCHQ, April 12, 2018, https://www.gchq.gov.uk/speech/director-cyber-uk-speech-2018.

② Inder Singh Bisht, “UK Ran Cyber Op to Cripple ISIS Communications: Services Chiefs,” *The Defense Post*, February 16, 2021, https://www.thedefensepost.com/2021/02/16/uk-cyber-cripple-isis-communications/.

③ Helen Warrell, “National Cyber Force will target UK adversaries online,” *The Financial Times*, November 20, 2020.

联合全域指挥与控制不但能更快、更全面地获取战场信息，还可入侵敌军指挥控制系统，侦听其决策过程，及时作出针对性战斗部署。同时运用各兵种同时打击敌军不同目标，使其疲于奔命而无法集中力量作出有效回应。2020 年 10 月 8 日，美国防部发布《数据战略》，立足于数据“是夺取未来战争胜利的重要决定力量”的理念，提出国防部应加快向一个“以数据为中心”的组织转型。

2020 年 9 月，美陆军进行的“融合项目”（Project Convergence）2020 演习初步呈现了全新的作战理念和方式。演习试图把接收、存储和处理数据的工具与对敌人施加影响的手段结合起来，将所有环境下的各军种整合到一个统一的战斗网络中，互相交换数据，实现“一人所见即全体所见”，来自战场的所有传感器数据都将输入存储器，用特殊算法进行处理、识别和分类，机器会选择最佳的杀伤工具、弹药类型，并向操作员提供数据。操作员确认后将最初计算出来的发射数据传递给杀伤工具。演习中，陆军通过“普罗米修斯之火”系统分析在近地轨道运行的天基传感器拍摄的战场图像及其他渠道获得的威胁数据，确定目标之后由计算机大脑“风暴”推荐最佳射击武器，人工智能和自主能力将这一过程的时间由 20 分钟缩短至 20 秒。2021 年秋，美空军、海军、海军陆战队及特种部队都将参与到“融合”项目，届时的演习将模拟一个跨洲场景，聚焦于技术挑战与大国竞争。① 目前，美军着力解决通信瓶颈，优化网络部队与传统兵种的配合，进一步调整联合作战模式，以尽早实现全域作战的构想。

---

① Sydney J. Freedberg Jr., “Joint Force Vs. China: Project Convergence 21,” *Breaking Defense*, April 5, 2021, https://breakingdefense.com/2021/04/joint-force-vs-china-project-convergence-21/.

二、网络空间军事行动呈现新特点

网络空间已成为国家战略博弈的主战场，网络攻击也已成为现代冲突的一个重要特征。

一方面，网络空间军事行动更具主动性和侵略性。最关键的原因在于以美为首的主要大国对网络空间的战略判断和威胁认知发生了变化。美国2017年《国家安全战略》认为，“网络工具使对手不诉诸核武器也可对美进行战略打击”“敌人和竞争者在不触发公开军事冲突和不严重违反国际法的情况下损害美国利益”“这些行动经过精心设计，在不招致美直接军事行动的情况下攫取最大利益，形成新现状”。[①] 美国海军网络司令部的《战略规划2020—2025》也强调，美国“长期战略竞争对手正在执行战略性网络活动，以改变国际秩序，这不会停止。技术已经为我们的对手提供了在不使用传统军事力量的情况下实现其目标的能力。我们的对手正和我们进行网络空间的交锋，其代价是累积的——每一次入侵、黑客攻击或泄露可能不会对其本身产生战略影响，但其综合影响相当于被认为是一种战争行为”。[②] 2020年12月，美国发生“太阳风”（Solar Winds）网络攻击事件，9大政府部门及100余家企业被入侵，美众议员安格斯·金（Angus King）等认为，攻击者取得了21世纪“大国竞争教科书般的胜利”，使“美国在

---

① *National Security Strategy of the Untied States of America*, The White House, December 2017, https://trumpwhitehouse.archives.gov/wp-content/uploads/2017/12/NSS-Final-12-18-2017-0905.pdf.

② “U.S. Fleet Cyber Command / U.S. Tenth Fleet-Strategic Plan 2020-2025,” August 2020, https://www.public.navy.mil/fcc-c10f/Documents/FCCC10F%20Strategic%20Plan%202020-2025.pdf.

网络空间的信誉荡然无存”。[①] 总之，在美国看来，网络敌人屡屡通过网络窃取知识产权、干预选举、攻击关键基础设施等行为获得战略优势，严重损害了美国的安全和利益，“为改善安全和稳定，我们需要一种新的方法”。[②]

2018 年 3 月，美国网络司令部发布文件《实现和维持网络空间优势：美国网络司令部的指挥愿景》（*Achieve and Maintain Cyberspace Superiority*：*A Command Vision for US Cyber Command*）指出，因为美国日益依赖网络空间，敌人得以持续不断地开展针对美国社会、经济和军事领域的“暗战”，网络司令部成立时所处的网络空间域已经变化了，美国需要一个全新的路径，“必须在敌人渗透网络防御或破坏军事力量之前阻止攻击，同时影响敌人的行为方式，给他们的考量引入不确定性”，并明确提出“与对手展开持续的对抗”，实现攻防无缝链接，“尽可能地抵近敌人”破坏其行动以掌握主动，从而“实现并维持网络空间优势”。[③] 2018 年 9 月发布的国防部《网络战略》开门见山，要“在网络空间行动收集情报和准备军事网络能力，进行靠前防御（defend forward），从源头干扰或阻止包括恶意网络行为、那些不构成武装冲突的行为”，要求国防部“寻求先发制人、击败或威慑针对美国关键基础设施的恶意网络活动”“将我们的重点外移，在威胁到达目标之前阻止威胁”。[④] 网络司令部司令中曾根认为，“权力争夺战的焦点转移到

---

① “King: SolarWinds Hack Highlights Need for Increased Deterrence of Cyberattacks,” February 23, 2021, https://www.king.senate.gov/newsroom/press-releases/king-solarwinds-hack-highlights-need-for-increased-deterrence-of-cyberattacks; Richard J. Harknett, “SolarWinds: The Need for Persistent Engagement,” December 23, 2020, https://www.lawfareblog.com/solarwinds-need-persistent-engagement.

② U. S. Cyber Command, *Achieve and Maintain Cyberspace Superiority: A Command Vision for US Cyber Command*, March 3, 2018, https://www.cybercom.mil/Portals/56/Documents/USCYBERCOM%20Vision%20April%202018.pdf.

③ Ibid.

④ U. S. Department of Defense, *Summary, Department of Defense Cyber Strategy 2018*, September 2018, https://media.defense.gov/2018/Sep/18/2002041658/-1/-1/1/CYBER_STRATEGY_SUMMARY_FINAL.PDF.

网络空间，从公开的冲突转变为低于武装冲突门槛的竞争”，因此，网军要从“响应性”力量变为“持续性”力量，把“战斗引向敌人”（take the fight to the enemy），[①] 强调“事实证明，被动和防御态势不足以应对不断发展的威胁”“美国无法承受等待攻击来临”，[②] 要随时与在网空中危害美国利益的敌人交手，要先于敌人夺取主动，“在实现更大行动自由的同时，在危险的对手损害国家权力之前采取行动与之对抗”；要持续与敌人短兵相接，用实力施压，迫使对手权衡网攻的得失而改变决策。“持续交战给对手带来战术摩擦和战略成本，迫使他们将资源转移到防御，并减少网络上的恶意攻击”。[③]

在这一理念驱动下，美网军以保护选举安全为由，已在全球展开了“靠前猎捕”行动，在他国部署力量阻止恶意网络行为。如 2018 年以来，美国防部先后派遣力量赴北马其顿、乌克兰、黑山共和国和爱沙尼亚收集情报，开展联合防御行动等。中曾根称，“靠前猎捕”代表了一种新的、主动的策略来应对在线威胁，反映出网络司令部在过去十年中从被动、防御态势过渡到更有效、主动的“持续交手”态势。[④]《纽约时报》2020 年 11 月 2 日披露，美军还在中东及亚洲开展“靠前猎捕”行动以应对来自伊朗、中国和朝鲜的网络威胁。[⑤] 这一理念对英澳等国军队的网络攻防建设影响深

---

① Paul Nakasone, “A Cyber Force for Persistent Operations,” *Joint Forces Quarterly* 92, 1st Quarter 2019, https://ndupress.ndu.edu/Portals/68/Documents/jfq/jfq-92/jfq-92_10-14_Nakasone.pdf.

② Paul Nakasone & Michael Sulmeyer, “How to Compete in Cyberspace,” *Foreign Affairs*, August 25, 2020.

③ U.S. Cyber Command, *Achieve and Maintain Cyberspace Superiority: A Command Vision for US Cyber Command*, March 2018, https://www.cybercom.mil/Portals/56/Documents/USCYBERCOM%20Vision%20April%202018.pdf.

④ Paul Nakasone & Michael Sulmeyer, “How to Compete in Cyberspace,” *Foreign Affairs*, August 25, 2020.

⑤ Julian E. Barnes, “U.S. Cyber Command Expands Operations to Hunt Hackers From Russia, Iran and China,” *The New York Times*, November 2, 2020, https://www.nytimes.com/2020/11/02/us/politics/cyber-command-hackers-russia.html.

远，如英国明言，成立“国家任务部队”是英国未来国防计划的组成部分，其目的只有一个，即主动攻击。①

另一方面，网络空间军事行动的范围将无限扩大，攻击目标的“不加区别性”（indiscriminate）更为突出。美军强调的在网络空间开展“持续交手”“靠前防御”和“靠前猎捕”，根本上是要从源头阻止针对美国的网络攻击，“必须在我们网络之外开展靠前防御”。因此，网军的行动范围将不限于美军网络，更不限于美本国境内网络设施、信息系统和数据，可借维护国家安全之名对全球任意目标实施网络打击。正如美网络司令部愿景文件所描述的那样，作战方式是在防御和进攻之间无缝转换（seamlessly），作战场所是在全球范围（globally）内尽可能接近对手及其行动，同时是持续性（continuously）塑造战场空间。一些美欧学者认为，这将影响全球战略稳定，“对国家安全和互联网的未来带来深远影响”。② 如苏黎世联邦理工学院安全研究中心学者马克斯·斯密茨（Max Smeets）认为，美网军将在网络空间的“红色区域”（即在敌人控制之下的网络）和“灰色区域”展开行动，也就意味着美网军的活动范围会包括那些不在敌方控制下的基础设施，为了达到“靠前防御”的效果，美网军会通过“破坏”而非仅仅“经过”盟友的信息基础设施收集情报、进入敌人网络并实施打击。他指出，美网军打击“伊斯兰国”时曾清除一个位于德国的服务器中的恐怖宣传材料，此举未事先征得德国政府的同意，引起后者不满。③

---

① Matt Burgess, “The UK created a secretive, elite hacking force. Here’s what it does,” Wired, November 20, 2020, https://www.wired.co.uk/article/national-cyber-force-uk-defence-gchq.

② Jason Healey, “The implication of persistent (and permanent) engagement in cyberspace,” *Journal of Cybersecurity*, May 14, 2019.

③ Max Smeets, “Cyber Command’s Strategy Risks Friction With Allies,” The Lawfare Institute, May 28, 2019, https://www.lawfareblog.com/cyber-commands-strategy-risks-friction-allies.

三、网络空间国际规则进程面临更多难点

无论是“持续交手”“靠前防御”“靠前猎捕”，还是大力发展网络进攻能力，美英澳等既坚持上述理念都是出于防卫目的，也声称其行动符合国际法、伦理道德和比例原则（proportionality）。经过五届联合国信息安全政府专家组（UNGGE）的努力，就国际法适用网络空间、负责任行为规范等达成了基本共识，但围绕国际法的具体适用问题，包括自卫权、武装冲突法和国际人道法、反措施等的适用存在较大分歧。美等网空军事行动理念的变化，将进一步增大相关国际规则讨论的复杂性。

（一）众多概念需被重新界定

全球网络空间军事行动的新趋势、新特点，进一步模糊了战争与平时、攻击与防御、作战员/目标与平民的界限，导致越来越多的国家从维护本国自身安全的角度出发，从抢占先手的自身利益考虑，无所顾忌地开展网络攻击。2020 年以色列、伊朗相互指证对方实施网络攻击。以色列称伊朗入侵其供水系统和排污设施，导致一个市政供水系统水泵停运。以色列则据此对伊朗位于霍尔木兹海峡附近的沙希德拉贾伊港进行了报复性网络攻击，导致该港口管理船只、货车和货物的计算机崩溃。[①] 美国媒体也屡次报道美

① “Israel Was Behind Cyberattack on Iranian Port, Report Says,” Haaretz, May 19, 2020, https://www.haaretz.com/israel-news/israel-cyberattack-iran-port-washington-post-report-1.8856085; Sean Lyngaas, “Israeli official confirms attempted cyberattack on water systems,” CyberScoop, May 28, 2020, https://www.cyberscoop.com/israel-cyberattacks-water-iran-yigal-unna/.

俄两国均在入侵对方的电力系统。① 正如英国国家网络安全中心前主任夏兰·马丁（Ciaran Martin）所言，“没有军事网络空间和民用网络空间的区别，它们是同一个空间”。② 另外，“靠前防御”也使得各方开始重新思考什么行为及哪个行为者构成侵犯主权。美国学者杰森·希利（Jason Healey）曾举例说明，假设俄罗斯以白俄罗斯信息系统为跳板攻击位于荷兰某企业，而后借此进入美国网络，根据美国“靠前防御”理念，美网络司令部无须通过外交渠道即可开始追踪“猎捕”，那么侵犯荷兰主权的是俄罗斯而非在其系统上展开追踪的美网军。美网络司令部副司令表示，网军的职责是找到攻击者，破坏其行动且无论他们是否身处灰色地带或在本国，重新界定主权可让美国网络部队以网速采取行动。③ 由此可见，未来网络空间动军动武的门槛将越来越低。

（二）选择性解读成常态

为了给网络军事行动提供便利和法理依据，以美国为首的西方国家连续抛出所谓网络空间国际法适用的立场文件，或无视网络空间的独特性照搬国际法，或仅挑选有利于其行动的法律条文反复宣介，把持话语权。法国国防部于2019年9月发布了《适用于网络空间行动的国际法》文件，主张网络行动本身不违法，但网络攻击在造成严重损害和具备显著危险性的

---

① Edward Moyer, “US Cyber Command powers up attacks against Russia’s electrical grid,” CNET, June 15, 2019, https://www.cnet.com/news/us-cyber-command-powers-up-attacks-against-russias-electrical-grid/; “Russian Hackers Haven’t Stopped Probing the US Power Grid,” Wired, November 28, 2018, https://www.wired.com/story/russian-hackers-us-power-grid-attacks/.

② Ciaran Martin, “Cyber-weapons are called viruses for a reason: Statecraft and security in the digital age,” transcript of speech delivered at King’s College London, PCDN, November 10, 2020, https://s26304.pcdn.co/wp-content/uploads/Cyber-weapons-are-called-viruses-for-a-reason-v2-1.pdf.

③ Jason Healey, “The implication of persistent (and permanent) engagement in cyberspace,” *Journal of Cybersecurity*, May 14, 2019.

条件下可构成触发自卫权的武力攻击，法国保留对违反国际法并使法国成为受害方的网络攻击作出回应的权利。国防部可在网络空间领域为军事目的实施网络行动。在例外情形下，法国允许对“尚未实施但即将实施的，紧迫且确实的，潜在影响足够严重的”网络攻击进行“预先性自卫”。值得注意的是，美国及其盟友还开始在一些新兴领域的规则抢先布局，如美国国防部推出《人工智能道德原则》，为设计、开发、部署和使用人工智能奠定了道德基础，五项原则为负责任、公平、可追溯、可靠和可管理，适用范围包括军事及非军事目的使用人工智能技术两个方面。美国还拉拢英国等10国组建“人工智能防务伙伴”（AI Partnership for Defense），[①] 积极参与“人工智能全球合作伙伴组织”（GPAI），在未来智能战争规则抢先布局的意图十分明显。

（三）更注重用行动塑造利己规则

遏制对手并非“持续交手”的唯一目的，这一理念的设计师、美国国防分析研究所（IDA）学者迈克尔·P. 菲彻凯勒（Michael P. Fischerkeller）还把它作为“行为议价”（tacit bargaining）的优先途径。在他看来，2011年美国《网络空间国际战略》提倡通过外交、执法、劝阻和威慑等手段约束和震慑敌人，但事实证明这些做法过于软弱、模糊，最终使美陷于被动。“持续交手”构想则强调“规则的塑造源于实践”，只有通过持续的战略和战术行动才能影响对手认知。在持续交锋中，美通过直接的网络行动和具有宣示意义的网络渗透频频试探对手底线，进而可以不断与对手讨价还价，划定双方都“认可的竞争范围”（agreed competition），从而画出红线，迫

① “JAIC facilitates first-ever International AI Dialogue for Defense,” Department of Defense Joint AI Center Public Affairs, September 12, 2020, https://www.ai.mil/news_09_16_20-jaic_facilitates_first-ever_international_ai_dialogue_for_defense_.html.

使对手接受美认定的网空“可接受和不可接受的行为”，最终转化为国际规则。① 从近年美等国对外公布的网络战来看，为了维护国家安全与利益，其在网络空间可以追求军事行动的自由，只要它认为遭到威胁，敌方（甚至是第三方）的任何目标（即便是电网、港口等关键基础设施）都可以作为网络攻击的对象，让对方对己方实力达到某种“默契”，从而不断把防线后压，甚至无限度地抵近敌方的底线。通过这一过程，攻击方划出了网络军事行动的范围，并通过国际法解读或行为规范等形式固定下来，为其未来的主动性作战行动与报复等留下法理依据。

四、结语

综上所述，网络空间军事行动的新态势及新特点，使原本就十分脆弱的国家间信任与日俱下，相关国际规则的缺失，也在一定程度上增加了国家间发生误判、触发网络摩擦和冲突发生的可能性，促使更多国家追求在网络空间穷兵黩武，采取单边行动，维护国际网络空间的安全与和平的任务更为艰巨。网络空间安全牵一发而动全身，2017 年 WannaCry 勒索病毒攻击等事件已说明，针对某国基础设施或网络的攻击可能会产生蔓及全球的负面影响，没有一个国家能独善其身。各国应真正秉承尊重主权、和平解决争端等《联合国宪章》的精神，实现网络空间的共建共享共治。

---

① Michael P. Fischerkeller & Richard J. Harknett, “Persistent Engagement and Tacit Bargaining: A Path Toward Constructing Norms in Cyberspace,” November 9, 2018, https://www.lawfareblog.com/persistent-engagement-and-tacit-bargaining-path-toward-constructing-norms-cyberspace; “Through Persistent Engagement, the U.S. Can Influence ‘Agreed Competition’,” April 15, 2019, https://www.lawfareblog.com/through-persistent-engagement-us-can-influence-agreed-competition.

【生物武器军控】

2020 年度国际生物安全形势综述

刘术　舒东

生物安全国际合作回顾与前瞻

王小理　王尼

2020 年度国际生物安全形势综述

刘术　舒东

内容提要：2020 年，人类社会经历新冠肺炎疫情这二战结束以来最严重的公共卫生危机，世界各国见证了生物安全危害的全局性、颠覆性影响和破坏，生动诠释了生物安全形势的复杂性、严峻性。受疫情影响，《禁止生物武器公约》专家组会议和缔约国会议未能如期召开，但国际社会普遍高度重视生物安全问题，欧盟委员会提出建立欧洲卫生联盟等生物安全区域治理建议，学术界就全球生物多样性保护、全球公域生物安全、两用生物技术治理等不断深入研究。面对迅猛发展的疫情，一些国家我行我素、以邻为壑，削弱了世界卫生组织的权威性，全球生物安全治理与逆全球化趋势相互角力，人类社会迎战生物威胁的共同努力既面临严峻挑战，也迎来新的机遇。

关 键 词：生物安全；生物军控；生物防御；新冠肺炎

作者单位：中国军控与裁军协会生物安全项目组

2020 年，国际生物安全形势深入演变，新冠肺炎疫情引发全球公共卫生危机，对人类社会造成全局性和颠覆性影响。国际社会普遍更加重视生物安全问题，全球生物安全治理面临新的机遇和挑战。

一、多样化生物安全威胁形势

2020年，生物威胁复杂多元形势依然严峻，围绕新冠肺炎病毒是自然发生还是人为引发的争论一度甚嚣尘上，高等级生物安全实验室安全问题饱受争议，基因编辑、基因驱动等颠覆性技术发展带来不确定性。

（一）生物武器威胁

日本《产经新闻》6月19日报道，日本滋贺医科大学教授西山胜夫等人公布一份二战后日本政府文件，首次证实了日军731部队（又称“关东军防疫供水部”）曾生产细菌武器，具有重要历史意义。该文件是1950—1951年制作的“关东军防疫给水部部队概况”。文件显示，731部队由本部和五个支部组成，各个组织机构也得到了证实。2020年5月22日，美国桑迪亚国家实验室和战略风险理事会发布了“使生物武器过时”研讨会总结报告。报告概述了2019年8月在桑迪亚国家实验室举办的“使生物武器过时”研讨会所提出的有关缓解和消除生物武器风险的讨论和建议。该报告强调了必须解决的一系列问题，包括提供有关关键技术趋势的见解、提出有关快速表征和应对生物攻击和暴发所需的数据和信息访问问题、深入探讨市场和供应链动态等。报告指出美国政府可使用和扩展的重要能力，包括其庞大的测试和评估基础结构，强调需要对决策者进行协调的宣传和教育，特别是学术和私营部门专家。①

2020年5月26日，在独联体集体安全条约组织（集安组织）成员国

① “Making Bioweapons Obsolete: A Summary of Workshop Discussions,” Council on Strategic Risks, https://councilonstrategicrisks.org/making-bioweapons-obsolete-a-summary-of-workshop-discussions/.

外长视频会议上，俄罗斯提醒各国注意美国的生物威胁。美军在海外资助建立的生物实验室成为俄方重要关切。俄罗斯指出，美军以打击生化犯罪分子为幌子，不惜斥巨资在世界各地建造生物实验室，美国做法具有双重目的，一是研究所在地的生物和病毒物种，二是加强与所在国在生化领域的合作，最终影响所在国政治走向。

（二）新发传染病威胁

2020 年 2 月 11 日，世界卫生组织（WHO）总干事谭德塞在瑞士日内瓦宣布，将新型冠状病毒感染的肺炎命名为“COVID-19”。3 月 11 日，世卫组织宣布新冠肺炎疫情为全球大流行。新冠肺炎疫情是人类社会二战结束以来经历的最严重公共卫生危机，截至 2021 年 1 月 26 日 7 时，全球新冠肺炎累计确诊病例超过 1 亿例，累计死亡病例超过 214 万例。[①] 疫情还给全球经济带来巨大影响，全球出现的经济下滑和大规模失业超过 2008 年金融危机。

2020 年 11 月 18 日，玻利维亚发现罕见病毒“查帕雷”（Chapare virus），与埃博拉病毒同属一类，可人际传播引起出血热，通常由老鼠传给人，感染后患者可能出现高烧、腹痛、呕吐、牙龈出血、皮疹和眼睛疼痛等症状。目前尚无特效治疗药物，只能给予辅助性治疗。学者指出，查帕雷病毒可能已悄然流行数年，意味着今后人们需防范相关疫情的暴发。

（三）实验室生物安全威胁

2020 年 4 月 1 日，位于德特里克堡（Fort Detrick）的美陆军传染病医学研究所（USAMRIID）获美国疾病控制与预防中心（CDC）批准，恢复

---

① Johns Hopkins Coronavirus Resource Center, https://coronavirus.jhu.edu/.

其全部运营能力。由于蒸汽灭菌设备故障等生物安全问题，美国疾病控制与预防中心于2019年7月暂停了该所在“管制生物剂计划”（Federal Select Agent Program）中的注册身份，责令其关闭实验室并进行改造。但是，其间该所开展的SARS-CoV-2（新型冠状病毒）研究及相关合作项目并未因此受到影响。①

2020年12月，美国农业部（USDA）与国土安全部（DHS）合作，在堪萨斯州曼哈顿市建造的国家生物与农业防御设施（NBAF）竣工，将于2021年5月达到具备初始运行能力，2022年12月实现满负荷运转。设施建设总成本为12.5亿美元，总面积超过65800平方米，主实验室大楼面积有53300平方米，其他建筑总面积12500平方米，包括中央公用设施、中转大楼和污水处理厂等设施。国家生物与农业防御设施包括美国首个大型动物生物安全四级实验室，可开展大型动物模型传染病研究，特别是高气溶胶传播风险、能导致致命性疾病的病原体进行研究，主要涉及人兽共患病。农业部已经拟定了设施，将研究包括非洲猪瘟、猪瘟、牛传染性胸膜肺炎、口蹄疫、亨德拉病毒、日本脑炎（乙脑）病毒、尼帕病毒和裂谷热病毒等在内的疾病和病毒。②

（四）两用生物技术滥用威胁

2020年9月3日，美国国家医学院、国家科学院和英国皇家学会通过共同组建的国际人类生殖细胞基因组编辑临床使用委员会，发布《遗传性人类基因组编辑》报告。报告提出，若一个国家决定允许开展可遗传的人

① Global Biodefense Staff, “USAMRIID Resumes Full Operations Following Federal Select Agent Program Reinstatement,” April 1, 2020, https://globalbiodefense.com/2020/04/01/usamriid-resumes-full-operations-following-federal-select-agent-program-reinstatement/.

② The U.S. Department of Agriculture, “Creating A National Asset For America's Biosecurity Infrastructure,” December 15, 2020, https://www.usda.gov/nbaf.

类基因组编辑（HHGE），应仅限于预防严重单基因疾病，如囊性纤维化和地中海贫血症等。该委员会定义了一个从严格的临床前研究到临床应用的转化途径，包括严格评估临床前研究以高可信度证明胚胎已按预期正确编辑，建立专门的监管机构来审批和跟踪临床试验，对已出生儿童成年后的长期随访等。该报告为美国和国际社会治理与监督人类基因组编辑提供了基本参考，也将为世界卫生组织人类基因组编辑专家咨询委员会提供借鉴。①

2020 年 5 月 18 日，美国约翰斯·霍普金斯大学发布《基因驱动：寻找机会并最小化风险》报告。报告分析了基因驱动技术现状、野外部署方式和风险，以及监管政策情况。报告指出，由于缺乏国家政策和法规，与其他转基因生物相比，基因驱动带来了独特的风险。野外部署基因驱动生物可能产生巨大的不良影响和复杂的、级联性的后果。报告要求制定法律法规，其中包括建立基因驱动国家注册系统、评估风险、野外部署前应开发出逆向驱动器等。② 2020 年 10 月 30 日，美国哥伦比亚大学的科研人员系统梳理了人类胚胎基因编辑后会引发的不良后果。研究发现，在人类胚胎发育早期，将 CRISPR 用于修复 EYS 致盲基因，通常会造成整个或很大一

① "Heritable Genome Editing Not Yet Ready to Be Tried Safely and Effectively in Humans; Initial Clinical Uses, If Permitted, Should Be Limited to Serious Single-Gene Diseases," The National Academies of Sciences, Engineering, and Medicine, September 3, 2020, https://www.nationalacademies.org/news/2020/09/heritable-genome-editing-not-yet-ready-to-be-tried-safely-and-effectively-in-humans-initial-clinical-uses-if-permitted-should-be-limited-to-serious-single-gene-diseases.

② Kelsey Lane Warmbrod, Amanda Kobokovich, Rachel West, Georgia Ray, Marc Trotochaud, Michael Montague, "Gene Drives: Pursuing Opportunities, Minimizing Risk," Center of Health Security, Johns Hopkins University, May 18, 2020, https://www.centerforhealthsecurity.org/our-work/publications/gene-drives-pursuing-opportunities-minimizing-risk.

部分染色体异常，存在对染色体结构乃至基因组整倍性的破坏等高风险。①

2020 年 9 月 8 日，美国国会服务部（CRS）发布《基因工程蚊子：减少病毒传播的矢量控制技术》报告。报告概述了通过基因工程改造的蚊子有助于减少寨卡病毒、黄热病毒、登革热病毒和基孔肯雅病毒传播的技术原理；介绍了英国 Oxitec 公司研发的“基因驱动蚊子”OX513A 在开曼群岛、巴西和巴拿马等地进行野外投放实验的情况，并指出相关实验证明了野外投放 OX513A 蚊子对生态系统的影响可“忽略不计”，也不太可能产生转基因扩散风险。报告最后介绍了美国在基因工程蚊子是否可进行野外投放实验方面面临的纷争：2020 年 5 月，美国环境保护署（EPA）批准了英国 Oxitec 公司在美国佛罗里达州和得克萨斯州进行 OX513A 蚊子的实验性释放；6 月，美国食品安全中心（CFS）指控美国环境保护署违反《濒危物种法》第 7 条，要求美国环境保护署撤销在美国进行基因驱动蚊子释放的审批。②

美国空军学者在《战略研究季刊》（*Strategic Studies Quarterly*）2020 年秋季版上联合发表文章《合成生物学国家战略》。文章阐释了推动合成生物学快速发展的技术创新因素，分析了合成生物学时代的潜在安全威胁，提出了制定合成生物学国家战略的具体路线图和关键细节问题。文章指出，合成生物学将重塑世界，必将对未来大国竞争及美军军事优势塑造带来深刻影响。

---

① Zuccaro MV, Xu J., Mitchell C., Marin D., Zimmerman R., Rana B., Weinstein E., King RT, Palmerola KL, Smith ME, Tsang SH, Goland R., Jasin M., Lobo R., Treff N., Egli D., “Allele-Specific Chromosome Removal after Cas9 Cleavage in Human Embryos,” *Cell* 183, no. 6 (December 10, 2020), pp. 1650–1664. e15. doi: 10. 1016/j. cell. 2020. 10. 025. Epub 2020 Oct 29. PMID: 33125898.

② The Congressional Research Service (CRS), *Genetically Engineered Mosquitoes: A Vector Control Technology for Reducing Virus Transmission*, Updated September 8, 2020, https://crsreports.congress.gov/product/pdf/IF/IF10401.

二、国际生物安全规则建设

国际生物安全形势变得日益复杂，其根本原因在于生命科学技术日益展现出对人类社会的颠覆性影响。对此，国际社会各方观点相近，进一步加强国际规则建设势在必行。

（一）《禁止生物武器公约》

1975 年生效的《禁止生物武器公约》是人类社会首个禁止一整类大规模杀伤性武器的条约。但《禁止生物武器公约》没有类似《禁止化学武器公约》那样的核查机制，仅在日内瓦的联合国裁军事务部设立一个履约支持机构（ISU），难以有效开展核查监督。尽管缔约国定期召开会议审议科技进展，但《禁止生物武器公约》在应对新兴技术的影响，如合成生物学等方面存在一定滞后性。《禁止生物武器公约》当前还面临资金缺乏的挑战，许多缔约国拖欠会费（到 2019 年底，共有 95 个成员国欠费总额超过 14 万美元）。由于活动资金短缺，履约支持机构难以发挥更大作用。2020 年，因全球新冠肺炎疫情暴发，《禁止生物武器公约》专家组会议和缔约国会议未能如期召开。

2020 年 6 月 17 日，俄罗斯安全理事会副主席梅德韦杰夫在俄《全球政治中的俄罗斯》杂志网站撰文，呼吁国际社会在新冠病毒流行期间加强国际合作与执法，确保经济运行相对稳定安全。梅德韦杰夫特别强调，美国应充分执行《禁止生物武器公约》规定，提高生物研究的透明度，并不点名地批评某些国家从竞选利益的角度出发，不断将国内抗疫不利的责任转移到其他国家。

（二）《国际卫生条例（2005）》

《国际卫生条例（2005）》于2007年6月15日正式生效，这为国际社会维护和促进全球公共卫生安全提供了国际法律依据，世界卫生组织是该条例的核心机构。新冠肺炎疫情加剧国际社会分化撕裂，凸显全球生物安全治理的无政府状态，从一定程度上削弱了《国际卫生条例（2005）》的效力和世界卫生组织的领导作用。2020年5月19日，第73届世界卫生大会在全球抗疫背景下闭幕，世界卫生组织总干事谭德塞在闭幕致辞中表示，世界卫生组织将继续发挥战略引领作用，协调全球应对疫情，支持各国努力。

（三）《生物多样性公约》

《生物多样性公约》是一项国际法律文书，确保各国共同努力，促进一个保护生物多样性的可持续和平等的未来。该公约有《卡塔赫纳生物安全议定书》和《名古屋议定书》两项议定书，旨在促进生物技术在生物多样性方面的安全和公平使用。2020年9月15日，联合国《生物多样性公约》秘书处发布了第五版《全球生物多样性展望》，针对自然现状提供了最权威评估。报告公布了“2010—2020年的20个全球生物多样性目标”的完成情况和进展。报告呼吁，全球亟须进行8项变革，包括土地和森林转型、可持续农业转型、可持续粮食系统转型、可持续渔业和海洋转型、城市和基础设施转型、可持续淡水转型、可持续气候行动转型、包含生物多样性的“一体化健康”转型。该报告对联合国制定2021—2030年一系列新的全球生物多样性目标提供了理论依据。[①]

（四）区域性生物安全机制

2020 年 11 月 11 日，欧盟委员会提出一系列生物安全区域治理建议，一是建立欧洲卫生联盟，以加强欧盟卫生安全框架及其主要机构，即欧洲疾病预防和控制中心（ECDC）和欧洲药品管理局（EMA）的危机准备和应对作用，并在危机中为欧盟及其成员国提供高质量救护；二是制定新的欧盟卫生安全框架，加强防范和监测以及提高成员国的医疗服务和报告能力等，以应对严重的跨境健康威胁；三是于 2021 年底建立卫生应急准备和响应管理局（Health Emergency Response Authority）。[②]

三、美国生物安全政策规划拟制

在特朗普政府"美国优先"政策下，美国愈加疏离多边主义，用强权霸权思维取代合作与制度建设。2020 年，美国通过全球卫生安全议程（GHSA）等举措，谋求在全球生物安全治理体系中的领导地位，并加紧强化单边生物防御战略体系。

（一）推动全球生物安全治理举措

2020 年 3 月 16 日，美国国会研究服务部（CRS）发布报告《全球卫生安全议程：2020—2024》，重申了国际卫生条例（IHR）的重要作用、全球

---

① 《第五版〈全球生物多样性展望〉发布》，中国海洋发展研究中心，2020 年 9 月 28 日，http://aoc.ouc.edu.cn/2020/0925/c9829a300738/page.htm。

② European Commission, "Building a European Health Union: Stronger crisis preparedness and response for Europe," November 11, 2020, https://ec.europa.eu/commission/presscorner/detail/en/ip_20_2041.

卫生安全议程的进展，以及美国防范传染病全球大流行的工作。2018 年 11 月，全球卫生安全议程指导委员会推出《全球卫生安全议程 2024 工作框架》。全球卫生安全议程第二阶段（即全球卫生安全议程 2024）将从 2019 年持续到 2024 年。美国在全球卫生安全议程的发展和实施中发挥了领导作用，时任总统奥巴马除了与世界卫生组织共同发起该倡议外，还主持了一系列高级别会议，其中包括宣布美国承诺在 5 年内投资超过 10 亿美元，以帮助至少 30 个国家达到全球卫生安全议程的目标。2016 年，奥巴马总统签署了一项行政命令，宣布美国 11 个机构和部门在实施全球卫生安全议程中的作用和职责。2019 年，特朗普总统发布了美国政府《全球卫生安全战略》（*United States Government Global Health Security Strategy*），重申美国对全球卫生安全议程的支持，维持美国政府在全球卫生安全议程中的作用和职责。①

2020 年 5 月 28 日，美国参议院外交关系委员会主席提出《2020 年全球卫生安全与外交法案》。该法案概述了美国全球健康安全领导层的重组计划，提议在国务院设立一个新的全球卫生安全协调员，并在 2021—2025 财年为全球健康安全提供 30 亿美元的资金。这项立法旨在促进美国的全球卫生安全和外交目标，加强为实现全球卫生安全而实施美国对外援助的联邦部门和机构之间的协调，并更有效地加强和维持伙伴国家卫生系统和供应链的弹性。②

① The Congressional Research Service, *Global Health Security Agenda: 2020-2024*, https://crsreports.congress.gov/search/#/.

② Michael Igoe, "White House pandemic proposal would 'dismember' USAID, says former administrator," June 3, 2020, https://www.devex.com/news/white-house-pandemic-proposal-would-dismember-usaid-says-former-administrator-97389.

（二）强化单边生物防御战略体系

2020 年 6 月 1 日，美国智库传统基金会发布《明确的责任划分将促进国家生物防御战略的实施》报告。报告指出，《国家生物防御战略》是联邦政府对大流行做好准备和应对的基础，但未引起足够重视，美国生物防御事业需要联邦政府更高一级的严格协调，美国政府和国会应为生物防御事业创造更好预算可见度和更大权限。报告建议白宫要为《国家生物防御战略》的实施划分明确的责任界限，管理和预算办公室应该开发一个资金跟踪系统，白宫要评估联邦生物防御事业的任务及其当前的分布，国会应要求制定预算和明确的职责界限。①

2020 年 6 月 11 日，美国参议员提出《永不再暴发国际疫情预防法》，要求外国实施报告和监测新型疾病暴发的系统，并将制裁不良行为者以及审查世卫组织的行动。该法案要求建立国际“前哨监视”系统，以收集数据、识别疫情并监测疾病。在这种制度下，法案将要求各国在 3 天内报告所有新病例。该法案将剥夺故意导致国际社会大流行的国家的主权豁免权。美国公民可以在美国法院对外国提起诉讼，要求赔偿损失。该法案将要求正式调查世界卫生组织对 COVID-19 的响应行动。美国驻联合国大使也将要求联合国内部监督事务厅与二十国集团国家的代表建立一个小组，以审查世卫组织对 COVID-19 的响应。②

---

① Frederico Bartels and Peter Brookes, “Clear Lines of Responsibility Would Facilitate Implementation of the National Biodefense Strategy,” *Heritage Foundation Issue Brief*, no. 5079 (June 1, 2020), https://www.heritage.org/sites/default/files/2020-06/IB5079.pdf.

② Dave Kovaleski, “House bill would require foreign nations to improve reporting on disease outbreaks,” *Homeland Preparedness News*, June 11, 2020, https://homelandprepnews.com/stories/50546-house-bill-would-require-foreign-nations-to-improve-reporting-on-disease-outbreaks/.

（三）实施生物科技领域对外制裁

2020年4月15日，美国国务院发布2020年度《2020年军控遵约报告》报告摘要版，对俄罗斯、叙利亚、朝鲜等国《禁止生物武器公约》的履约遵约情况表示质疑，秉持其一贯的不信任态度。2020年10月27日，美国国务院国际安全与防扩散局（Bureau of International Security and Nonproliferation）与合作减少威胁项目办公室（Office of Cooperative Threat Reduction）发布声明，要加强对“修正主义扩散国”发展生化武器能力的管控。声明指出，“修正主义扩散国”可能试图从只以盈利为目的或其他科学机构采购敏感设备，破坏国际核武器、生化武器等防扩散制度，操纵或利用生化两用科学专长，为非法生化武器寻求获取危险病原体和武器材料。为应对这些威胁，美国国务院国际安全与防扩散局与合作减少威胁项目办公室的特别项目组寻求有创意和竞争力的建议，利用开源信息来绘制潜在的修正主义国家非法生化武器采购网络，制定有针对性的干预措施，以破坏其获得两用生化材料和设备的机会，并限制其对必要的生化科学知识的访问。参与该计划的国家覆盖欧洲、南亚和中亚以及东南亚等地区。①

2020年1月15日，美国佛罗里达大学4名教职员工因未能披露“外国联系”辞职或被辞退。在美国国立卫生研究院（NIH）的质询后，由于涉及外国干预研究和资金，佛罗里达大学的3名学者辞职，1名被解雇。这是自2019年12月30日佛罗里达州启动全州学者研究审查后，又一起美国研究机构驱逐科学家的事件。该州的全面审查源于此前的“莫非特事件”。

① Global Biodefense Staff, “State Department: Reducing Revisionist State Biological and Chemical Weapons Threats,” Global Biodefense, October 27, 2020, https://globalbiodefense.com/2020/10/27/state-department-reducing-revisionist-state-biological-and-chemical-weapons-threats/.

2019 年 12 月 18 日，在莫非特癌症中心进行内部调查后，其首席执行官兼总裁艾伦·李斯特（Alan List）和其他 5 名员工辞职，原因是他们未披露与中国“千人计划”的关系，其在中国的工作中违反了“利益冲突规则”。[①] 2020 年 1 月 28 日，国际著名纳米科学家、哈佛大学化学与化学生物系主任查尔斯·里伯（Charles Lieber）教授在其办公室被捕，并被指控涉嫌隐瞒参与中国“千人计划”项目及在中国获取的酬劳和经费。美司法部称，里伯自 2011 年起担任武汉理工大学的“战略科学家”，并在 2012 年至 2015 年参与中国“千人计划”。其间，里伯曾通过国际合作项目为武汉理工大学培养年轻教师和博士，且负责过国际会议组织、专利申请和文章发表等。然而在 2018 年和 2019 年的调查中，里伯曾向美国联邦调查局、美国国立卫生研究所隐瞒其经历和隶属关系。[②] 2020 年 7 月 9 日，美国司法部宣布，美国俄亥俄州立大学风湿病和免疫学专家郑颂国（Song Guo Zheng）于 2020 年 5 月 22 日被美国联邦调查局（FBI）逮捕，随后被起诉。美国司法部认为郑颂国长期参与中国的“千人计划”，获得了近 500 万美元的联邦研究资金，但并未告知美国国立卫生研究院（NIH）其与中国机构的合作关系。郑颂国是国际上发明 TGF-β 诱导调节 T 细胞工作的领先科学家，曾荣获多个免疫学和科学成果奖。[③]

2020 年 8 月 26 日，美国商务部以涉嫌研发化学和生物武器为由，宣布

---

① Emily Makowski, "Florida Cracks Down on Foreign Government Involvement in Research," *The Scientist*, January 15, 2020, https://www.the-scientist.com/news-opinion/florida-cracks-down-on-foreign-government-involvement-in-research-66969.

② "Harvard University Professor Indicted on False Statement Charges," Department of Justice Office of Public Affairs, Tuesday, June 9, 2020, https://www.justice.gov/opa/pr/harvard-university-professor-indicted-false-statement-charges.

③ Department of Justice, Office of Public Affairs, "Researcher Charged with Illegally Using U.S. Grant Funds to Develop Scientific Expertise for China," July 9, 2020, https://www.justice.gov/opa/pr/researcher-charged-illegally-using-us-grant-funds-develop-scientific-expertise-china..

制裁俄罗斯国防部下属的 5 所研究机构，对其施加出口、再出口和转移限制。这 5 所机构分别为第 33 科研测试所、国家有机化学科研院以及第 48 中央科研所下属的基洛夫分所、塞尔吉夫·波萨德分所和叶卡捷琳堡分所。俄罗斯政府于 2020 年 8 月 11 日批准上市了全球首款新冠肺炎疫苗“人造卫星-V”（Sputnik-V），而遭受美国制裁的第 48 中央科研所参与了该疫苗的研发工作，美国此举被认为是对俄罗斯新冠肺炎疫苗的打压。①

四、结语

新冠肺炎疫情引发世界性危机，给全球各国敲响了生物安全的警钟，从国家战略的高度谋划生物安全问题，从来没有像今天这样紧迫、这样重要。可以预料，世界各国必将进一步加强防御生物安全威胁的战略体系建设，从顶层统筹谋划国家生物安全的理论指导、管理治理、平台设施、技术产品、人才队伍。生物安全风险多元变化，可能源于自然发生的新发突发传染病疫情，也可能来自现代生物技术的误用及谬用，还可能由敌对国家或非国家行为体人为引发。随着人与自然互动加剧、生物科技井喷式发展、国际政治力量激烈斗争，人类社会不仅要面对各种已知的生物威胁，还要迎战大量未知的生物威胁。未来，生物安全形势将迎来更多不确定、不稳定因素，必须坚持全谱应对和体系应对。生物安全不受地缘界限阻隔，具有全球联动效应。在全球经济一体化的今天，资本与资源高速跨域流转，任何一处疫情的“星星之火”，都可能迅速演变为人类大流行的“燎原之

① “US Sanctions Russian Defence Ministry Research Institute That Worked on COVID-19 Vaccine,” Aletho News, August 26, 2020, https://alethonews.com/2020/08/26/us-sanctions-russian-defence-ministry-research-institute-that-worked-on-covid-19-vaccine/.

势”。在生物威胁面前，全球同此凉热、世界休戚与共，没有地区是安全孤岛，没有国家能独善其身，人类命运共同体首先是“人类卫生健康共同体”，只有进一步加强基于多边主义的生物安全领域国际合作，才能最终战胜病魔瘟神这一全人类共同的敌人。

生物安全国际合作回顾与前瞻

王小理　王尼

内容提要：2020 年，新冠肺炎疫情席卷全球，国际生物安全形势跌宕起伏，国际生物安全合作在危机中孕育新机，国际社会期待生物安全国际合作在变局中开新局。本文通过回顾 21 世纪前 20 年的生物安全基本挑战、生物安全格局国际合作基本格局及其成效，对照新冠肺炎疫情这面“放大镜”下传染病防控及国际合作的基本成效，提出时代大变局背景下生物安全战略构想，展望未来国际生物安全合作的战略环境、基本走势、重点内容和机制路径。

关 键 词：生物安全；国际合作；人类命运共同体；卫生健康共同体

作者单位：中国军控与裁军协会生物安全项目组

生物安全是国之大事。习近平总书记指出，“要全面研究全球生物安全环境、形势和面临的挑战、风险，深入分析我国生物安全的基本状况和基础条件，系统规划国家生物安全风险防控和治理体系建设，全面提高国家生物安全治理能力”。[①]

2020 年新冠肺炎疫情席卷全球，疫情溢出公共卫生健康和生物安全领域，引发人类社会的经济生产、科学文化等方面的失衡失序，演变为全球

---

① 习近平：《全面提高依法防控依法治理能力　健全国家公共卫生应急管理体系》，《求是》2020 年第 5 期。

经济危机、生态危机、文化危机、社会危机、政治危机，对人类社会发展进程的影响越发突出。“不谋全局者，不足谋一域。”百年未有之大变局和中华民族伟大复兴全局下，新一轮科技变革汹涌澎湃，从生命科学学科发展的理论逻辑和社会需求的实践逻辑看，人类社会已经迈入“生物安全时代”。生物安全国际合作的战略环境、战略需求、战略理念、参与主体、合作内容等均进入过渡期、转折期，未来发展也面临难得的战略机遇。

一、21 世纪以来生物安全国际合作态势

21 世纪以来，国际生物安全的基本态势是局部激荡，但总体保持温和可控，但 2015 年以来形势转向相对严峻，以美国和英国为代表的西方大国，以相对完备的全球生物安全战略体系，织就了遍及各主要国际组织、各大洲和关键地理节点的多层次合作伙伴关系网络，塑造着全球生物安全的基本格局。以《禁止生物武器公约》和世界卫生组织为代表的多边合作机制在国际生物安全合作和治理中发挥了无可替代的作用，同时，这些机制也面临功能性不适应、协调能力弱化、独立性或者财政危机等挑战。

（一）21 世纪前 20 年面临的生物安全环境

进入新千年，国际生物安全的基本态势是局部激荡但总体保持温和可控，但 2015 年以来形势转向相对严峻。[①] 生物武器、重大传染病、生物恐怖袭击、生物资源、生物技术两用、生物安全治理等是生物安全领域的主要风险点和国际社会重要议题。

---

① 王小理、周冬生：《面向 2035 年的国际生物安全形势》，《学习时报》2019 年 12 月 20 日第 2 版，http://152.136.34.60/html/2019-12/20/nw.D110000xxsb_20191220_1-A2.htm。

生物安全具体呈现以下特点：第一，全球生物安全治理体系未能良性运转。自 2001 年因美国反对以来，《禁止生物武器公约》核查议定书等重要议题未取得实质性进展，生物武器使用的可能性难以排除。第二，传染病带来的安全威胁未得到根本性转变。国际社会先后遭遇 2002—2003 年严重急性呼吸综合征（SARS）疫情、2009 年 H1N1 大流感疫情、2014 年埃博拉出血热疫情、2016 年寨卡疫情、2020 年新冠肺炎疫情等。第三，与生物恐怖袭击相关的病原体种类和生物威胁源及投送方式等不确定性增加，生物恐怖行为难以根除，追踪、溯源面对严峻挑战，新兴生物恐怖袭击防御难度增大，生物新技术被滥用的潜在风险升级。第四，国际上围绕人类遗传资源和生物资源的获取和使用，还存在各类“明争暗夺”现象。第五，合成生物学、脑科学等新兴技术发展带来的“双刃剑”效应与风险加大，生物安全管理体系尚存在技术短板和管理漏洞。与发达国家相比，发展中国家对生物科技负面作用的管控体系和能力尚有欠缺，同时生物科技和平利用的国际合作存在“卡脖子”现象。

生物安全作为新科技革命衍生品，也成为国际政治经济秩序调整期大国竞争的重要筹码和战略新边疆，主要国家纷纷出台生物安全战略和政策。美国具有丰富的生物安全相关政策体系和治理实践。从 20 世纪 40 年代小罗斯福政府建立美国“进攻性和防御性生物武器”项目，到 20 世纪 70 年代尼克松政府宣布放弃“进攻性生物武器”项目，再延续到 21 世纪的小布什政府、奥巴马政府和特朗普政府相关政策，美相继发布《国家生物防御战略》《全球卫生安全战略》等一系列战略，积极打造和构建生物安全和生物防御体系。2018 年 7 月 30 日，英国时任特蕾莎·梅政府发布英国首份《英国生物安全战略》。2019 年 3 月 12 日，俄罗斯总统普京签署《关于俄罗斯联邦确保至 2025 年及以后的化学和生物安全领域的国家政策》总统令。[①]

（二）生物安全国际合作的基本格局

维护全球生物安全意味着要建构一种全球协调体系，促进生物安全合作的必要性得到国际社会广泛共识。生物安全主要国际和多边治理机制，包括《日内瓦议定书》《禁止生物武器公约》《禁止化学武器公约》，世界卫生组织（WHO）与《国际卫生条例》，世界动物卫生组织（OIE），联合国粮食及农业组织（FAO）与《国际植物保护公约》和《粮食和农业植物遗传资源国际条约》，《生物多样性公约》及其附属《卡塔赫纳生物安全议定书》与《名古屋议定书》，世界贸易组织（WTO）与《技术性贸易壁垒协定》，联合国安全理事会及《联合国安全理事会第1540号决议》，联合国秘书长调查指称使用生化武器机制（UNSGM），联合国抗微生物药物耐药性问题机构间协调小组（IACG），全球卫生安全议程（GHSA）等。其他国际协议与多边组织还包括联合国环境规划署、联合国毒品和犯罪问题办公室、国际劳工组织及国际刑事警察组织、世界银行、经济合作与发展组织（OECD）、世界海关组织、国际原子能机构（IAEA）、澳大利亚集团等。

以美国和英国为代表的西方大国，以相对完备的全球生物安全战略体系，织就了遍及各主要国际组织、各大洲和关键地理节点的多层次合作伙伴关系网络，塑造着全球生物安全的基本格局。例如，美国坚持双边合作、民间利益相关方的合作模式为主渠道、多边合作为辅助。2018年，美国51.3%的卫生发展援助经由美国国际开发署、总统疟疾倡议、总统艾滋病紧急救援计划（PEPFAR）和美国疾控中心等渠道，落实到与60多个国家

---

① Система ГАРАНТ, "Об Основах государственной политики Российской Федерации в области обеспечения химической и биологической безопасности на период до 2025 года и дальнейшую перспективу," March 12, 2019, https://www.garant.ru/products/ipo/prime/doc/72092478/.

的双边合作中，而34.1%的卫生发展援助用于资助本国和国际性的民间非营利组织。[①] 英国先后出台《全球卫生战略》（2014）和《生物安全战略》（2018），改进和加强全球生物安全合作，包括设立“应对非洲致命疾病计划”（TDDA）、弗莱明基金（Fleming Fund）、资助“全球疫苗免疫联盟”（GAVI）等，与中低收入国家政府合作，加强其卫生系统建设，以更好地预防、识别和应对疫情暴发。就针对热带传染病的研究和应急响应而言，西方主要工业国处于领先状态。英国牛津大学的热带病与全球卫生研究中心、法国的巴斯德研究所等专业研究机构，早已同世卫组织在非洲展开了多方面的合作。[②] 而俄罗斯国防部官方网站的一份研究报告显示，美国陆军出资在世界上多个国家设立了200多所生物实验室，并委托它们进行病毒及其传播介质的研究。这些实验室分布在俄罗斯周边国家、东南亚、南亚、非洲等地。[③]

作为一个新兴的全球多边合作机制，金砖国家以设置议题、推动全球生物安全治理机制变革、实施医药疫苗研发合作三个主要路径，逐渐成为全球生物安全治理的重要力量。[④] 金砖国家自2017年开始召开生物科技和生物医学工作组会议，以促进金砖国家之间在传染病研究、疫苗研发合作、耐药调查等方面开展交流与合作。工作组会议还提出其他倡议，比如，建议对金砖国家间数据共享及标准进行研究，设立金砖国家疫苗研究中心促进疫苗的研发，以更好地预防各种疾病等。截至2020年12月31日，该工作组会议已成功举办三届。此外，2015年12月，中国在《禁止生物武器

① 徐彤武：《全球卫生安全：威胁、挑战与应对》，载《中国国际战略评论2019》下，世界知识出版社，2020，http://www.iiss.pku.edu.cn/research/discuss/201902/3875.html。

② 徐彤武：《埃博拉战争：危机、挑战与启示》，《国际政治研究》2015年第2期，第43页。

③ 李志伟、张悦：《美军境外生化活动遭质疑》，《人民日报》2020年8月11日第17版，http://paper.people.com.cn/rmrb/html/2020-08/11/nw.D110000renmrb_20200811_1-17.htm。

④ 晋继勇、贺楷：《金砖国家参与全球卫生治理的动因、路径与挑战》，《国际观察》2019年第4期，第128页。

公约》缔约国大会上提出了在公约框架下建立“生物防扩散出口管制和国际合作机制”和制定“生物科学家行为准则范本”两大倡议，推动公约审议进程取得积极成果。①

包括科学研究机构群体、医药跨国公司、私立基金会、以“流行病防范创新联盟”（CEPI）等为代表的复合型社会组织，越来越成为全球生物安全合作与治理的重要参与方。例如，美国的国防科学委员会、国防大学技术与国家安全政策中心（CTNSP）、空军大学非常规武器研究中心（USAF Center for Unconventional Weapons Studies）和兰德公司等战略安全智库，纷纷加强生物科技与国家战略安全研究，预测未来生物科技领域进步和技术扩散对战争形态、对国际安全格局的影响，在国际上有较大影响力。

（三）生物安全国际合作效能评价

过去近20年，以《禁止生物武器公约》、世界卫生组织为代表的多边合作机制在国际生物安全合作和治理中发挥了无可替代的作用，同时，这些机制也面临功能性不适应、协调能力弱化、独立性或者财政危机等挑战。而美国为代表的西方大国是全球生物安全领域的实际“操盘手”，在生物安全信息监测、战略与政策规划、国际规则与标准、发展援助以及公共卫生应急能力、智库和生物安全话语等方面，均处于领先状态。② 这些国家将生物安全议题作为促进其地缘政治利益、国家安全利益和经济利益的重要手段，谋取战略利益。西方大国通过生物安全理念和产品的输出、阻挠不合己意的国际议题，筑起了捍卫本土和海外利益安全屏障，虽然在维护全球

① 杨铁虎：《中国裁军大使：中国致力于加强〈禁止生物武器公约〉机制》，环球网，2019年12月4日，https://mil.huanqiu.com/article/3w49GM83VTl。

② 徐彤武：《全球卫生安全：威胁、挑战与应对》，载《中国国际战略评论2019》下，世界知识出版社，2020，http://www.iiss.pku.edu.cn/research/discuss/201902/3875.html。

生物安全方面起到了一定积极作用，但这种战略也弱化了其应承担的对发展中国家进行发展援助的道义责任，而且其军事安全部门在卫生领域与非政府组织和个人合作的方法，难以在国家安全目标和全球卫生安全目标之间达成平衡，会加剧潜在的全球生物安全困境，为全球生物安全治理带来一定的负面影响。①

新兴经济体与美等西方大国在生物卫生领域形成一定的观念对峙和秩序冲突，但受限于综合实力、战略决策部署和系统投入不足，发展中国家在全球生物安全治理方面受到一定限制。② 如何高擎人类命运共同体旗帜，强化国家生物安全政策体系、组织实施体系，强化财政投入，优化国际合作路径，依然是发展中国家特别是新兴经济体的重要课题。

二、新冠肺炎疫情以来国际生物安全合作

新冠肺炎疫情是百年来全球发生的最严重的流行性传染病。世界卫生组织统计数据显示，截至2020年12月31日，全球累计确诊病例8147万，确诊国家和地区数191个，死亡179万例，占全球人口0.02%。③ 新冠肺炎疫情对公众生产生活和心理健康、国际格局演变产生深远影响，凸显了全球生物安全治理体系存在诸多的短板，为国际社会敲响了警钟。

---

① 晋继勇：《国家安全与霸权护持：美国军事部门的全球卫生参与》，《外交评论》2019年第2期，第134页。

② 晋继勇、贺楷：《金砖国家参与全球卫生治理的动因、路径与挑战》，《国际观察》2019年第4期，第128页。

③ 朱赫：《世卫组织：全球新冠肺炎确诊病例超过8147万例》，央视网，2021年1月1日，http://m.news.cctv.com/2021/01/01/ARTIm99euFHI6hCv82VuBcav210101.shtml。

（一）联合国框架下的全球合作抗疫及基本成效

新冠肺炎疫情是对现有国际生物安全治理体系效能的一次全面检验。在全球抗疫进程中，作为卫生安全领域唯一的全球性多边组织，世界卫生组织坚持发挥引领作用，加强疫情监测、信息沟通、经验交流、技术分享，积极推动抗击疫情国际合作。[①] 通过宣传和推动全球命运共同体观念，成为全球合作抗疫的“推动者”；举行 120 次媒体通报会、38 次会员国情况介绍和吹风会，协调国际舆论信息，对抗谣言与虚假信息，通过发起“COVID-19 团结应对基金”，启动具有里程碑意义的“获取 COVID-19 工具加速计划”国际合作倡议，[②] 加速新冠肺炎疫苗、诊断和治疗工具的研发、生产和公平分配，成为全球抗疫合作的“协调者”；通过“战略准备和应对计划”，募集资金重点支持新冠肺炎疫情防控风险较高、卫生系统脆弱的亚非国家，发起“公平分享疫苗”运动、组织签署《公平分享疫苗宣言》，成为全球抗疫薄弱环节的应急“补位者”等。建立国际专家网络，涵盖临床管理、实验室和病毒学、感染预防和控制、数学建模、血清流行病学以及诊断、治疗和疫苗的研发等主题，提供技术指导，成为全球抗疫规范和技术的“提供者”。

世卫组织于 2020 年 11 月公布的数据显示，疫情发生以来，世卫组织发布超过 600 份各类技术指南，每月下载达 900 万次；向 168 个国家和地区运送了超过 2.85 亿件基本医疗产品，包括口罩、防护服、检测试剂等；向 110 个国家和地区运送了约 1.3 万台呼吸机；以 41 种语言提供各类培训

---

① 晋继勇：《新冠肺炎疫情防控与全球卫生治理——以世界卫生组织改革为主线》，《外交评论》2020 年第 3 期，第 40-42 页。

② 该倡议的初始成员还包括比尔及梅琳达盖茨基金，抗击艾滋病、结核病和疟疾全球基金，全球疫苗免疫联盟，国际药品采购机制等以及私营部门和利益攸关方。——作者注

课程，超过450万人注册；协调向中低收入国家提供1.2亿份快速检测试剂，向低收入国家提供450万个疗程的地塞米松；已经有186个国家和地区加入COVAX全球新冠疫苗计划。① 世界卫生组织积极履行职责，秉持客观公正立场，为协助各国应对疫情、推动国际抗疫合作发挥了重要作用，以世界卫生组织为代表的生物安全治理多边主义精神得到国际社会广泛认可。第73届世界卫生大会决议确认世卫组织的关键领导作用，以及加强多边合作应对新冠肺炎大流行及其广泛负面影响的重要性，并呼吁成员向世卫组织提供可持续资金。第74届联大全会表决通过的新冠肺炎疫情综合性决议，也指出“开展国际合作，践行多边主义、团结互助，是全世界有效应对新冠肺炎疫情等全球危机的唯一途径”。②

二十国集团和金砖国家组织等新兴全球治理机制，也积极参与全球抗疫合作，召开二十国集团领导人应对新冠肺炎疫情特别峰会、金砖国家特别外长视频会议和卫生部长视频会议，协调立场，加强合作。

（二）以中国为代表的人类卫生健康共同体主张、举措与成效

面对疫情持续蔓延的严峻形势，习近平总书记通过视频、电话、信函等形式密集开展“云外交”，出席多场重大多边活动，提出构建人类卫生健康共同体重大倡议，着重强调病毒没有国界，人类是休戚与共的命运共同体，唯有团结协作、携手应对，国际社会才能战胜疫情，这给疫情笼罩下的世界注入信心和力量。李克强总理也同多国领导人通电话，并出席东盟与中日韩（10+3）抗击新冠肺炎疫情领导人特别会议，为东亚地区抗疫合

① 张朋辉：《世卫大会续会聚焦疫情应对和防范》，《人民日报》2020年11月16日第16版，http://paper.people.com.cn/rmrb/html/2020-11/16/nw.D110000renmrb_20201116_3-16.htm。

② 朱若梦、杨弘杨：《联合国大会压倒性通过新冠疫情决议 外交部：美退群甩锅站到了国际社会的对立面》，央视网，2020年9月14日，http://m.news.cctv.com/2020/09/14/ARTIGVFWK9KiBNW94ywPOasE200914.shtml。

作注入重要动力。

中国始终本着公开、透明、负责任态度，积极履行国际义务，积极开展抗疫国际合作。中国第一时间通报疫情信息，迅速测出并分享病毒基因序列，为各国尽早发现病毒和阻击疫情创造了条件。积极响应联合国发起的全球人道主义应对计划，向世卫组织提供资金援助；组织上百场跨国视频专家会议，开设向所有国家开放的新冠肺炎疫情防控网上知识中心，毫无保留地与各国分享抗疫经验。主动开展地区抗疫合作，举办中非团结抗疫特别峰会，推动举行中国—东盟关于新冠肺炎问题特别外长会、澜湄合作第五次外长会、中日韩新冠肺炎问题特别外长视频会议，同韩国等邻国成立联防联控合作机制，与中东欧国家在公共卫生安全领域加强合作，召开中国与拉美和加勒比国家应对新冠肺炎疫情特别外长视频会议，与太平洋岛国守望相助等，在遏制疫情发展等方面发挥重要作用。发起新中国成立以来规模最大的全球人道主义行动，向 150 多个国家和 9 个国际组织提供抗疫援助，为 34 个国家派出 36 支医疗专家组，向全球提供 2000 多亿只口罩、20 亿件防护服、8 亿份检测盒。[①] 截至 2021 年 2 月，中国已经或正在向 53 个国家提供新冠疫苗援助，已经和正向 27 个国家出口疫苗。[②] 习近平主席宣布两年内提供 20 亿美元国际援助、与联合国合作在华设立全球人道主义应急仓库和枢纽、同二十国集团成员一道落实“暂缓最贫困国家债务偿付倡议”等重要举措，生动诠释了中国推动构建人类命运共同体的大国担当。中国军队大力推进新时代国际军事合作，为维护世界和平积极贡献力量。向莫桑比克、塞尔维亚、古巴等 50 国军队提供防疫物资援助，向

---

① 王毅：《百年变局与世纪疫情下的中国外交：为国家担当　对世界尽责——在 2020 年国际形势与中国外交研讨会上的演讲》，《学习时报》2020 年 12 月 4 日第 1 版，http://152.136.34.60/html/2020-12/14/nw.D110000xxsb_20201214_2-A7.htm。

② 《外交部：继续同各方一道推进新冠疫苗全球范围公平分配》，《人民日报海外版》2021 年 2 月 26 日第 4 版，http://paper.people.com.cn/rmrbhwb/ht。

柬埔寨、巴基斯坦等4国派出医疗专家组，与俄罗斯、新加坡等18国军队和国际组织召开视频会议，交流疫情防控经验。①

坚决抵制虚假疫情信息，反击美西方反华势力借疫情污名化中国。疫情期间，个别国家不全力抗疫，反而“甩锅”推责，试图将疫情问题政治化，有关病毒起源的各种阴谋论泛滥，严重伤害各国民众之间的情感，阻碍疫情防控和国际生物安全合作。部分美国政客一再宣扬“中方隐瞒、拖延通报疫情”“病毒中国实验室制造”之类谬论，甚至在国际上叫嚣对中国发起“追责”“索赔”，中方对此种卑劣行径给予了无情揭露和严厉指责。②

中国的抗疫斗争得到了国际社会的真诚帮助支持，也为维护国际公共卫生安全发挥了不可或缺的作用。联合国秘书长古特雷斯表示，中国人民为防控疫情做出了巨大牺牲，正在为全人类做贡献。世界卫生组织总干事谭德塞表示，中方行动速度之快、规模之大，世所罕见，这是中国的制度优势，有关经验值得其他国家借鉴。俄罗斯总统普京表示，中国政府为抗击疫情采取了卓有成效的举措，不仅控制了国内疫情，也为保护世界人民健康安全做出了重要贡献。法国总统马克龙表示，中国政府和中国人民以巨大的勇气和果断的措施，在短时间内有效控制住疫情，对此表示高度赞赏。医学期刊《柳叶刀》的社论指出，中国采取的强有力的公共卫生措施可能是历史上最雄心勃勃、最灵活和最积极的疾病控制工作。③

---

① 徐琳：《抗疫情增进合作　谋新篇砥砺前行——2020年中国军队国际军事合作回顾》，《解放军报》2020年12月31日第11版，http://www.81.cn/jfjbmap/content/2020-12/31/content_279604.htm。

② 姚琨、付宇、王磊等：《中国抗疫外交助力全球公共卫生治理》，中国现代国际关系研究院，2020年11月17日，http://ex.cssn.cn/gjgxx/gj_zgwj/202011/t20201117_5218053.shtml。

③ 和音：《团结合作才是人间正道》，《人民日报》2020年9月12日第3版，http://paper.people.com.cn/rmrb/html/2020-09/12/nw.D110000renmrb_20200912_2-03.htm。

（三）主要发达国家（美英日）健康安全策略及成效

美国是世界上医疗资源最为丰富的国家，而且自小布什政府起开始重视生物防御，资源投入不可谓不足，能力建设不可谓不全面。但是，资源投入、医疗资源与战略规划并未能阻止新冠肺炎疫情在美国大暴发，美国多年的生物防御技术、人才积淀和能力积淀在疫情面前形同虚设。[①] 美国社会与政治分裂严重，围绕疫情与大选两党恶斗，特朗普政府无视科学，错过防疫最佳时机，致使美国成为全球疫情的“震中”，因新冠肺炎疫情而故去的人数突破50万。与此同时，美国拒不承担国际责任，抗疫关键期不负责任地退出世界卫生组织，“甩锅”抹黑他国，严重破坏国际抗疫合作，国际形象恶化、软实力下降。[②]

作为全球医疗水平最高的发达国家之一，英国疫情形势也颇为严峻。疫情暴发后英国始终未能建立起行之有效的大规模疫情检测及追踪系统，地方防疫漏洞频出。截至2021年1月26日，英国成为新冠肺炎疫情中病亡突破10万例的首个欧洲国家。虽然英国是西方第一个批准新冠疫苗（美国辉瑞公司等合作研发的核糖核酸疫苗）上市的国家，但英国阿斯利康公司与牛津大学联合研发的新冠疫苗状况频发，有效性屡遭质疑。

日本先后经历“三波”疫情。受疫情影响，东京奥运会已被迫推迟一年举行。国际上，日本则以参与多边合作、首脑通话等方式广泛开展抗疫外交。时任首相安倍提出创设“专利池”倡议，以便发展中国家获取新冠肺炎病毒疫苗与药物。对美国、澳大利亚等发达国家，日本主要着眼于共享抗疫经验、合作研发疫苗与药物。对印度等发展中国家，日本提供紧急

---

① 王萍：《美国新冠肺炎疫情危机应对检视》，《和平与发展》2020年第3期，第18页。

② 中国现代国际关系研究院：《国际战略与安全形势评估2020/2021》，时事出版社，2020，第7页。

贷款与医疗物资援助。[①]

（四）其他区域性合作

亚洲方面，东北亚国家守望相助、共克时艰。疫情暴发后，中、日、朝、韩、蒙等国相互声援并提供援助。中韩建立应对新冠肺炎疫情联防联控合作机制，为跨国抗疫合作树立了典范。东北亚抗疫合作还带动“10+3”卫生发展高官特别视频会议、中日韩新冠肺炎问题特别外长视频会议、“10+3”新冠肺炎问题卫生部长视频会议及“10+3”抗击新冠肺炎疫情领导人特别会议，体现亚洲国家在危机面前团结互助、共渡难关的命运共同体意识和合作精神，与抗疫不力的美、欧形成鲜明对比。东盟快速启动区域医疗合作机制，注重与域外伙伴国分享信息、共商对策。中、印分别向南亚周边国家伸出援手，帮助地区国家抗疫和经济复苏。俄罗斯表示欧亚经济联盟成员国将成为首批获得俄产疫苗的国家。[②]

非洲受新冠肺炎疫情影响严重。中方全力支持非方抗疫行动，开工建设非洲疾控中心总部，同非方一道实施好中非合作论坛框架内“健康卫生行动”，加快中非友好医院建设和中非对口医院合作，共同打造中非卫生健康共同体。[③] 美国对外援助 3.86 亿美元用于非洲国家；法国制定了“四大合作计划”，承诺提供 12 亿欧元的双边贷款和赠款，大部分用于非洲卫生项目；印度开展“仿制药外交”，向 32 个非洲国家提供检测试剂和治疗药

---

① 中国现代国际关系研究院：《国际战略与安全形势评估 2020/2021》，时事出版社，2020，第 114 页。

② 《欧亚经济联盟成员国将首批获得俄产新冠疫苗》，商务部，2020 年 10 月 10 日，http://www.mofcom.gov.cn/article/i/jyjl/e/202010/20201003006687.shtml。

③ 习近平：《团结抗疫　共克时艰——在中非团结抗疫特别峰会上的主旨讲话》，中国政府网，2020 年 6 月 17 日，http://www.gov.cn/gongbao/content/2020/content_5522520.htm。

品；俄罗斯、日本也积极为非洲国家提供防疫物资。[①]

（五）民间社会的合作亮点突出

值得注意的是，不同国家与地区的地方政府、科研机构和高校、智库群体、医药企业公司、非政府组织、媒体机构之间的合作，成为抗疫过程中的闪光点。疫情期间，中美友好省州及友好城市等地方层面，医务人员，在美华人、华侨及留学生，工商界，非政府组织及普通民众等民间力量通过慷慨捐赠等多种方式相互支持抗疫，不仅推进了两国抗疫进程，也为促进全球合作抗疫作出了重要贡献。中美智库专家学者接连发表了《致美国社会各界的公开信》（刊登在《外交学人》期刊）、《拯救美国、中国和全世界的生命》、《学者的呼吁：美国和中国应合作对抗全球疫情》（刊登在《纽约时报》网站）3 封公开信或联合声明，几百名中美学者呼吁中美开展合作共同抗疫。日本地方和民间团体给予中方真诚友善的支持，随后中方又大量回馈日方，两国企业和民间组织通过共同抗疫掀起一波互动高潮。

全球新冠肺炎疫情严峻形势凸显了国际科技合作的紧迫需求。中国搭建的“全球冠状病毒组学数据共享与分析系统”和“2019 新型冠状病毒信息库”两个共享数据平台，累计为 139 个国家和地区的 20 多万名用户提供了 800 多万次的数据浏览、检索和下载服务。[②] 在美国《科学》杂志评选的 2020 年十大科学突破中，“以创纪录的速度开发和测试急需的新冠疫苗”位居第一。《科学》杂志评价说，科研人员从未针对“同一个敌人”如此快速地开发出如此多的实验性疫苗，从未有如此多的竞争者如此开放、频

---

① 中国现代国际关系研究院：《国际战略与安全形势评估 2020/2021》，时事出版社，2020，第 264-265 页。

② 王志刚：《以务实高效国际科技合作为全球抗疫提供有力支撑》，《求是》2020 年第 8 期，第 52 页。

繁地合作，从未有如此多的候选疫苗几乎同时开展大规模有效性试验，政府、企业、学术界和非营利组织也从未在这样短的时间里在同一种传染病上投入如此多的财力、人力和精力。① 一系列跨越国界的民间科技交流，增信释疑，促进了合作。

（六）新冠肺炎疫情及抗击疫情的初步复盘

新冠肺炎疫情只是21世纪人类社会面临的重大传染病疫情之一，传染病大流行依然是21世纪的核心生物安全威胁。从防御方面看，目前国际社会尚不具备在数月内生产针对新型病原体的新疫苗与药物的能力。目前微生物法医学的发展现状，难以可靠地将大流行传染病病原回溯和归因，也表明了当前科学研究的滞后性。

传染病疫情暴发有复杂的成因，是世界多极化、经济全球化、社会信息化背景下一系列因素综合作用的结果。世界卫生组织2018年就首次提出未来将会有多种源头的大流行“X疾病”，包括人类制造的全新病毒、存在特定生态环境的古老病原体，或是人畜频繁接触而出现新病原体等，未来有可能因宿主、环境等改变而大流行。② 英国牛津大学人类未来研究所在《真实存在的风险：外交与治理》研究报告中就明确指出，人造传染病大流行、极端气候变化和核战争是人类面临的三种最紧迫风险。③

科技进步使生物安全危害形态加速演化。大流行传染病与生物安全体系中的生物武器、生物恐怖主义概念密切相关，攻防边界模糊，容易导致

---

① 《新冠疫苗成为〈科学〉杂志2020年十大科学突破首位》，新华网，2020年12月18日，http://www.xinhuanet.com/world/2020-12/18/c_1126879132.htm。

② “World Health Organization's List of Blueprint priority diseases,” WHO, February 6-7, 2018, accessed February 10, 2018, https://www.who.int/blueprint/priority-diseases/en/?rel=0.

③ “Existential Risk-Diplomacy and Governance,” Future of Humanity Institute, February 3, 2017, accessed February 10, 2017, https://www.fhi.ox.ac.uk/wp-content/uploads/Existential-Risks-2017-01-23.pdf.

战略误判。美国国防高级研究计划局（DARPA）将“战胜传染病”作为战略领域之一，重点关注预防流行病暴发、降低高威胁生物制剂影响等攸关国家安全的工作。美国《国家健康安全战略》也指出，抗生素、新病毒株的抗药性和以前灭绝疾病的重新出现会造成传染病大流行的潜力，并可能在生物恐怖主义或生物战中发挥作用。

生物安全体现了非传统安全的特点。新的生物安全危害形态不断涌现的同时，也具有生物安全客体的源头难以追溯性、生物安全主体的多元性、生物安全危害演变机理的复杂性等特点。面对疫情，部分国家民族主义和民粹主义情绪泛滥，某些国家政客和媒体肆意歪曲事实、颠倒黑白，国际社会对此疑虑还在不断增大。新兴生物安全危害与国家经济安全、科技安全、生态安全、军事安全等结合更加紧密，安全风险进一步泛化，安全形势进一步复杂化。新冠肺炎疫情的长远政治、经济、社会影响还远未见底。

生物安全现实意义大为提升。生物安全危害已经从偶发风险向现实、常态化的威胁持续转变，传统生物安全问题与新兴生物安全问题相交织，外源性的生物威胁与内部监管漏洞风险并存，成为涉及公共政策和国计民生的战略安全问题。生物安全议题更加全球化、政治化。

国际生物安全治理存在缺陷。生物安全与国际政治、经济、科技体系紧密相关。个别国家片面追求自身绝对安全，从而难以消除体系性对抗和生物恐怖主义的根源；重大传染病疫情频发带来巨大健康影响，根源于全球社会经济的巨大复杂系统；在席卷全球的疫情危机亟须应对之时，发达国家、发展中国家都暴露出公共卫生安全应急体制机制的短板；生命科技的复杂变化和广域应用可能，使得既有的科技研发的组织、科技应用监管模式、国防和国家安全体系、国际关系都面临严峻挑战，大国外交和国家安全资源需要再平衡。

进入生物安全新时代。随着生物科技与生物安全在推动人类社会发展进程的作用日益显著，21 世纪或将成为生物安全的时代。新生物科技变革及其与人类社会互动衍生的生物安全问题，已经逐渐触及人类安全观念和现代文明的内源性危机或挑战。全面提升国家生物安全能力、优化国际生物安全治理，不仅是世界各国的战略选择，也是对人类科技文明与政治文明的新探索，而“人类命运共同体”和“卫生健康共同体”理念恰逢其时、顺应历史潮流。

三、未来生物安全国际合作

以新冠肺炎疫情为新起点，展望未来 15 年，国际生物安全形势将发生深刻变化，生物安全风险源头更加多元化、危害形成机理更加复杂化。生物安全领域出现新“事态”“势态”“世态”已成定势，生物安全在战略安全和国际治理体系中地位将进一步提升。大趋势下，国际社会期待在变局中开新局。生物安全国际合作的参与主体、机制渠道、重点合作领域和合作模式都有望出现重大调整。

（一）战略环境：国际生物安全体系加快转型

生物科技进步加快和技术两用性凸显，必须将科学把握生物安全的演变规律作为未来生物安全国际合作的基点。未来 10—20 年生物交叉技术群可能取得颠覆性突破，为生物安全带来全新机遇和挑战。以纳米技术—生物技术—信息技术—神经技术—工程技术交叉融合为代表的 NBICE（这五种技术的英文缩写）技术，将超越生物自然进化速度，修改基因、创造 DNA 来修改微生物、植物、动物和人类的基因，赋予新的或强化的生物性状，创造全新的生物物种。[①] 生物技术天然具备军民通用、平战结合的性质，随着技术的普及，被滥用或误用可能性增加。因而，必须从根源上科学把握生物安全危害形态的演变规律，保持对生物科技变革前沿的感知，提高生物科技发展方向重大议程设置能力、战略传播能力，避免战略方向被误导、战略空间被挤压、战略体系被技术突袭。

生物安全成为全球战略稳定的重大新变量，必须将筑牢国家生物安全屏障、夯实硬实力作为国际生物安全合作的落脚点。国际社会惯于将“战略稳定”视为核武器领域的纯军事概念，但这不能完全反映当代战略问题所具有的广度和多面性。2019 年 6 月《中华人民共和国和俄罗斯联邦关于加强当代全球战略稳定的联合声明》指出，“新兴科技发展及其军事化应用将影响军控进程，并进而影响到国际安全，也会对全球战略稳定带来不良后果、改变战争形态和方式、衍生新危险和新风险、引发新的法律和政治外交难题”。[②] 目前，生物安全概念范畴内的防御生物武器和防范生物恐怖主义活动已经纳入影响全球战略稳定的因素范围。可以预见，新概念生物武器、生物恐怖袭击、人造传染病大流行，对全球战略稳定构成不可忽视的影响。因此，必须保持对生物安全与防御体系的态势感知，建立稳态、高效的重大生物事件应急反应能力，提高对生物国防态势的战略管控能力。

大国生物安全规则竞合更加激烈，建立公正合理的国际规则成为生物安全国际合作的重要内容。围绕先进生物技术的国家间地缘经济竞争，加剧了建立可在全球范围内实施的国际准则的挑战。国际社会围绕各类重大议题的谈判，有可能因国家间新兴变革性生物技术发展参差不齐、各利益

① 王小理：《生物安全时代：新生物科技变革与国家安全治理》，《国际安全研究》2020 年第 4 期，第 120-121 页。

② 《中华人民共和国和俄罗斯联邦关于加强当代全球战略稳定的联合声明（全文）》，中国政府网，2019 年 6 月 6 日，http://www.gov.cn/xinwen/2019-06/06/content_5397869.htm。

相关方主张不同而面临新僵局，也可能因遭遇重大事件而达成初步共识，科技外交、军事外交、人文外交、经济外交将是重要影响因素。

软实力、智库和话语权因素更加突出，智库已成为生物安全国际合作成效的重要载体。研判生物科技及其对经济利益、国家安全利益、地缘政治的潜在影响，抢抓国际生物安全话语权，具有极大的战略价值，需要极大的战略智慧。西方发达国家生物安全智库在不同程度融入顶层决策机制，深刻影响国家生物安全和国际生物安全战略政策制定，也增强了其国际话语权，塑造国际生物安全走势。塑造国际安全环境、增强国家软实力，亟须加强智库战略研究和战略人才培养。

（二）生物安全合作内容和趋势展望

第一，联合国框架下的多边生物安全合作。生物科技塑造国际安全格局是一个长期进程。可以预期，只有在新生物科技变革潜能充分释放后，国际生物安全格局才能进入新的相对均衡阶段，因此，联合国框架下的多边生物安全合作机制建设也将是一个长期过程。围绕国际生物安全领域竞争与合作，坚持系统性思维、复杂性思维、演化性思维、学习型思维，善于寻求国际社会“大家庭”的最大公约数，积极引导全球生物安全治理体系改革。以本次国际抗疫为契机，推动各大国围绕治国理政与发展模式对话，引导不同制度与文化背景的国家和平、理性相处。

中国是生物安全领域多个国际组织成员国和条约缔约国，也是人类命运共同体和人类卫生健康共同体理念的倡导方，提高我国在全球生物安全治理中的参与度和规则制定能力，对于优化国际治理体系、维护战略安全环境、服务保障国家外交大局具有战略价值。以人类命运共同体视野谋划生物安全，坚持量力而行，制定生物安全国际合作规划、统筹深度参与全球生物安全治理的举措。合理设定目标和重点任务，推动开展人员培训、技术支持和信息交流。加强同世界卫生组织、《禁止生物武器公约》履约支持机构等专业机构及非政府组织的交流合作，开展多层次国际研讨对话，加深国际社会对我国政策主张的认知。加强新兴领域规则制定的技术储备，适时提出具有强大统摄力的新规则倡议，为维护全球战略稳定贡献中国力量。①

第二，国际生物安全合作战略重点调整。首先，新发突发传染病对地缘政治安全格局的影响超越全球健康维度，应当在全球战略稳定框架下寻求总体解决之道。美国约翰霍普金斯大学布隆伯格公共卫生学院等对 195 个国家/地区的公共卫生安全和相关应急功能进行的首次全面评估和基准测试结果表明，世界上没有哪个国家/地区能充分应对传染病流行或传染病全球大流行，国际社会理应携手共同应对。② 传染病疫情暴发有复杂的成因，传染病重大疫情防控的立足点必须战略前置。

其次，军民两用新技术亟待国际制度和规则引导约束。军民两用新技术触发公共卫生安全、生态安全和生物物种安全、粮食安全、军事安全等安全体系之间的复杂互动，亟待国际制度和规则引导约束。作为国际社会管制生物武器的主要机制，《禁止生物武器公约》存在严重缺陷，对生物武器定义存在模糊界限，只涉及以往传统生物武器，不包括新概念生物武器。如果没有适当的监督和合作，不排除有国家和非国家行为体，绕过上述条约、决议和其他条例规定而铤而走险。国际经验表明，谁能率先在生物技术军民两用政策和治理方面形成示范，谁就能占据道德制高点并立于不败之地，军民两用新技术国际制度和规则制定将是未来国际合作重点。

---

① 王小理、田德桥、李劲松：《加快探索完善国家生物安全体系》，《学习时报》2020 年 8 月 19 日第 6 版，http://152.136.34.60/html/2020-08/19/nw.D110000xxsb_20200819_1-A6.htm。

② Johns Hopkins Center for Health Security, "2019 Global Health Security Index," October 24, 2019, accessed October 25, 2019, https://www.ghsindex.org/wp-content/uploads/2020/04/2019-Global-Health-Security-Index.pdf.

最后，全球病毒组计划等生物危害风险的本底调查、病毒生态学或将以某种形态加速推进。此类国际合作项目将研究感染鸟类和哺乳动物的病毒，以确定哪些病毒只在动物间传播，哪些会转移到人类身上。可以预计，国际传染病热点区域的重要自然宿主及媒介昆虫的病毒病原调查合作将会进一步展开，但需要警惕其中的生物资源“海盗”行为和国家安全影响。

刑事—流行病学联合调查机制、国际生物安全环境净评估、网络生物安全事件调查等新兴领域合作亟须加强。这类应用前景相对不明朗、协调过程复杂领域，属于跨学科、跨部门重大生物安全能力建设问题，各国都在探索。随着生物安全形势的严峻，这类薄弱环节能力建设已经提上日程。针对 2001 年炭疽热调查之后发现的生物刑事调查空白，美国联邦调查局（FBI）大规模杀伤性武器处、美国疾病控制中心（CDC）联合建立了跨部门合作与信息共享的刑事—流行病学（Crim-Epi）联合调查机制，并在联合国《禁止生物武器公约》2019 年专家组会上向 182 个成员国宣传推广，引起一定程度反响。[①]

第三，多层次多边国际合作的发展。首先，发展中国家较普遍存在科技赤字和能力赤字、资源赤字，这些问题都需要全球各国一起努力帮助解决。而作为最大的发展中国家，中国参与生物安全国际合作的大发展既是中国统筹安全和发展的现实需要，也是国际社会大家庭维护国际战略安全的需求，这将是塑造国际生物安全格局最大的变量。可以预计，未来中国将立足发展大局，回应国际社会、“一带一路”倡议沿线国家对生物安全的共同关注，将国内与国际两个大局统筹起来、国内与国外两种资源充分调动起来，将前瞻科技布局与国家战略物资储备结合起来，将技术开发与负

---

① Assistant Secretary for Preparedness and Response (ASPR), “2019 Biodefense Public Report Implementation of the National Biodefense Strategy,” Public Health England, September 25, 2020, https://www.phe.gov/Preparedness/biodefense-strategy/2019-report/Pages/default.aspx.

责任的国际市场开拓综合起来，将科技研发政府投入与社会投入、资本市场机制整合起来，将科技硬实力与国际话语软实力对接起来，将传染病防控与区域经济社会建设联系起来，加快形成和实施中国版的全球生物安全战略或倡议，大幅度增加对全球生物安全公共产品的有效供给，加快推进人类命运公共体建设。

跨学科推进生物安全国际合作，合作内容和合作模式进一步建制化。国际生物安全是一个知识密集领域，涉及医学、自然科学、社会科学和工程技术、政治学等数十个学科。单纯依靠外交、卫生健康、商务、海关、市场监管、国安、军事等部门的一般协调工作机制，容易导致战略决策不足、决策过程缓慢低效等问题。为有效厘清当前和下一步生物安全及国家安全宏观图景、实施路径，必须转变思维，加紧形成一套较为科学的流程与技术方法。充分运用综合集成研讨方法，组织国内外自然、社会、人文、情报等领域专家，通过对科技、政治、经济、社会、人口、生态等塑造国家安全行为的情况和社会发展基本趋势进行战略形势预判，结合定性研究与定量研究，融合科学理论与经验知识，对防控对象、方法和重大问题的“现在时”和“将来时”有一个整体掌控，跳出专业窠臼来总揽全貌，为国家安全战略决策、加强国家防控科技能力提供理论指引。[①]

学术组织和科技共同体等扮演更加活跃、积极的角色，生物安全国际合作主体将进一步多元化。谋划国际生物安全合作战略，需要对国家生物安全的基本命题、核心问题、基本构成要素及其组成的复杂理论体系进行再回顾、再前瞻。例如，如何平衡发达国家和发展中国家对安全和发展的不同诉求立场和凝聚共识、打破非共识，如何填补“生物武器进攻”与

① 王小理：《疫情阻击战就是科技攻关战》，《学习时报》2020 年 2 月 26 日第 6 版，http://152.136.34.60/html/2020-02/26/nw.D110000xxsb_20200226_1-A6.htm。

“人造传染病大流行”核查验证、溯源归因的理论空缺，如何评估颠覆性生物技术的安全与发展潜力，如何客观评估国际生物安全形势或者建立更具前瞻性的风险评估方法等，推动生物安全理论和战略思想的推陈出新、推动生物安全体系实践与时俱进。可以预计，科研机构群体、智库群体、高等院校群体和跨国医药公司等群体会在生物安全领域发挥更积极作用。

【常规与综合】

美国制裁清单体系及影响研究

吴金淮

美国“中国军事公司清单”评述

吴金淮　杨子力　叶茂

美国制裁清单体系及影响研究

吴金淮

内容提要：近年来，美国频频对中国等国实体和个人挥舞制裁“大棒”，引起了国际社会的广泛关注。美国对外制裁体系主要由法律依据、执行机构和制裁（管制）清单三部分构成。当前，美国政府主要有十个制裁清单，可分为防扩散制裁清单、金融制裁清单和两用品出口管制清单三类。美国制裁清单一方面受其对外政策影响较大，处于动态变化之中，另一方面由多部门共同参与和决策，具有“易上难下”的特点。被列入不同清单的影响各有差别。在特朗普政府时期，被列入制裁清单的中国实体和个人明显增多，以军工军贸企业、科研机构和高科技公司等为主。企业应密切关注美国对外制裁的热点及新动向，及时调整业务范围和方向，同时了解并掌握制裁清单的决策机制，在被制裁后积极争取移出制裁清单，此外，还应加强与美国政府及国会的正面沟通交流，树立良好企业形象。

关 键 词：防扩散；出口管制；美国制裁；企业合规

作者单位：中国军控与裁军协会

21世纪以来，美国多次以国家安全、防扩散、外交政策等缘由对中国等国实体和个人进行制裁。尤其是近年来，美国频频对华实施单边制裁，先后将数百个中国实体和个人列入制裁清单，引起了国际社会的广泛关注。美国对外制裁的主要特点之一是以清单方式实现精准制裁。

当前，美国政府主要有十个制裁清单。这些制裁清单特点各不相同：有的清单包含禁止交易、冻结资产、签证禁令等多种制裁措施，有的清单只有出口管制这一限制性措施；有的清单甚至没有严格意义上的制裁措施，只是要求配合美国政府进行最终用途检查；有的清单被美国政府频繁使用；有的清单则不被经常使用；有的清单有一定制裁有效期，到期后制裁措施就失效；有的则没有明确的制裁有效期限，很多实体和个人长时间（数十年）被列入其中。因此，系统、准确地了解美国制裁清单体系及其影响对新形势下有效规避制裁风险、提高企业合规能力具有重要意义。

一、美国对外制裁体系

鉴于美国强大的国家实力和国际地位，尤其是“美元霸权”，美国的制裁体系对受制裁国相关实体和个人有着广泛的影响。美国的对外制裁体系包括防扩散制裁、金融制裁与贸易制裁（出口管制），主要由法律依据、执行机构和制裁（管制）清单三大基石构成。法律条文构成对外制裁的法理基础，为执行机构提供授权和操作规范。执行机构是制裁的执行者，负责政策制定、行政许可和监管执法等工作。美国实施出口管制的主要手段是制裁清单，对敏感物项与技术、实体和个人实现精准制裁和管制。

（一）法律依据

美国政府实施制裁的法律依据包括国际法、美国成文法及行政法规三类。国际法主要是联合国安理会决议。美国于 1945 年 12 月 20 日颁布了《联合国参与法》（*United Nations Participation Act*），其中第 5 条规定：“当联合国安理会根据《联合国宪章》第 41 条，为实施决议而决定采取措施，并促请美国实施该措施时，总统可以发布命令、制定规则或条例，通过其指定的机构采取必要的措施，以调查、规制或断绝任何外国或外国国民或在该外国的人员同美国或在其管辖下的任何人或涉及美国管辖的任何财产之间的全部或部分经济关系、铁路、海运、航空、邮电、无线电及其他通信往来。”① 自1966年以来，联合国安理会建立了30个制裁制度，当前正在进行的制裁制度有14个，集中在支持政治解决冲突、核不扩散和反恐方面。在每一项制裁制度中，联合国安理会往往会出台多个制裁决议，确定和调整制裁的对象和措施，成为美国实施对外制裁的重要国际法依据。如2017年8月，美国总统签署了《以制裁反击美国敌人法》（*Countering America's Adversaries Through Sanction Act*，CAATSA），就规定了以执行联合国安理会对朝鲜的制裁决议等为由，对朝鲜实施制裁。该法案很多具体细则都参照了联合国安理会对朝鲜的相关制裁决议。

同时，美国还会出台相关的国内法案，如《国际紧急经济权力法》（*International Emergency Economic Powers Act*，IEEPA）、《伊朗、朝鲜、叙利亚不扩散法》（*Iran*，*North Korea*，*and Syria Nonproliferation Act*，INKSNA）、《以制裁反击美国敌人法》《全球马格尼茨基人权问责法》（*Global Magnitsky Human Rights Accountability Act*，GMHRAA）等，这些法案有的是专门规定了制裁的缘由、对象及措施，有的则是规定了美国总统在实施制裁政策时的职权。此外，美国总统有权力在行政系统内部颁布总统行政令（Executive Order），用以指导国务院、财政部、商务部等行政机构履行职责。

此外，美国的出口管制体系是世界上最复杂、最庞大的系统之一。该系统涵盖民品、两用品、军品，以及所有相关的软件和高科技出口。就军品的出口管制而言，1976年，美国国会通过《武器出口管制法》（*The Arms*

---

① 黄风：《金融制裁法律制度研究》，中国法制出版社，2013，第86页。

Export Control Act，AECA）。该法就军品出口所追求的目标和应遵循的原则、军品出口流程等进行了明确规定，成为迄今为止美国军品进出口管控的直接法律依据。为有效实施美国军品的进出口管控，美国还制定了《国际武器贸易条例》（*International Traffic in Arms Regulations*，ITAR），并发布《美国军品管制清单》（*US Munitions List*，USML）。列入军品管制清单的标准是该产品是否具有重要的军事用途或科技适用性。

就两用品的出口管制而言，2018 年 8 月 13 日，美国总统签署了《2018 年出口管制改革法案》（*Export Control Reform Act of 2018*，ECRA），将现有的美国出口管制实践纳入立法，为现行两用物项出口管制规则提供永久的立法基础。同时，为有效贯彻落实出口管制，美国制定了《出口管制条例》（*Export Administration Regulation*，EAR），它是美国商务部实施出口管制的行政法规，规定了美国政府实施出口管制的目的、手段、实施流程和惩罚措施，提供了《商业控制清单》《国家图表》和《实体清单》等相关附件。

（二）执行机构

美国对外制裁体系的主要执行机构有国务院、财政部和商务部。

1. 国务院

美国国务院国际安全与防扩散局（Bureau of International Security and Nonproliferation，ISN）是美国防扩散制裁的执法部门，主要职责是防止大规模杀伤性武器、运载工具和先进常规武器的扩散。它与国务院其他部门、美国政府其他机构以及国际和非政府合作伙伴密切合作，跟踪、制定和实施对扩散威胁的有效应对措施，维护国际安全环境。国际安全与防扩散局下设 12 个办公室，包括减少常规武器威胁办公室、防扩散倡议办公室、出口管制合作办公室、大规模杀伤性武器恐怖主义办公室等。同时，国务院政治军事事务局下属的国防贸易管制委员会（Directorate of Defense Trade

Controls，DDTC）负责军品的出口管制，管制军品管制清单上的国防物品和服务的出口和临时出口。

2. 财政部

美国财政部下设的海外资产管制办公室（The Office of Foreign Assets Control，OFAC）负责管理和执行所有基于美国国家安全和对外政策的经济和贸易制裁，它的制裁目标包括国家政府、恐怖分子、国际毒贩，以及涉及大规模杀伤性武器扩散和危及美国国家安全、外交政策和经济运行的组织和个人。制裁目的是迫使执行对象无法利用自身资金与财产，断绝执行对象与美国金融系统的联系，使其不能从与美国市场、企业和个人进行的贸易、交易中获得利益。此外，金融制裁还将确保某些特定的资产始终处于美国司法管辖权内，以推动美国防扩散目标的实现。

该机构主要通过具体制裁项目（Sanction Program）来实现美国的制裁与禁运目标。当前生效的制裁项目共有 36 个，大部分针对特定国家或地区（如古巴、伊朗、朝鲜）等的制裁，还有一些针对特定对外政策目标（如防扩散、反恐、网络安全）等的制裁。①

3. 商务部

美国商务部产业安全局（Bureau of Industry and Security，BIS）是两用物品出口管控的主要管理部门。其宗旨是通过确保有效的出口管制和合规体系，维护美国在国防科技上的领先地位，以促进和确保美国国家安全、外交政策和经济目标的实现。美国国家安全是产业安全局的最高关切，该机构认为其在政府、产业和人民中的公信力就在于它对这一原则的恪守。如在两用物品管控领域，一旦有可信的证据表明两用物项出口威胁到美国

① The U. S. Department of the Treasury, "Sanctions Programs and Country Information," https://home.treasury. gov/policy-issues/financial-sanctions/sanctions-programs-and-country-information.

的国家安全，产业安全局一定会采取相应的制裁和管制措施。此外，该机构还致力于促进美国国防工业和技术的发展，使得美国能够保持军事技术上的优势。

产业安全局下设8个办公室。负责出口管理的有5个办公室，分别是出口商服务办公室、防扩散与履约办公室、战略产业与经济安全办公室、国家安全与技术转移控制办公室和技术评估办公室。负责出口执法的有3个办公室，分别是反抵制合规办公室、执法分析办公室和出口执法办公室。其中，出口执法办公室是调查有关涉嫌违反出口管制法律法规行为的机构，也是产业安全局最大的办公室，在美国20个城市设有分支机构，其职员是联邦政府执法人员，拥有逮捕、执行搜查令、传票、拘留和扣押即将非法出口商品的权力。

（三）制裁（管制）清单

当前，美国政府主要有10个制裁清单，包括1个防扩散制裁清单（由国务院发布），6个金融制裁清单（由财政部发布），3个两用品出口管制清单（由商务部发布），具体如表1所示。

表1　美国主要制裁清单

主管机构	清单名称
国务院	防扩散制裁清单（Nonproliferation Sanctions List, NSL）
财政部	特别指定国民清单（Specially Designated Nationals List, SDN List）
	代理账户或往来账户受制裁的外国金融机构清单（List of Foreign Financial Institutions Subject to Correspondent Account or Payable-Through Account Sanctions, CAPTA List）
	行业制裁识别清单（Sectoral Sanctions Identifications List, SSI List）
	涉伊朗制裁法清单（Non-SDN Iranian Sanctions Act List, NS-ISA List）

续表

主管机构	清单名称
财政部	海外逃避制裁者清单（Foreign Sanctions Evaders List, FSE List）
	巴勒斯坦立法委员会清单（Non-SDN Palestinian Legislative Council List, NS-PLC List）
商务部	实体清单（Entity List）
	禁止人员清单（Denied Persons List, DPL）
	未经核实清单（Unverified List, UVL）

资料来源：根据美国国务院、财政部和商务部官网整理。

二、美国主要制裁清单

当前，美国主要也是常用的制裁清单包括防扩散制裁清单、金融制裁清单和两用品出口管制清单。

（一）防扩散制裁清单

防扩散制裁清单是美国国务院的国际安全与防扩散局负责发布和更新，该清单是为了有效落实美国的防扩散制裁政策，包括根据各种法规受到制裁的实体和个人。

防扩散制裁是指出于防止大规模杀伤性武器及其运载工具扩散的目的，对从事扩散活动的外国政府、实体及个人实施制裁。防扩散制裁旨在加强防扩散体系建设、打击恐怖主义与塑造安全环境，其制裁对象多为恐怖主义组织及分子等非国家行为体，同时从事扩散活动或为扩散活动提供便利的实体和个人也会遭到制裁。

美国防扩散制裁清单于 1991 年建立，截至 2021 年 1 月 29 日，共有

669 个实体和个人被列入该清单。① 其中大部分已被解除制裁，当前仍生效的还有 187 个实体和个人，来自 20 多个国家和地区。数量较多的是伊朗、中国、朝鲜、土耳其和叙利亚，占比超过 2/3。

（二）金融制裁清单

金融制裁清单包括特别指定国民清单、代理账户或往来账户受制裁的外国金融机构清单、行业制裁识别清单、涉伊朗制裁法清单、海外逃避制裁者清单、巴勒斯坦立法委员会清单。

1. 特别指定国民清单

特别指定国民清单由美国财政部的海外资产管制办公室编制发布，主要是规定被禁止进行出口交易的当事方，包括实体、个人、交通工具（飞机、船舶）。

清单列出了被制裁对象的各种信息，如实体对象的组织名称、曾用名、性质、注册地址、开户银行及账户、负责人信息等；个人对象的姓名、曾用名、出生时间、出生地点、职业、护照号码等；交通工具的型号、注册号、生产日期、生产序列号、所有人等。同时，清单上的实体包括幌子公司、半官方组织等。他们或由制裁的目标控制及所有，或与被制裁者有十分密切的交易往来；清单上的个人则代表目标国或组织利益在世界各地进行各种交易活动。另外，清单上还包括未按国别分类的制裁对象，包括国际恐怖分子、国际毒贩，以及与大规模杀伤性武器扩散有关的活动分子等。

此外，海外资产管制办公室的“50%原则”（50% Rule）也值得注意。2014 年 8 月 13 日，海外资产管制办公室发布了一份指导性文件——《关于

① 有的实体和个人多次被列入其中，因制裁理由不同，每一次都单独列举。防扩散制裁清单详见 https://www.state.gov/wp-content/uploads/2021/01/MASTER-Sanctions-chart-01-2021.pdf。

资产和资产利益被冻结人员所拥有实体的修订指南》（*Revised Guidance on Entities Owned by Persons Whose Property and Interests in Property are Blocked*），对由多个被制裁者拥有总计50%或以上的实体状况提出了新的指南。[①] 该指南规定，任何由一个或多个被制裁实体直接或间接拥有总计50%或以上财产或财产利益的实体，则被视为在一个实体的所有财产和财产权益中拥有权益，因此也被视为受制裁实体。无论是否在海外资产管制办公室的特别指定国民清单（SDN List）中或总统行政令的附件（清单）中，这些实体的财产和财产收益都会被冻结。除非获得海外资产管制办公室的授权，否则美国人不得与该实体进行任何交易。在海外资产管制办公室的某些制裁项目中（如涉及古巴和苏丹的项目），有种类繁多的实体，其财产和财产收益都是基于所有权或控制权而被冻结。

2. 代理账户或往来账户受制裁的外国金融机构清单

该清单主要是根据《以制裁应对美国敌人法》《朝鲜制裁条例》《2012年伊朗自由和防扩散法》《伊朗金融制裁条例》等授权，禁止在美开设和使用代理账户或往来账户的外国金融机构。[②] 该清单的前身是受《美国联邦法规》（*Code of Federal Regulations*，CFR）第31章第561条款（《伊朗金融制裁条例》）制约的外国金融机构清单（以下简称“561条款清单”）（The List of Foreign Financial Institutions Subject to Part 561，the Part 561

① 该文件是对2008年2月14日发布的早期指南的修订，参见 The U.S. Department of the Treasury, “Office of Foreign Assets Control-Sanctions Programs and Information,” https://www.treasury.gov/resource-center/sanctions/Documents/licensing_guidance.pdf。

② “外国金融机构”是指以委托人或代理人的身份从事接受存款、发放、转让、持有或经纪贷款或信贷业务，或买卖外汇、证券、商品期货或期权，或购买或出售其买方和卖方业务的任何外国实体。它包括但不限于存款机构、银行、储蓄银行、货币服务企业、信托公司、证券经纪人和交易商、商品期货和期权经纪人和交易商、远期合同和外汇商人、证券和商品交易所、结算公司、投资公司，员工福利计划、贵金属、宝石或珠宝经销商，以及上述任何一家的控股公司、附属公司或子公司。——作者注

List)，于 2019 年 3 月 14 日更新而来。

清单对外国金融机构必须遵守的具体禁令和严格条件进行了详细说明。根据规定，除非另有授权，否则美国金融机构不得以与以下条件不一致的方式，为这类外国金融机构在美国开设或维持代理行账户或往来账户。此类条件包括但不限于：禁止或限制通过该外国金融机构的代理或往来账户提供贸易融资；限制通过该外国金融机构的代理或往来账户处理的交易限于某些类型的交易，如个人汇款；对通过该外国金融机构的代理或往来账户处理的交易设定货币限额或限制交易量；要求美国金融机构对通过该外国金融机构的代理或往来账户处理的所有交易进行预先批准；或禁止或限制通过该外国金融机构的代理或往来账户处理外汇交易。

3. 行业制裁识别清单

该清单是财政部长根据第 13662 号总统行政令识别的在俄罗斯经济部门从事经营活动的个人。该清单不属于特别指定国民清单，但该清单中的个人和公司也可能会出现在特别指定国民清单。2014 年 3 月 20 日，美国总统奥巴马签署了第 13662 号总统行政令，即《冻结影响乌克兰局势的额外人员的财产》（*Blocking Property of Additional Persons Contributing to the Situation in Ukraine*）。该行政令指出，俄罗斯对克里米亚使用武力行为以及破坏乌克兰民主进程，对美国的国家安全和外交政策构成了威胁，因此进一步加强了对俄罗斯的制裁措施，对俄罗斯的金融、能源、国防等领域相关实体进行制裁。当前，共有 251 家俄罗斯公司被列入该清单。根据第 13662 号行政令，海外资产管制办公室公布了 4 份指令（Directives），不同的指令规定了不同的制裁措施。[①]

---

① 海外资产管制办公室的“50%原则”也适用于该制裁，即根据这些指令所实施的制裁措施也扩展到受这些指令约束的实体或个人所拥有的总计 50%及以上所有权的实体。——作者注

4. 涉伊朗制裁法清单

该清单是财政部为了落实《1996 年伊朗制裁法》（*Iran Sanctions Act of 1996*，ISA）中的制裁措施而制定的。2012 年 10 月 9 日，美国总统奥巴马签署了第 13628 号行政命令，规定当美国总统、国务卿或财政部长依据《1996 年伊朗制裁法》《2010 年全面制裁伊朗、问责和撤资法》（*Comprehensive Iran Sanctions, Accountability, and Divestment Act of 2010*）和《2012 年减少伊朗威胁和叙利亚人权法》（*Iran Threat Reduction and Syria Human Rights Act of 2012*，TRA）的规定对某些实体或个人实施制裁时，财政部应根据《国际紧急经济权力法》的授权，实施经修订的《1996 年伊朗制裁法》第 6 节规定的某些制裁措施。修订后的《1996 年伊朗制裁法》要求对涉及伊朗能源行业的实体或个人实施制裁或免予制裁。根据规定，禁止美国金融机构在 12 个月期限内向清单中个人或实体提供总计超过 1000 万美元的贷款或授信，除非贷款或授信用于其参加的人道主义援助活动。

5. 海外逃避制裁者清单

该清单包括决定、企图，或已经违反美国对叙利亚或伊朗制裁的外国个人和实体，以及为受美国制裁人员提供欺骗性交易的外国个人和实体。[①] 该清单不属于特别指定国民清单，但该清单中的个人和公司也可能会出现在特别指定国民清单。财政部海外资产管制办公室发布该清单并实施制裁的法律依据是第 13608 号总统行政令。2012 年 5 月 1 日，美国总统奥巴马签署了第 13608 号总统行政令，即《禁止与伊朗和叙利亚进行某些交易并暂停其海外逃避制裁者进入美国》（*Prohibiting Certain Transactions With and Suspending Entry Into the United States of Foreign Sanctions Evaders With Respect*

① 所谓“欺骗性交易”是指在交易中其他参与者或任何相关监管机构隐瞒或遮盖了受美国制裁的伊朗或叙利亚人的身份的交易。——作者注

to Iran and Syria)。

根据规定，禁止美国人直接或间接从事涉及海外逃避制裁者清单上个人或实体的所有如下交易：商品、服务或技术在美国境内或计划运入美国；或不论身在何处，商品、服务或技术由美国人提供或提供给美国人。因此，未经财政部海外资产管制办公室许可，如果交易涉及向海外逃避制裁者清单上的个人或实体购买或出售商品、服务（包括金融服务）、技术，由美国人执行或通过美国的此类交易会被禁止，除非《国际紧急经济权力法》的规定赦免了此类交易（例如某些旅行相关的交易）。

6. 巴勒斯坦立法委员会清单

该清单主要包括在哈马斯党派中当选或外国恐怖组织、特定恐怖分子，或特定全球恐怖分子中的任何个人。财政部海外资产管制办公室发布该清单并实施制裁的法律依据包括《全球恐怖主义制裁条例》（*Global Terrorism Sanctions Regulations*）、《恐怖主义制裁条例》（*Terrorism Sanctions Regulations*）和《外国恐怖主义组织制裁条例》（*Foreign Terrorist Organizations Sanctions Regulations*）。根据规定，美国金融机构被授权禁止与清单中的个人进行交易，即使这些个人未被列入特别指定国民清单。

（三）两用品出口管制清单

两用品出口管制清单包括实体清单、禁止人员清单和未经核实清单。

1. 实体清单

实体清单由美国商务部产业安全局负责发布，清单中的实体和个人在进行交易时会触发《出口管理条例》的许可证要求。实体清单于 1997 年 2 月首次发布，美国商务部将参与大规模杀伤性武器扩散活动、支持恐怖主义活动或违反美国国家安全和外交政策的最终用户列入该清单中。

现如今，实体清单已成为美国维护其国家安全利益，实行出口管制的重要手段。美国任何公司或个人与清单中企业进行出口贸易时必须接受极为严格的许可证审查，而审查结果也通常为否。

当前，实体清单中共有1300多个实体和个人，分别来自70多个国家和地区。其中，俄罗斯、中国、阿联酋、巴基斯坦、伊朗、马来西亚、阿富汗、土耳其及英国等国的实体和个人数量较多，总占比超过四分之三。[①]

2. 禁止人员清单

该清单包括被拒绝出口特权的个人和实体。该清单内的实体和个人被剥夺出口特权，禁止美国企业和公民同清单上的实体和个人进行任何违反美国拒绝令（denied order）的交易。

禁止人员清单与特别指定国民名单是美国的两个重要政策工具，然而两者在达成的外交政策目标与法律要求上存在着差异，主要有三个方面：一是从禁令的内容看，禁止人员清单并不对所有货物与服务贸易展开制裁，它只针对特定的货物贸易；二是禁止人员清单更多是与出口特权（export privileges）和出口许可证有关；三是与特别指定国民名单不同，禁止人员清单不要求美国公民或实体冻结与名单对象有关的财产。

3. 未经核实清单

该清单于2002年建立，主要是商务部产业安全局在先前交易中无法验证的最终用户，包含作为交易当事方的外国实体或个人的姓名和地址。

当商务部产业安全局由于最终用途检查（如预先许可证检查或装运后验证）无法令人满意地完成，无法验证外国实体或个人的真实性（诚信），但又没有足够的信息将其列入实体清单中时，可能会将其列入未经核实清单。产业安全局负责发布联邦公报，增加或删除未经核实清单的实体或

① *Electronic Code of Federal Regulations, Supplement No. 4 to Part 744—Entity List*, https://www.ecfr.gov/cgi-bin/retrieveECFR?gp=1&SID=10e743b83f8ee749a044d57853a2e288&ty=HTML&h=L&mc=true&n=pt15.2.744&r=PART#se15.2.744_116.

个人。

当前，未经核实清单中共有 159 个实体和个人，其中来自中国、阿联酋、俄罗斯三国的最多，占比之和超过 80%。①

三、美国制裁清单的主要特点及影响

美国制裁清单主要有两大特点，一是受美对外政策变化影响较大，二是多部门共同参与和决策。被列入防扩散制裁清单、金融制裁清单和两用品出口管制清单的影响各有差别。

（一）主要特点

一方面，美国制裁清单受美国对外政策变化影响较大，处于动态变化；另一方面，美国的制裁清单一般由多个部门共同参与和决策，“易上难下”。

1. 受美对外政策变化影响较大，处于动态变化

制裁一直是美国实现对外政策目标的重要手段和工具。作为全球经济、政治、军事上的超级大国，美国曾通过利用经济制裁将自己的意志强加于许多国家，借以追寻一系列的目的。② 近年来，尤其是特朗普执政后，美国政府奉行“美国优先”原则和单边主义外交政策，在对外政策中更加偏爱制裁手段，常以金融制裁、出口管制等手段来推动对外政策目标的达成。因此，美国制裁清单受美国对外政策的变化影响较大，处于动态变化之中，不仅更新频率快，而且变化幅度较大。最具有代表性的就是金融制裁清单。

---

① *Electronic Code of Federal Regulations, Supplement No. 4 to Part 744—Unverified List*, https://www.ecfr.gov/cgi-bin/retrieveECFR?gp = 1&SID = 10e743b83f8ee749a044d57853a2e288&ty = HTML&h = L&mc = true&n = pt15. 2. 744&r = PART#ap15. 2. 744_122. 6.

② 加利·克莱德·霍夫鲍尔等：《反思经济制裁》，杜涛译，上海人民出版社，2018，第 154 页。

从2009年至2019年，财政部海外资产管制办公室共将7486个实体、个人、船舶和航空器列入特别指定国民清单等6个金融制裁名单中，总共有3201个实体、个人、船舶和航空器被海外资产管制办公室从金融制裁名单中除名。[①] 具体情况如图1所示。

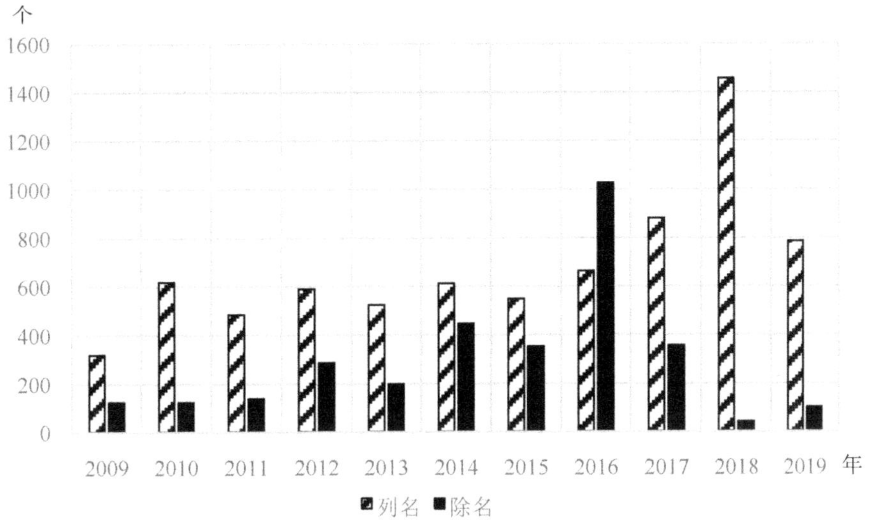

图1　2009—2019年美国金融制裁清单的列名和除名情况变化

资料来源：Johnpatrick Imperiale, "Sanctions by the Numbers: U. S. Sanctions Designations and Delistings, 2009 - 2019," Center for a New American Security, https://www.cnas.org/publications/reports/sanctions-by-the-numbers。

从图1中可以看出，除了2016年，其他年份的列名数量均大于除名的数量，这在一定程度上说明美国金融制裁名单中的实体、个人、船舶和航空器的数量在不断增加，2009年至2019年增加了4285个。2016年之所以除名数量大于列名的数量，主要有两个原因：一是2016年1月16日"伊核

① Johnpatrick Imperiale, "Sanctions by the Numbers: U. S. Sanctions Designations and Delistings, 2009-2019," Center for a New American Security, https://www.cnas.org/publications/reports/sanctions-by-the-numbers；孙才华：《2009—2019年美国金融制裁执行情况分析》，财新网，2020年3月10日，http://opinion.caixin.com/2020-03-10/101526413.html。

协议”即《联合全面行动计划》（*Joint Comprehensive Plan of Action*，JCPOA）正式执行，海外资产管制办公室将400多个的伊朗实体、个人、船舶和航空器从特别指定国民清单中移除；二是2016年10月7日美国政府正式解除了对缅甸的全面制裁，移除所有因缅甸制裁法律法规而被纳入特别指定国民清单中的缅甸实体和个人。2018年，被纳入金融制裁名单中的实体、个人、船舶和航空器的数量急剧增加，这主要是因为特朗普政府单方面退出了“伊核协议”，重新将大量的伊朗实体、个人、船舶和航空器纳入特别指定国民清单。

2. 多部门共同参与和决策，“易上难下”

虽然这些清单都有明确的主管和执行机构，但是决定一个实体和个人是否被列名和除名并不由单一部门决定，而是由多个政府部门共同参与、共同决策。如财政部海外资产管制办公室在将某一实体或个人列名时，会从其他政府机构，甚至包括外国政府、联合国专家小组、新闻媒体以及其他公开报道等多种渠道获取信息，而后还须经过财政部、司法部、国务院和其他政府机构进行必要的审查，才作出最后的列名决定。

商务部实体清单的决策机制更规范，也更明显地体现了多部门决策的特点。决定是否被列入实体清单的机构是最终用户审查委员会（End-user Review Committee，ERC），它由来自商务部、国务院、国防部、能源部及财政部的代表组成，商务部代表任主席。该委员会管理美国实体清单，有权决定将某一实体添加到实体清单中，或从中移除，或对其进行调整。① 需要注意的是，实体清单的列名和除名的要求并不相同。当决定将某一实体列入实体清单时，仅需委员会多数同意（majority vote）即可；而当决定移

---

① *Electronic Code of Federal Regulations, Supplement No. 9 to Part 748—End-User Review Committee Procedures*, https://www.ecfr.gov/cgi-bin/text-idx?SID=34146ffbf2203291bedc1fa6f61c8c2c&mc=true&node=pt15.2.748&rgn=div5#ap15.2.748_115.9.

除或修改实体清单中某一条目时，则需全体一致（unanimous vote）才可通过。在这样的决策规则之下，任何一个部门对决定是否将某企业移出清单均拥有“一票否决权”，企业被移出清单的难度可想而知，可谓“易上难下”。

（二）影响

被列入防扩散制裁清单、金融制裁清单和两用品出口管制清单的影响各有差别。

1. 被列入防扩散制裁清单的影响

被列入防扩散制裁清单的实体和个人主要面临三方面制裁措施：一是美国政府的任何部门不得向这些实体或个人采购或签订任何合同，采购任何产品、技术或服务；二是美国政府的任何部门不得向这些实体提供任何援助，而这些实体也无权参加美国政府的任何援助计划；三是暂停授予这些实体或个人现有的所有出口许可。

防扩散制裁清单有效期一般为两年，两年后如果没有被美国政府延期，则制裁失效。有的实体或个人在两年有效期到期之前就被移出清单，而有的实体和个人则一直被列入清单长达数十年。

2. 被列入金融制裁清单的影响

美国金融制裁手段主要包括五个方面：一是冻结或冻结没收资产；二是冻结或取消国家间或国际机构融资；三是切断美元获取能力和使用美元渠道；四是禁止全球金融机构与被制裁对象交易；五是制裁对方银行体系。[①] 一旦某个实体和个人被列入金融制裁清单，尤其是特别指定国民清

① 徐以升、马鑫：《金融制裁：美国新型全球不对称权力》，中国经济出版社，2015，第47-56页。

单，其在美国境内或由美国公民掌握的资产将被冻结，美国公民也不得与其进行交易，相关涉案人员还可能面临牢狱之灾。

在当今的美元霸权体系之下，被列入金融制裁清单对企业影响最大。在美国势力可以控制和影响的范围内，所有金融行为都面临着被拒绝、其全部财产都面临被冻结的巨大金融与经济风险。为了避免遭受来自美国政府的政治压力、法律风险和潜在的民事或刑事处罚，所有美国金融机构在进行交易时，都要求必须首先对交易对象进行审查，只有当交易对象不在特别指定国民清单之内时，交易才能进行；反之，则必须中止。实际上，鉴于美国在世界金融交易界的控制地位和全球经济影响力，任何对象一旦被列入该清单，实际上就陷入了一张世界范围内无处不在的制裁网。

3. 被列入两用品出口管制清单的影响

被列入实体清单和禁止人员清单的实体或个人相当于被剥夺从美国的进口权。不同的是实体清单未设定期限，而禁止人员清单对于部分实体和个人的制裁限定了有效期，一般为 10 年，也有的更长。同时，对于违规行为会处以民事罚款和刑事处罚，其中民事罚款是对每次违法行为处以最高 302584 美元或交易金额两倍的民事罚款（以二者中较高的为准）；[①] 刑事处罚是若涉及刑事责任，则处以最高 100 万美元或违法所得两倍的罚款，或对主要责任人处以最高 20 年的有期徒刑，或两者并罚。[②] 不过，商务部产业安全局有时会出于对美国供应商利益的考虑同意发放“临时通用许可”。如华为公司在被列入实体清单后，美国商务部出于对美国供应商和客户（美国很多偏远地区和农村的通信公司都依赖华为的设备）的利益考虑，向

① 出于通货膨胀因素的考虑，美国政府每年会对最高民事罚款进行调整。该罚款金额起初是 25 万美元，此后不断调整，2018 年调整为 295141 美元，2019 年调整为 302584 美元。

② *Electronic Code of Federal Regulations, PART 766—Administrative Enforcement Proceedings*, https://www.ecfr.gov/cgi-bin/text-idx?SID=636ef1b485d7967ceca6da713ba9cecf&mc=true&node=pt15.2.766&rgn=div5.

华为发放了“临时通用许可”，为期 90 天，并在到期后又多次延期。总之，被列入实体清单并不意味着企业就会彻底陷入绝境，企业可以通过多种补救措施渡过危机，但巨大经济损失是不可避免的。

此外，对于被列入未经核实清单的实体和个人而言，严格意义上来说并不意味着受到制裁，但是被列入的实体或个人必须证明其最终用途和最终用户，以及受《出口管制条例》管制物品的最终目的地，并且必须同意美国政府的最终用途检查。同时，根据《出口管制条例》规定，出于“了解您的客户”的目的，当涉及与未经核实清单中实体的交易时会竖起“红旗”（red flag）。此时，出口商有义务核查或确保交易不涉及扩散活动或违反《出口管制条例》。具体来说，当某实体被列入未经核实清单后，对相关出口商的影响有三点：一是需要提供与未经核实清单实体全部交易的自动出口系统记录；二是在出口时不能使用商务部产业安全局管制的许可例外；三是需要提供由被列入未经核实清单中的个人（实体）签名的“未经核实清单声明”。对出口商而言，这三点需同时做到。

四、被列入清单的中国实体和个人分析

当前，中国实体和个人共被列入防扩散制裁清单、特别指定国民清单、受代理账户或往来账户制裁的外国金融机构清单、行业制裁识别清单、实体清单、禁止人员清单、未经核实清单共 7 个制裁清单中。

（一）防扩散制裁清单

自 1991 年以来，先后有 182 个中国实体和个人被列入防扩散制裁清

单。[①] 当前，仍处于制裁有效期的实体和个人共有 39 个。历届美国政府都对中国实体和个人实施防扩散制裁，不过程度不同。具体如图 2 所示。

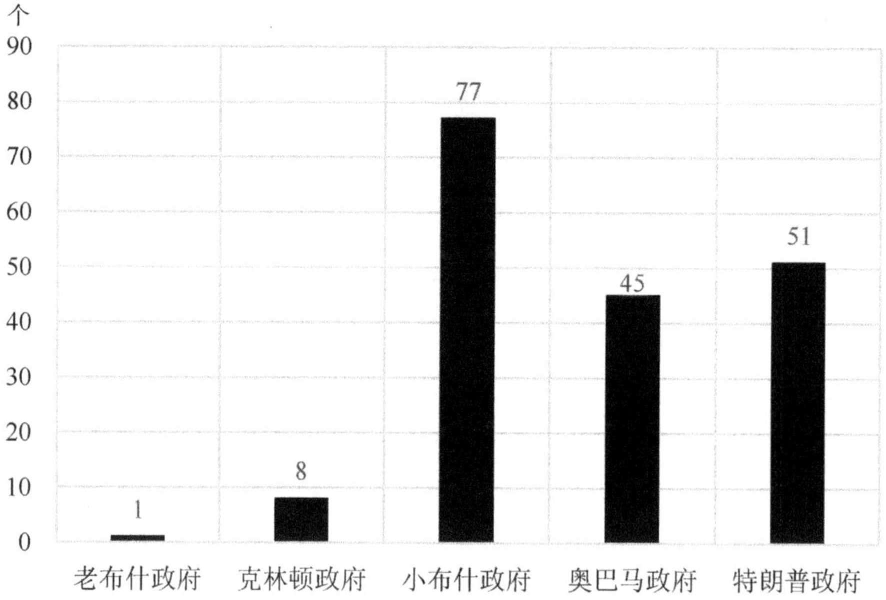

图 2　1991—2020 年美国防扩散制裁清单中的中国实体和个人数量变化

资料来源：作者自制。

在老布什政府和克林顿政府时期，只有少数中国实体和个人被列入其中。到小布什政府时期，该清单中中国实体和个人的数量达到 77 个的顶峰。究其原因，主要是因为“9·11”事件的爆发改变了美国民众对大规模杀伤性武器扩散威胁的认知，并对美国对外政策产生了一系列直接且深远的影响。[②] 在这样的背景下，小布什政府为了实现防扩散政策目标，对外频频使用防扩散制裁，前后共将 200 余个实体和个人列入其中。

① 包括 4 家位于香港地区的公司，但不包含在中国开设和运营的外国公司。——作者注

② 吴金淮、杨黎泽：《美国防扩散和出口管制政策的偏移：从反恐到大国竞争》，载李驰江主编《2019 国际军备控制与裁军》，世界知识出版社，2019，第 200-212 页。

到了奥巴马政府时期，中国实体和个人被列入美国防扩散制裁清单的数量大幅下降。这反映出美国虽然将防扩散视为其对外政策的重要目标之一，但奥巴马政府更倾向于以多边合作的方式处理国际事务。奥巴马上台后，不仅大力推动强化联合国安理会1540委员会职权，促进各国全面执行1540号决议，而且积极推动防扩散多边合作机制建设，致力于将“防扩散安全倡议”“全球打击核恐怖主义倡议”等相关制度打造成国际长效机制，加强国际社会的情报分享与协调合作。特朗普上台以后，中国实体和个人被列入防扩散制裁清单上的数量有所上升。特朗普政府一个任期就将51个中国实体和个人列入该清单，比奥巴马政府两个任期总量还略多。

被列入防扩散制裁清单的中国企业大致可为三类。第一类是军工集团和军贸企业，如中国长城工业总公司、中国精密机械进出口有限公司、中航技进出口有限公司、北方工业公司、保利科技公司等。第二类是从事特殊物项、设备和材料的贸易公司，如中设机电进出口有限公司、武汉三江进出口公司、高碑店开拓精密仪器有限公司、中国（大连）科技碳石墨制造总公司等。第三类是电子、通信等领域的高科技公司，如北京和普威视科技服务公司（光电设备）、北京旭润科技有限公司（网络技术开发）、浙江兆晟科技股份有限公司（红外热成像产品及配件生产、装配）等。

（二）金融制裁清单

中国实体和个人被列入的金融制裁清单包括特别指定国民清单、受代理账户或往来账户制裁的外国金融机构清单、行业制裁识别清单。其中，被列入数量最多的是特别指定国民清单，有超过300个中国（包括香港地区）实体和个人被列入其中。经过统计可以发现，中国实体和个人主要集中在14个制裁项目中，最多的是涉及朝鲜制裁、伊朗制裁和防扩散制裁项目。当前，被列入该清单中的中国公司主要以贸易公司和运输公司为主。

贸易公司中有些是专门从事特殊物项、设备和材料贸易，如中国精密机械进出口公司、武汉三江进出口公司、中国（大连）科技碳石墨制造总公司、苏州中盛磁业有限公司等。有的贸易公司则从事普通民用物项贸易，如丹东天富贸易有限公司、丹东锦祥贸易有限公司、丹东科华经贸有限公司等。这些公司的经营范围较为广泛，包括日用品、纺织品、建筑材料、机械电器等。

同时，被列入特别指定国民清单的运输公司也有数十家，如大连中远海运船员船舶管理有限公司、昆仑船务公司、大连海博国际货运代理有限公司、上海盛德物流公司等。这些运输公司主要集中一些港口城市，包括大连、上海和香港，且以海洋运输业务为主。

此外，中国昆仑银行被列入受代理账户或往来账户制裁的外国金融机构清单，还有一家香港公司（VEB Asia Limited）被列入行业制裁识别清单中。

（三）两用品出口管制清单

中国实体和个人被列入的两用品出口管制清单包括实体清单、禁止人员清单和未经核实清单。其中，被列入数量最多的是实体清单。自1997年6月中国工程物理研究院被列入实体清单，成为第一家进入实体清单的中国企业后，历届美国政府都数次将中国实体和个人列入该清单中。在克林顿政府和小布什政府时期，被列入清单的中国企业寥寥无几。到奥巴马政府时期，中国企业被列入清单中的数量和频率有所上升，但基本维持在较低水平。

自特朗普上台以后，美国政府滥用出口管制措施，将上百家中国实体列入实体清单，涉及政府机构、军工企业、科研机构、高等院校、高科技公司，对中国企业影响重大。当前，被列入实体清单的中国实体超过一半都是在特朗普政府任期被列入的。

被列入实体清单的中国实体大致可为五类，分别是政府机构、军工军贸企业、科研机构、高等院校和高科技公司。其中，军工军贸企业有中国电子科技集团下属的多个研究所及附属机构、中国航天科工集团下属的多个研究院及附属机构、中国航天科技集团下属的多个研究所、中国航空工业集团下属的中国航空制造技术研究院和北京航空制造工程研究所、保利科技公司等；科研机构有中国工程物理研究院、国家超级计算长沙中心、北京计算科学研究中心等；高等院校有国防科技大学、北京航空航天大学、哈尔滨工业大学、哈尔滨工程大学、西北工业大学、四川大学和电子科技大学（成都）等；高科技公司有华为及其多个子公司、奇虎360、海康威视、科大讯飞、旷视科技、商汤科技、福建晋华集成电路、成都海光集成电路等。同时，近年来被列入未经核实清单的中国实体也明显增多，主要有军工企业、科研机构、高等院校和科技公司四类。当前，中国共有超过100个实体被列入该清单中，其中大陆地区有41个，40个是特朗普上台以后被列入的；中国香港地区有64个，大部分是特朗普上台之前被列入的。[①] 特朗普政府时期，美国先后两次将多个中国实体列入未经核实清单。第一次是2018年5月17日，美国商务部产业安全局将中航工业昌河飞机工业（集团）有限责任公司、南昌大学、烟台海上救助打捞局等11家中国实体列入未经核实清单中。不过，此后将其中3个实体移出该清单，分别是九江市金鑫有色金属有限公司、六盘水师范大学和烟台海上救助打捞局。第二次是2019年4月11日，产业安全局将同济大学、中国人民大学、西安交通大学等37个中国实体再次列入未经核实清单中。不过两个多月后，又

---

① *Electronic Code of Federal Regulations, Supplement No. 4 to Part 744—Entity List*, https://www.ecfr.gov/cgi-bin/retrieveECFR?gp=1&SID=10e743b83f8ee749a044d57853a2e288&ty=HTML&h=L&mc=true&n=pt15.2.744&r=PART#se15.2.744_116.

将其中部分实体移出清单。

此外，还有少量中国实体和个人被列入禁止人员清单中。

五、中国企业的对策

针对美国制裁，中国企业的应对之策包括：第一，密切关注美国对外制裁的热点及新动向；第二，了解美国制裁清单的决策机制，争取移出制裁清单；第三，加强与美国政府及国会的正面沟通交流，树立良好企业形象。

（一）密切关注美国对外制裁的热点及新动向

美国的制裁项目和制裁清单受美国对外政策的影响较大，很多都处在不断地更新和变化之中，需要企业密切追踪，根据美国制裁项目及重点的变化调整业务范围和方向。近年来，伊朗、朝鲜、俄罗斯、古巴、叙利亚、委内瑞拉等国家都是美国经济和贸易制裁的热点和重点区域。涉及这些国家的经济制裁清单具有域外“次级制裁”[①] 效力，如中国企业与清单上企业以及其控制权超过50%的子公司进行贸易往来，就容易受到牵连而被美国制裁。

在实践中，美国的对外制裁项目范围各不相同，一些制裁的范围是针对某些国家，例如古巴、伊朗等；一些制裁项目则是针对某一议题，如反恐、禁毒等，并且针对特定的个人和实体。当前，美国财政部共负责执行

① 通常情况下，经济制裁是发起国针对目标国的行动，不会涉及第三国，这种一般意义上的经济制裁通常被称为初级制裁。但是，有一些发起国所实施的经济制裁还禁止第三国国民与目标国进行贸易。甚至有些制裁措施更进一步禁止其他国家与违反经济制裁法令的第三国进行贸易，这些制裁被称为“次级制裁”。——作者注

36个经济与贸易制裁项目，并将6000多个实体、个人、船舶、航空器列入了特别指定国民清单等金融制裁清单中。[①] 因此，企业需要参照制裁清单及时对自身业务进行筛查，规避美制裁风险。

（二）了解美国制裁清单的决策机制，争取移出制裁清单

如前所述，美国的特别指定国民清单、实体清单等制裁清单系由多部门共同参与决策，具有“易上难下”的特点。很多实体和个人被列入这些“黑名单”后甚至长达数十年都难以解除。但是难度大并不意味着完全不可能，近年来被移出制裁清单或以较低的罚款与美国政府达成和解的案例也有很多。每年，美国财政部海外资产管制办公室都将数百个实体和个人移出特别指定国民清单。

因此，企业一旦被列入制裁清单后，要根据制裁的实际情况确定切实可行的应对方案，在短期内要确保控制制裁范围，不添加新的制裁、扩大制裁（比如向其母公司延伸）。从长远的角度来看，则要积极主动争取解除制裁。这就要求企业了解美国制裁清单的除名机制、程序和影响因素，争取早日从制裁清单中移出，尽可能地减少损失。以制裁措施最严厉、对企业影响最大的特别指定国民清单为例，根据美国财政部相关规定，可能导致除名的情况包括行为的积极变化、终止某个“特别指定国民”、指认的依据不再存在以及指认是基于错误的身份。[②] 这些都离不开企业与美国政府部门进行充分、有效的沟通。即使无法在短期内解除制裁，也可以为企业减

---

① Johnpatrick Imperiale, “Sanctions by the Numbers: U. S. Sanctions Designations and Delistings, 2009-2019,” Center for a New American Security, https://www.cnas.org/publications/reports/sanctions-by-the-numbers.

② The U. S. Department of the Treasury, “Filing a Petition for Removal from an OFAC List,” https://home.treasury.gov/policy-issues/financial-sanctions/specially-designated-nationals-list-sdn-list/filing-a-petition-for-removal-from-an-ofac-list.

轻处罚力度或后续解除制裁创造有利条件。

（三）加强与美国政府及国会的正面沟通交流，树立良好企业形象

尽管很多中国实体和个人都是在特朗普政府时期被列入制裁清单，但特朗普离任后并不意味着这些制裁可以很快解除。事实上，特朗普在任四年已经启动了一种新的美国对华政策选择模式，这种模式的很多方面都会延续到下一任美国政府那里，中美关系仍将处于大国战略竞争的框架之下。同时，美国国会动辄对中国采取制裁的做法已经蔚然成风。例如，美国国防部于2020年公布的“中国军事公司”清单是美国国防部依据《1999财年国防授权法案》而发布的。[①] 按照规定，这份清单在该法案颁布后90天内就应该公布，但此前从未公开过。而美国国防部在彼时将该清单公之于众，直接原因是美国国会议员的关注和要求，[②] 这也使得相关中国企业面临的制裁风险上升。

在这样的背景下，中国企业更要积极与美国政府和国会议员进行正面接触，如通过相关非政府组织和智库作为交流平台和联络渠道，加强与美国政府主管机构的沟通、交流与合作，树立和宣传负责任企业的良好形象，从而有效降低受制裁的风险，为企业的可持续发展创造良好的外部环境。

---

① U. S. Department of Defense, “DOD Releases List of Additional Companies, in Accordance with Section 1237 of FY99 NDAA,” https://www.defense.gov/Newsroom/Releases/Release/Article/2328894/dod-releases-list-of-additional-companies-in-accordance-with-section-1237-of-fy/.

② 2019年9月11日，美国国会参议员汤姆·科顿（Tom Cotton）和查克·舒默（Chuck Schumer）、众议员迈克·加拉格尔（Mike Gallagher）和鲁本·加列戈（Ruben Gallego）联名致信国防部长马克·埃斯珀（Mark Esper），要求国防部就该清单的具体内容进行询问。在2020年6月，国防部对这4名议员的联名信进行了回复，指出国防部制定了一种方法，并与其他行政部门进行了协调，制定出了符合法案要求的中国军事公司清单，并且可以公开（附在回信后）。——作者注

美国“中国军事公司清单”评述

吴金淮　杨子力　叶茂

内容提要：美国特朗普政府对华奉行强硬政策，将制裁作为打压中国的重要手段。自2020年6月以来，美国国防部先后四次将44家中国企业列入所谓“中国军事公司清单”，在证券交易领域予以制裁。同时，美国商务部亦修改相关规定，发布“军事最终用户清单”，对中国企业施加出口管制限制，两份清单既有区别又有联系。拜登总统上台后，美国对华战略竞争趋势没有发生变化，未来可能会利用“中国军事公司清单”等对中国进一步限制打压。为此，中国应增强底线思维，坚决维护国家和企业利益。

关 键 词：中国军事公司清单；军事最终用户清单；出口管制；制裁

作者单位：中国军控与裁军协会
中国国际问题研究院
中国运载火箭技术研究院

美国特朗普政府时期，出于其自身政治需要，将中国视为战略竞争敌手，大搞对华“脱钩”，出台了一系列打压遏制中国的措施，致使两国关系“陷入建交以来最为困难的局面”。[①] 其中，美国国防部自2020年6月24日

① 《王毅在“对话合作，管控分歧——推动中美关系重回正轨”蓝厅论坛上发表致辞》，外交部网站，2021年2月22日，https://www.fmprc.gov.cn/web/wjbz_673089/xghd_673097/t1855525.shtml。

以来，先后分四次将44家中国企业列入所谓的“中国军事公司清单”，限制打压中国军工企业、国有企业和高科技企业。随着拜登总统上台，其对华基本定位没有实质性变化，称中国为“最严峻的竞争对手”，[①] 该清单仍将是拜登政府打压中国的一张牌，值得中方加以关注和研究。

一、“中国军事公司清单”的出台

下面主要阐述美国出台“中国军事公司清单”的历史渊源、直接诱因和对“中国军事公司清单”的进一步扩展。

（一）历史渊源

“中国军事公司清单”来源于美国《1999财年国防授权法案》。[②] 该法案草案于1998年4月1日由南卡罗来纳州共和党议员弗洛伊德·斯宾塞（Floyd Spence）在众议院提出，后于1998年5月1日提交参议院讨论。[③] 在最初的草案文本中，并无涉及“中国军事公司”的相关条款。[④] 1998年5月12日，阿肯色州参议员蒂莫西·哈钦森（Timothy Hutchinson）提出编号为2387的修改意见，[⑤] 指出针对中国人民解放军的13条所谓“事实认定”，其中包括所谓“以所辖军事公司高额收入资助解放军扩张”“商业行

① “Remarks by President Biden on America's Place in the World,” The White House, https://www.whitehouse.gov/briefing-room/speeches-remarks/2021/02/04/remarks-by-president-biden-on-americas-place-in-the-world/, February 4, 2021.

② *H. R. 3616-Strom Thurmond National Defense Authorization Act for Fiscal Year 1999*, The Congress, https://www.congress.gov/bill/105th-congress/senate-bill/2057.

③ 众议院议案编号为H. R. 3616，参议院议案编号为S2057。

④ *H. Rept. 105-532-NATIONAL DEFENSE AUTHORIZATION ACT FOR FISCAL YEAR 1999*, The Congress, https://www.congress.gov/congressional-report/105th-congress/house-report/532.

⑤ *HUTCHINSON AMENDMENTS NOS. 2387 - 2388*, The Congress, https://www.congress.gov/congressional-record/1998/5/12/senate-section/article/S4732-1.

为常出于军事和外交等非商业目的”等内容，建议有关部门制定“中国军事公司清单”，授权美国总统对清单上的公司行使《国际紧急经济权力法》①（*International Emergency Economic Powers Act*，IEEPA）所赋予的相关权力。该修改意见被采纳，成为《1999 财年国防授权法案》第 1237 条，并于 1998 年 10 月 17 日正式生效。

《1999 财年国防授权法案》第 1237 条的基本内容包括两部分。一是总统职权，法案规定美国总统可对清单上的公司行使《国际紧急经济权力法》所赋予的相关权力。具体而言，如果清单上的中国军事公司在美国从事任何商业活动，美国总统可以在不考虑《国际紧急经济权力法》第 202 条规定的情况下，对其行使第 203 条（a）款所赋予的监管国际商务活动的权力；同时，总统可以依据《国际紧急经济权力法》第 206 条，对违反美国总统颁布的相关许可、命令及规定的行为进行处罚。二是清单制定与公布，法案规定美国国防部长应在与司法部长、中央情报局局长和联邦调查局局长协商基础上，认定在美国直接或间接从事经营中国军事公司的人员清单，并在本法案正式颁布 90 日内，将清单在《联邦公报》上公布。关于“中国军事公司”的认定标准包含两条：一是美国国防情报局（Defense Intelligence Agency，DIA）编号 VP-1920-271-90 文件或编号 PC-1921-57-95 文件所标识的任何实体；二是由中国人民解放军（包括中华人民共和国的陆海空军种、警察、情报机构及其组成人员）拥有或控制，且从事提供商业服务、制造、生产或出口的任何实体。然而，美国国防部并未在该法案要求的期限内公布相关清单。

该法案此后经过两次修正。在《2001 财年国防授权法案》中，要求美

---

① 《国际紧急经济权力法》于 1977 年 12 月颁布，授权美国总统宣布国家紧急状态后规范商业的权力，以应对外国的任何异常状况或特殊威胁。该法目前是美国实施经济制裁的重要法律依据之一。

国国防部长在2001年3月1日前完成清单制定，并将该清单以机密和非机密的方式提交给美国众议院军事委员会、参议院军事委员会、国务卿、财政部长、司法部长、商务部长、能源部长和中央情报局局长；此后每年2月1日前提交更新后的清单。① 在《2005财年国防授权法案》中，将关于“中国军事公司”认定标准增加了“由中华人民共和国国防工业基地下辖企业所拥有或控制的实体”。②

（二）直接诱因

2019年9月11日，阿肯色州共和党参议员汤姆·科顿（Tom Cotton）③、纽约州民主党参议员查尔斯·舒默（Charles Schumer）、威斯康

① 原文为：Section 1237(b) of the Strom Thurmond National Defense Authorization Act for Fiscal Year 1999 (50 U. S. C. 1701 note) is amended--(1) by striking “Publication” in the subsection heading and inserting “Reporting”; and (2) by striking paragraphs (1) and (2) and inserting the following: `(1) Initial determination and reporting. --Not later than March 1, 2001, the Secretary of Defense shall make a determination of those persons operating directly or indirectly in the United States or any of its territories and possessions that are Communist Chinese military companies and shall submit a list of those persons in classified and unclassified form to the following: (A) The Committee on Armed Services of the House of Representatives. (B) The Committee on Armed Services of the Senate. (C) The Secretary of State. ``(D) The Secretary of the Treasury. (E) The Attorney General. (F) The Secretary of Commerce. (G) The Secretary of Energy. (H) The Director of Central Intelligence. (2) Annual revisions to the list. --The Secretary of Defense shall make additions or deletions to the list submitted under paragraph (1) on an annual basis based on the latest information available and shall submit the updated list not later than February 1, each year to the committees and officers specified in paragraph (1), https://www.govinfo.gov/content/pkg/PLAW-106publ398/html/PLAW-106publ398.htm。

② 原文为：Section 1237(b)(4)(B)(i) of the Strom Thurmond National Defense Authorization Act for Fiscal Year 1999 (50 U. S. C. 1701 note) is amended--(1) by inserting , or affiliated with, “after or controlled by” ; and (2) by inserting after the People's Liberation Army “the following: or a ministry of the government of the People's Republic of China or that is owned or controlled by an entity affiliated with the defense industrial base of the People's Republic of China”, https://www.govinfo.gov/content/pkg/PLAW-108publ375/html/PLAW-108publ375.htm。

③ 汤姆·科顿在对华问题上一贯立场强硬，2020年8月10日，科顿等11名美方人员因在涉港问题上表现恶劣而被中方制裁。参见《2020年8月10日外交部发言人赵立坚主持例行记者会》，外交部网站，2020年8月10日，https://www.fmprc.gov.cn/web/fyrbt_673021/jzhsl_673025/t1805214.shtml。

星州共和党众议员迈克·加拉格尔（Mike Gallagher）、亚利桑那州民主党众议员鲁本·加勒戈（Ruben Gallego）四人联名致信[①]时任美国国防部长马克·埃斯珀（Mark Esper），信中称中国大力推进“军民融合战略”，支持中国公司和大学将民用技术转为军事用途，并通过网络黑客、在美科技人员和国有公司窃取美国技术，建议国防部利用《1999财年国防授权法案》第1237条等法律手段加以应对，同时向埃斯珀质询：“国防部最近一次更新在美运营的中国军事公司清单为何时？能否尽快完成该清单更新并公之于众？”

2020年6月24日，时任美国国防部副部长戴维·诺奎斯特（David Norquist）复信科顿，称美国防部采取行动拟定了一份符合《1999财年国防授权法案》第1237条标准的清单，并在随信附件中公之于众。[②] 在这份标题为“为回应《1999财年国防授权法案》第1237条而准备的特定实体”清单里，包含中国航空工业、中国航天科技等军工集团以及华为、海康威视等高科技公司在内共20家中国企业。随后，美国国防部分别于2020年8月28日[③]、2020年12月3日[④]和2021年1月14日[⑤]再次将11家、4家和9家中国企业列入“中国军事清单”。截至2021年1月14日，该清单上的中国企业已达44家。详见表1。

---

① 科顿等四人致信原文见：https://www.cotton.senate.gov/imo/media/doc/Letter%20to%20Secretary%20Esper_1999%20NDAA.pdf。

② Qualified Entities Prepared in Response to Section 1237 of the National Defense Authorization Act for Fiscal Year 1999 (PUBLIC LAW 105-261), Department of Defense, January 24, 2020, https://www.cotton.senate.gov/imo/media/doc/Sen%20Cotton%20NDAA%20FY%201999%20Sec%201237%20Response%2006242020.pdf.

③ *DOD Releases List of Additional Companies, in Accordance with Section 1237 of FY99 NDAA*, Department of Defense, August 28, 2020, https://www.defense.gov/Newsroom/Releases/Release/Article/2328894/dod-releases-list-of-additional-companies-in-accordance-with-section-1237-of-fy/.

④ Ibid.

⑤ Ibid.

表 1　美国国防部公布的“中国军事公司清单”

序号	公司名称（中文）	公司名称（英文）	列入时间
1	中国航空工业集团	Aviation Industry Corporation of China (AVIC)	2020 年 6 月 24 日
2	中国航天科技集团	China Aerospace Science and Technology Corporation(CASC)	2020 年 6 月 24 日
3	中国航天科工集团	China Aerospace Science and Industry Corporation(CASIC)	2020 年 6 月 24 日
4	中国电子科技集团	China Electronics Technology Group Corporation(CETC)	2020 年 6 月 24 日
5	中国兵器装备集团	China South Industries Group Corporation (CSGC)	2020 年 6 月 24 日
6	中国船舶重工①	China Shipbuilding Industry Corporation (CSIC)	2020 年 6 月 24 日
7	中国船舶集团	China State Shipbuilding Corporation (CSSC)	2020 年 6 月 24 日
8	中国北方工业集团有限公司	China North Industries Group Corporation (Norinco Group)	2020 年 6 月 24 日
9	杭州海康威视数字技术股份有限公司	Hangzhou Hikvision Digital Technology Co., ltd. (Hikvision)	2020 年 6 月 24 日
10	华为	Huawei	2020 年 6 月 24 日

① 2019 年 10 月 25 日，中国船舶工业集团有限公司与原中国船舶重工集团有限公司联合重组，成立中国船舶集团有限公司。参见《中国船舶工业集团有限公司与中国船舶重工集团有限公司实施联合重组》，来源：人民网—时政频道，2019 年 10 月 25 日，http://politics.people.com.cn/n1/2019/1025/c1001-31421513.html; http://quotes.money.163.com/f10/ggmx_601989_5704590.html。

续表

序号	公司名称（中文）	公司名称（英文）	列入时间
11	浪潮集团	Inspur Group	2020年6月24日
12	中国航空发动机集团	Aero Engine Corporation of China	2020年6月24日
13	中国铁建股份有限公司	China Railway Construction Corporation (CRCC)	2020年6月24日
14	中国中车股份有限公司	CRRC Corp.	2020年6月24日
15	熊猫电子集团有限公司	Panda Electronics Group	2020年6月24日
16	曙光信息产业股份有限公司	Dawning Information Industry Co(Sugon)	2020年6月24日
17	中国移动通信集团有限公司	China Mobile Communications Group	2020年6月24日
18	中国广核集团	China General Nuclear Power Corp.	2020年6月24日
19	中国核工业集团有限公司	China National Nuclear Power Corp.	2020年6月24日
20	中国电信集团有限公司	China Telecommunications Corp.	2020年6月24日
21	中国交通建设集团有限公司	China Communications Construction Company (CCCC)	2020年8月28日
22	中国运载火箭技术研究院	China Academy of Launch Vehicle Technology (CALT)	2020年8月28日
23	中国东方红卫星股份有限公司	China Spacesat	2020年8月28日

续表

序号	公司名称（中文）	公司名称（英文）	列入时间
24	中国联合网络通信集团有限公司	China United Network Communications Group Co., Ltd	2020 年 8 月 28 日
25	中国电子信息产业集团有限公司	China Electronics Corporation (CEC)	2020 年 8 月 28 日
26	中国化学工程股份有限集团公司	China National Chemical Engineering Group Co., Ltd. (CNCEC)	2020 年 8 月 28 日
27	中国化工集团有限公司	China National Chemical Corporation (ChemChina)	2020 年 8 月 28 日
28	中国中化集团有限公司	Sinochem Group Co., Ltd.	2020 年 8 月 28 日
29	中国建筑集团有限公司	China State Construction Group Co., Ltd.	2020 年 8 月 28 日
30	中国长江三峡集团有限公司	China Three Gorges Corporation Limited	2020 年 8 月 28 日
31	中国核工业建设股份有限公司	China Nuclear Engineering & Construction Corporation (CNECC)	2020 年 8 月 28 日
32	中国建设科技集团股份有限公司	China Construction Technology Co. Ltd. (CCTC)	2020 年 12 月 3 日
33	中国国际工程咨询公司	China International Engineering Consulting Corp. (CIECC)	2020 年 12 月 3 日
34	中国海洋石油集团有限公司	China National Offshore Oil Corp. (CNOOC)	2020 年 12 月 3 日
35	中芯国际集成电路制造有限公司	Semiconductor Manufacturing International Corp. (SMIC)	2020 年 12 月 3 日

续表

序号	公司名称（中文）	公司名称（英文）	列入时间
36	中微半导体设备股份有限公司	Advanced Micro-Fabrication Equipment Inc.（AMEC）	2021年1月14日
37	箩箧技术公司	Luokung Technology Corp.（LKCO）	2021年1月14日
38	小米科技有限责任公司	Xiaomi Corporation	2021年1月14日
39	北京中关村发展投资中心	Beijing Zhongguancun Development Investment Center	2021年1月14日
40	高云半导体科技股份有限公司	GOWIN Semiconductor Corp	2021年1月14日
41	大新华航空有限公司	Grand China Air Co. Ltd.（GCAC）	2021年1月14日
42	中译语通科技股份有限公司	Global Tone Communication Technology Co. Ltd.（GTCOM）	2021年1月14日
43	中国航空集团有限公司	China National Aviation Holding Co. Ltd.（CNAH）	2021年1月14日
44	中国商用飞机有限责任公司	Commercial Aircraft Corporation of China, Ltd.（COMAC）	2021年1月14日

资料来源：作者根据美国国防部网站发布信息整理。

（三）进一步扩展

2021年1月1日，《2021财年国防授权法案》正式成为法律，[①] 其中第1260H条“公开报告在美运营的中国军事公司”是对原《1999财年国防授权法案》第1237条的进一步修正和扩展。该法案对“中国军事公司”进行

① *S. 4049-National Defense Authorization Act for Fiscal Year 2021*, The Congress, https://www.congress.gov/bill/116th-congress/senate-bill/4049.

了重新界定，明确其不包括自然人，是指由中国人民解放军或中国共产党中央军事委员会下辖其他组织直接或间接拥有，或以官方和非官方身份作为代理或代表的，或被认定为是附属于中国国防工业基地的军民融合贡献者，且从事提供商业服务、制造、生产或出口的任何实体。其中“军民融合贡献者”被界定为八类实体，包括：在知情的情况下参与中国国防工业规划机构发起的科技研发并接受中国政府或中国共产党资助的实体；隶属于中国工业和信息化部的实体，包括作为研究伙伴和参与研究项目的实体；接受国家国防科技工业局支持、业务指导或政策指导的实体；被中国国务院界定为“军工企业”的任何实体或子公司；入驻军民融合产业园，或通过类似产业园接受中国政府支持的实体；取得中国政府颁发的军工生产资质（如武器装备科研生产单位保密资格认定、武器装备科研生产许可证、武器装备质量管理体系认证、装备承制单位资格认证）的实体；在中华人民共和国国家级、省级和非政府军事装备采购平台上推广产品的实体；美国国防部长认定的其他实体。此次修正显著扩大了“中国军事公司”的范围，将军民融合企业纳入其中，并赋予了美国国防部长在认定时的自由裁量权。

二、“中国军事公司清单”所涉制裁

虽然美国防部“中国军事公司清单”与美财政部“特别指定国民清单”（Specially Designated Nationals List，SDN List）、美商务部出口管制“实体清单”（Entity List）性质不同，只是一份潜在的制裁清单，但美方已开始对清单所涉企业采取制裁措施。

（一）制裁公布——13959 号总统行政命令

2020 年 11 月 12 日，时任美国总统特朗普签署“关于解决以证券投资方式为‘中国军事公司’融资所带来威胁的行政命令”（13959号行政命令）。[1] 该行政命令指出，中国通过军民融合战略扩大了国防工业规模，很多中国公司表面上是私营的、民用的，但实际上帮助提升了中国军事装备现代化水平。与此同时，这些公司又通过证券市场向美国投资者筹集资金，相当于间接利用美国资本实现中国军事现代化。据此，特朗普认定中国军事公司此类行为对美国国家安全、外交政策和美国经济构成“非同寻常的特别威胁”，宣布此为国家紧急状态，并根据《国际紧急经济权力法》和《国家紧急法案》授权采取制裁措施加以应对。

该行政命令的制裁措施包括：第一，针对美国国防部业已公布的“中国军事公司清单”，任何美国人在2021年1月11日上午9：30之后不得交易为“中国军事公司”提供融资的证券；但是，在2021年11月11日23：59之前，允许进行旨在剥离截至2021年1月11日上午9：30已经持有的前述证券的交易；第二，针对美国国防部后续公布的“中国军事公司清单”，任何美国人在名单公布后第61天上午9：30之后不得交易为“中国军事公司”提供融资的证券；但是，在名单公布后第365天23：59之前，允许进行旨在剥离截至名单公布后第61天上午9：30已经持有的前述证券的交易。该行政命令授权美国财政部长会同国务卿、国防部长、国家情报总监及其认为适当的行政部门负责人协商后，具体执行相关制裁措施。[2]

---

① “Addressing the Threat from Securities Investments That Finance Communist Chinese Military Companies,” Federal Register, November 12, 2020, https://www.federalregister.gov/documents/2020/11/17/2020-25459/addressing-the-threat-from-securities-investments-that-finance-communist-chinese-military-companies.

② 2021年1月13日，特朗普又签署了13974号行政命令对13959号行政命令进行部分修正，详见：*Executive Order 13974 of January 13, 2021: Amending Executive Order 13959—Addressing the Threat From Securities Investments That Finance Communist Chinese Military Companies*, Federal Register, January 13, 2021, https://www.federalregister.gov/documents/2021/01/19/2021-01228/amending-executive-order-13959addressing-the-threat-from-securities-investments-that-finance。

（二）制裁执行——财政部海外资产控制办公室

为贯彻执行该行政命令，美国财政部下属海外资产控制办公室（Office of Foreign Assets Control，OFAC）于 2020 年 12 月 18 日发布了关于“中国军事公司”的 857、858、859、860、861 五份答疑,[①] 解释了涉事公司的子公司亦受制裁，涉事公司名称与清单中一致或接近都受制裁，厘清了行政令中涉及的“公开交易证券”、具体涵盖的金融工具以及相关基金投资等具体概念。海外资产控制办公室还同时发布了一份“非特别指定国民—共产党中国军队公司清单”（Non-SDN Communist Chinese Military Companies List，NS-CCMC）,[②] 涵盖了截至 2021 年 1 月 8 日的 35 家被列入“中国军事公司清单”实体的名称、别名、发行者姓名以及证券代码信息，以便投资者识别。

2021 年 1 月 8 日、1 月 14 日和 1 月 27 日，海外资产控制办公室发布了编号 1[③]、2[④]、1A[⑤] 的三份通用许可，将 2021 年 1 月 14 日之后列入海外资产控制办公室“中国军事公司”的证券在美国交易所的交易期限延长到列入清单后第 365 天；将名称相似但并不完全一致的有关实体的证券交易期再次延长至 2021 年 5 月 27 日上午 9：30。

---

① “Publication of Communist Chinese Military Companies Frequently Asked Questions and Related List,” U. S. Department of the Treasury, December 28, 2020, https://home.treasury.gov/policy-issues/financial-sanctions/recent-actions/20201228.

② “Non-SDN Communist Chinese Military Companies List,” U. S. Department of the Treasury, January 8, 2021, https://www.treasury.gov/ofac/downloads/ccmc/ns-ccmc_list.pdf .

③ *GENERAL LICENSE NO. 1*, U. S. Department of the Treasury, January 8, 2021, https://home.treasury.gov/system/files/126/chinese_military_gl1.pdf.

④ *GENERAL LICENSE NO. 2*, U. S. Department of the Treasury, January 14, 2021, https://home.treasury.gov/system/files/126/chinese_military_gl2_1.pdf.

⑤ “Issuance of Communist Chinese Military Companies General License 1A and Related Frequently Asked Questions,” U. S. Department of the Treasury, January 27, 2021, https://home.treasury.gov/policy-issues/financial-sanctions/recent-actions/20210127.

三、与商务部“军事最终用户清单”的区别与联系

美国商务部产业安全局（Bureau of Industry and Security，BIS）是负责出口管制的主要机构，通过执行《出口管制条例》（*Export Administration Regulations*，EAR）来落实相关管控措施。为进一步加强对中国军民融合企业的管控措施，产业安全局亦对《出口管制条例》所涉及相关条款加以调整，并增设了“军事最终用户（Military End Users，MEU）清单”，将中国企业纳入其中。

（一）“军事最终用户清单”的制定

2020年4月28日，产业安全局对《出口管理条例》进行修订，[①] 其中一项是“加强对中国、俄罗斯和委内瑞拉‘军事最终用途’和‘军事最终用户’的出口管制”。该规定将中国纳入“军事最终用户”出口管制的适用范围，要求向中国、俄罗斯和委内瑞拉出口、再出口或转让可被用于“军事最终用途”或“军事最终用户”的物项[②] 必须事先获得许可，同时产业安全局需“通知”相关人士此类风险。

该规定自公布之日起引发业界巨大反响，尤其是关于“军事最终用户”的条款。产业安全局称，自规定公布以来，该局收到大量意见，希望能在

---

① *Expansion of Export, Reexport, and Transfer (in-Country) Controls for Military End Use or Military End Users in the People's Republic of China, Russia, or Venezuela*, Federal Register, April 28, 2020, https://www.govinfo.gov/content/pkg/FR-2020-04-28/pdf/2020-07241.pdf.

② 这些物项被列入《出口管制条例》第744条补编2中，包括9大类：材料、化学品、微生物和毒素；材料加工；电子产品设计、开发与生产；计算机；电子通信与信息安全；传感器和激光器；导航及航空电子设备；航海设备；推进系统、太空车辆及相关设备。详见Federal Register / Vol.85, No.82 / Tuesday, April 28, 2020 / Rules and Regulations 23459, https://www.govinfo.gov/content/pkg/FR-2020-04-28/pdf/2020-07241.pdf。——作者注

法规中用名称和地址来标识所指“军事最终用户”以减轻企业合规负担。为回应公众诉求和满足规定中关于“通知”的要求，产业安全局于2020年12月23日再次修订《出口管制条例》，新增“军事最终用户清单”（MEU List）。① 美国商务部长威尔伯·罗斯（Wilbur Ross）表示，“此举建立了一种新的程序，将军事最终用户在清单上列明，可以协助出口商确认其客户是否属于军事最终用户”。②

首批被列入“军事最终用户清单”的共有103个实体，其中包括58家③中国企业、政府机构、科研院所和高校等机构。2021年1月14日，美国商务部又以谋求获取外国军事技术包括军用飞机发动机技术为由，将北京天骄航空产业投资有限公司加入“军事最终用户清单”。④ 至此，被列入“军事最终用户清单”上的中国实体总计达到59家，⑤ 详见表2。

---

① “Addition of ‘Military End User’ (MEU) List to the Export Administration Regulations and Addition of Entities to the MEU List,” Federal Register, December 23, 2020, https://www.federalregister.gov/documents/2020/12/23/2020-28052/addition-of-military-end-user-meu-list-to-the-export-administration-regulations-and-addition-of.

② “Commerce Department Will Publish the First Military End User List Naming More Than 100 Chinese and Russian Companies,” U.S. Department of Commerce, December 21, 2020, https://www.commerce.gov/news/press-releases/2020/12/commerce-department-will-publish-first-military-end-user-list-naming.

③ 其中实体2为中国航空发动机集团（AECC）下辖8家子公司，实体4为中国航空工业集团有限公司下辖7家子公司。若将包含的子公司计算在内，首批列入名单的中国公司实际为71家。——作者注

④ “Addition of Entity to the Entity List, and Addition of Entity to the Military End-User (MEU) List and Removals From the MEU List,” Federal Register, January 14, 2020, https://www.federalregister.gov/documents/2021/01/15/2021-00995/addition-of-entity-to-the-entity-list-and-addition-of-entity-to-the-military-end-user-meu-list-and.

⑤ 若将包含的子公司计算在内，实际为72家。——作者注

表 2　美国商务部“军事最终用户清单”所涉中国实体

序号	公司名称（中文）	公司名称（英文）	列入时间
1	航天动力技术研究院	Academy of Aerospace Solid Propulsion Technology (AASPT)	2020 年 12 月 23 日
2	中国航发航空科技股份有限公司	AECC Aero Science & Technology Co. Ltd	2020 年 12 月 23 日
	中国航发动力股份有限公司	AECC Aviation Power Co. Ltd.	2020 年 12 月 23 日
	中国航发北京航空材料研究院	AECC Beijing Institute of Aeronautical. Materials	2020 年 12 月 23 日
	中国航发燃气轮机有限公司	AECC China Gas Turbine Establishment	2020 年 12 月 23 日
	中国航发商用航空发动机有限责任公司	AECC Commercial Aircraft Engine Co. Ltd.	2020 年 12 月 23 日
	中国航发哈尔滨东安发动机有限公司	AECC Harbin Dongan Engine Co., Ltd.	2020 年 12 月 23 日
	中国航发沈阳黎明航空科技有限公司	AECC Shenyang Liming Aero Engine Co., Ltd.	2020 年 12 月 23 日
	中国航发湖南南方宇航工业有限公司	AECC South Industry Company Limited	2020 年 12 月 23 日
3	安徽应流航源动力科技有限公司	Anhui Yingliu Hangyuan Power	2020 年 12 月 23 日
4	中航飞机股份有限公司	AVIC Aircraft Co. Ltd.	2020 年 12 月 23 日
	航空工业成都飞机工业（集团）有限责任公司	AVIC Chengdu Aircraft Industrial (GROUP) Co., Ltd.	2020 年 12 月 23 日

续表

序号	公司名称（中文）	公司名称（英文）	列入时间
4	航空工业西安飞行自动控制研究所	AVIC Flight Automatic Control Research Institute (FACRI)	2020年12月23日
	中航通飞华南飞机工业有限公司	AVIC General Aircraft Huanan Industry Co. Ltd.	2020年12月23日
	浙江中航通飞研究院有限公司	AVIC General Aircraft Zhejiang Institute Co., Ltd.	2020年12月23日
	中航国际控股有限公司	AVIC International Holding Corporation	2020年12月23日
	航空工业雷华电子技术研究所	AVIC Leihua Electronic Technology Research Institute (LETRI)	2020年12月23日
5	北京百慕航材高科技股份有限公司	Baimtec Material Co., Ltd.	2020年12月23日
6	北京安达泰克科技有限公司	BeijingAnder Tech. Co., Ltd.	2020年12月23日
7	北京力威尔航空精密机械有限公司	Beijing Aero Lever Precision Ltd.	2020年12月23日
8	北京光明电子有限公司	Beijing Guang Ming Electronics Co., Ltd.	2020年12月23日
9	北京北方思源电子技术中心①	Beijing Siyuan Electronic Co., Ltd.	2020年12月23日
10	西安航天发动机有限公司②	CAST Xi'an Spaceflight Engine Factory	2020年12月23日

① 未找到对应实体。疑似北京市北方思源电子技术中心。——作者注

② 西安航天发动机有限公司属于中国航天科技集团有限公司（CASC）旗下，不在中国空间技术研究院（CAST）旗下。——作者注

续表

序号	公司名称（中文）	公司名称（英文）	列入时间
11	成都航利航空科技有限责任公司	Chengdu Holy Aviation Science & Tech	2020年12月23日
12	中国航空工业标准件制造有限责任公司	China Aviation Ind. Ltd. Parts	2020年12月23日
13	中船西江造船有限公司	CSSC Xijiang Shipbuilding Co., Ltd.	2020年12月23日
14	上海屹领电子科技有限公司	Elink Electronic Technology Co., Ltd.	2020年12月23日
15	飞扬国际进出口有限公司	Fly Raise International Limited	2020年12月23日
16	富华精密机械制造有限公司	Fuhua Precision Man. Co.	2020年12月23日
17	香港特区政府飞行服务队	Government Flying Service	2020年12月23日
18	广州航新航空科技股份有限公司	Guangzhou Hangxin Aviation Technology Co., Ltd.	2020年12月23日
19	贵州航宇科技发展股份有限公司	Guizhou Aviation Tech. Dev. Nat.	2020年12月23日
20	贵州黎阳国际制造有限公司	Guizhou Liyang Intl Manufacturing Co., Ltd.	2020年12月23日
21	哈飞航空工业股份有限公司①	Hafei Aviation Industry Co., Ltd. (HAFEI)	2020年12月23日
22	杭州轴承试验研究中心有限公司	Hangzhou Bearing Test & Research Center Co., Ltd.	2020年12月23日

① 哈飞航空工业股份有限公司系中航直升机股份有限公司的前身。——作者注

续表

序号	公司名称（中文）	公司名称（英文）	列入时间
23	哈尔滨通用飞机工业有限责任公司	Harbin General Aircraft Industry Co., Ltd.	2020年12月23日
24	河南航天精工制造有限公司	Henan Aerospace Precision Mach	2020年12月23日
25	湖南南方通用航空发动机有限公司	Hunan South General Aviation Engine Co., Ltd.	2020年12月23日
26	和记奥普泰通信技术有限公司	Hutchison Optel Telecom Technology Co., Ltd.	2020年12月23日
27	江苏美龙航空部件有限公司	Jiangsu Meilong Aviation Components Co.	2020年12月23日
28	湖北航宇嘉泰飞机设备有限公司	Jiatai Aircraft Equipment Co., Ltd.	2020年12月23日
29	金城集团进出口有限公司	Jincheng Group Imp & Exp. Co., Ltd.	2020年12月23日
30	军事医学科学院毒物药物研究所，毒物分析实验室	Laboratory of Toxicant Analysis, Institute of Pharmacology and Toxicology	2020年12月23日
31	美迪希实验仪器（上海）有限公司	Molecular Devices Shanghai Corporation	2020年12月23日
32	中国航空工业集团公司金城南京机电液压工程研究中心	Nanjing Engineering Institute of Aircraft Systems (NEIAS)	2020年12月23日
33	国家卫星气象中心	National Satellite Meteorological Bureau	2020年12月23日
34	自然资源部第二海洋研究所	Second Institute of Oceanography, Ministry of Natural Resources	2020年12月23日

续表

序号	公司名称（中文）	公司名称（英文）	列入时间
35	陕西航空电气有限责任公司	Shaanxi Aero Electric Co. , Ltd.	2020年12月23日
36	陕西飞机工业有限责任公司	Shaanxi Aircaft Industry Co. , Ltd.	2020年12月23日
37	上海航天设备制造总厂有限公司	Shanghai Aerospace Equip. Man.	2020年12月23日
38	上海飞机设计研究院	Shanghai Aircraft Design and Research Institute	2020年12月23日
39	上海飞机制造有限公司	Shanghai Aircraft Manufacturing Co. , Ltd. (SAMC)	2020年12月23日
40	上海天朗电子技术有限公司	Shanghai Tianlang Electronic Science Co. , Ltd.	2020年12月23日
41	沈阳仪表科学研究院有限公司	Shenyang Academy of Instrumentation Science Co. , Ltd.	2020年12月23日
42	沈阳飞机工业（集团）有限公司	Shenyang Aircraft Corporation	2020年12月23日
43	沈阳西子航空产业有限公司	Shenyang Xizi Aviation Industry Co. , Ltd.	2020年12月23日
44	四川航特航空设备有限公司	Sichuan Hangte Aviation Tech. Co. , Ltd.	2020年12月23日
45	深圳市诚泰航材设备有限公司	Star Tech Aviation Co. , Ltd.	2020年12月23日
46	江苏苏美达仪器设备有限公司	Sumec Instruments Equipment Co. , Ltd.	2020年12月23日

续表

序号	公司名称（中文）	公司名称（英文）	列入时间
47	苏州市意可机电有限公司	Suzhou Eric Mechanics and Electronics Co., Ltd.	2020年12月23日
48	无锡航亚科技股份有限公司	Wuxi Hyatech Co., Ltd.	2020年12月23日
49	无锡派克新材料科技股份有限公司	Wuxi Paike New Mat. Tech. Co., Ltd.	2020年12月23日
50	无锡透平叶片有限公司	Wuxi Turbine Blade Co. Ltd.	2020年12月23日
51	西安飞机工业（集团）航电进出口有限公司	Xac Group Aviation Electronics Import & Export Co. Ltd.	2020年12月23日
52	西飞科技（西安）工贸有限公司	XAIC Tech (Xi'an) Industrial Co., Ltd.	2020年12月23日
53	中国航发西安动力控制有限责任公司	Xian Aero-Engine Controls Co., Ltd.	2020年12月23日
54	西安飞机工业（集团）有限公司	Xian Aircraft Industrial Company Limited	2020年12月23日
55	西安西航集团莱特航空制造技术有限公司	Xi'an Xae Flying Aviation Manufacturing Technology Co., Ltd.	2020年12月23日
56	西安西罗航空部件有限公司	Xian Xr Aero-Components Co., Ltd.	2020年12月23日
57	宜宾三江机械有限责任公司	Yibin Sanjiang Machine Co., Ltd.	2020年12月23日
58	浙江完美新材料科技有限公司	Zhejiang Perfect New Material Co., Ltd.	2020年12月23日

续表

序号	公司名称（中文）	公司名称（英文）	列入时间
59	北京天骄航空产业投资有限公司	Beijing Skyrizon Aviation Industry Investment Co., Ltd.	2021 年 1 月 14 日

资料来源：作者根据美国商务部网站发布信息整理。

（二）两份清单的区别与联系

首先，两份清单的主管机构不同，但又存在互动。美国国防部长在制定“中国军事公司清单”时，需要与认为适当的部门加以沟通，作为直接负责有关实体在美投资、贸易等商务活动的美国商务部自然是其中之一。而直接负责“军事最终用户清单”修订的商务部产业安全局最终用户审查委员会，其构成人员中也包含美国国防部和财政部的代表。

其次，两份清单所涉及的实体不尽相同，但存在交叉且均高度关注军民融合产业。两份清单在航空、航天、航海领域的企业存在交叉，如中国航空工业、中国航天科技、中国航发、中国船舶等企业同时出现在两份清单上，面临双重制裁压力。两份清单都高度关注军民融合产业，都将中国部分高科技民营企业纳入其中进行限制打压。

最后，两份清单所涉实体受到的制裁不同，但又互为参考。美国商务部产业安全局强调，如果一个实体虽然没有出现在商务部“军事最终用户清单”上，但是却被列入国防部“中国军事公司清单”，那么就会触发《出口管制条例》的“红旗警示”（Red Flag），出口经营者、再出口经营者和转让人仍须在交易前对该实体进行详细调查。

四、“中国军事公司清单”评述

美国“中国军事公司清单”“军事最终用户清单”等涉华清单的出台，

既是特朗普政府打击中国“军民融合发展战略”产物，也是拜登政府未来对华施压重要抓手。

（一）特朗普政府打击中国“军民融合发展战略”产物

美国国防部“中国军事公司清单”的出台同特朗普政府对华强硬政策一脉相承。特朗普政府在2017年12月公布的《美国国家安全战略报告》①中，称中国“挑战美国的权力、影响力和利益，侵蚀美国的安全和繁荣”，将中国定位为美国的“竞争者”“挑战者”和“对手”。而制裁作为美国长久以来实现对外政策目标的重要手段，更是受到特朗普政府的格外“偏爱”，除了出台“中国军事公司清单”，还以涉疆、涉港、涉南海、防扩散等问题为由，对中国企业、军队和政府部门，甚至政府公职人员施加制裁。

在对华限制打压中，特朗普政府高度关注国防和高新技术领域的竞争，中国提出的军民融合发展战略成了特朗普政府的“眼中钉”。自2018年以来，美国国务院主管国际安全与防扩散事务的助理国务卿克里斯托弗·阿什利·福特（Christopher Ashley Ford）在多个场合表达了对中国军民融合战略的关切。② 美国认为中国军民融合发展战略打破了国防工业和民用部门的壁垒，担心其军事技术和高新技术在向中国的科技公司、科研机构、高等院校等民用部门转移后，会通过军民融合战略，转移至中国的军事部门用以提升军事实力。正是出于这种恐慌，促使了特朗普政府加紧制定“中国军事公司清单”“军事最终用户清单”等涉华清单，限制同中国军工企业、高科技公司及科研院所和高校的投资、贸易和交流，试图为美国军事

① *National Security Strategy of the United States of America*, The White House, December 18, 2017, https://trumpwhitehouse.archives.gov/wp-content/uploads/2017/12/NSS-Final-12-18-2017-0905.pdf.

② “Dr. Ford spoke at the U.S. Department of Defense in Virginia,” USC, September 11, 2019, https://china.usc.edu/christopher-ford-state-department-bureaucracy-and-counterstrategy-meeting-china-challenge-sept-11.

技术树立高高的“围墙”。

（二）拜登政府未来对华施压重要抓手

拜登上台后，美国对华战略竞争趋势没有实质性变化。2021 年 3 月 3 日，拜登政府发布《临时国家安全战略纲要》，[①] 将中国描述成为唯一对美国国家安全和世界秩序构成巨大威胁的因素，称“中国是唯一有潜力把自己的经济、外交、军事和技术实力综合起来，从而对稳定而开放的国际体系构成长久挑战的竞争国”。“中国军事公司清单”作为特朗普政府的“政治遗产”，是其留给拜登政府的“先手棋”，未来仍有较大发挥空间。

首先，要警惕拜登政府扩大清单规模，提升对清单中实体的制裁烈度。随着中美竞争的加剧，拜登政府可能会将更多的中国企业拉入清单中，扩大对华限制封锁。未来不排除拜登政府将“中国军事公司清单”上的实体列入财政部“特别指定国民清单”、商务部“实体清单”和“禁止人员清单”等其他清单中，使企业承受更大制裁压力。

其次，要警惕拜登政府利用清单对中国进行讹诈。不排除拜登政府以将中国企业从清单中剔除或降低制裁力度等手段，换取中国在对美经贸等领域问题上的让步，或者向企业索取高额“赎金”。

最后，要警惕拜登政府“串联”盟友，对中国企业实施联合制裁。拜登政府更加强调盟友作用和价值观外交，试图打造对华“民主联盟”。在《临时国家安全战略纲要》中就指出，“我们的民主联盟是我们能够形成一个共同的战线、产生一个统一的愿景，汇集我们的力量来促进高标准，建立有效的国际规则，并让中国这样的国家承担责任”。要警惕拜登政府游说

① *Interim National Security Strategic Guidance*, The White House, March 3, 2021, https://www.whitehouse.gov/briefing-room/statements-releases/2021/03/03/interim-national-security-strategic-guidance/.

其他国家，敦促其对“中国军事公司清单”上的实体采取集体行动，效仿美国将中国公司列入其盟友的管制清单或采取类似的管制措施，在国际市场上对中国企业进行联合封杀。

鉴于上述，针对美国在“中国军事公司清单”等问题上的消极举措，我们应加强底线思维，密切跟踪和评估其影响，采取综合手段积极应对，妥善维护中国国家和企业利益。

【附件】

2020年中国军控与裁军文件摘编

2020年中国军控与裁军文件摘编

一、领导人讲话及声明

习近平在第七十五届联合国大会一般性辩论上发表重要讲话（2020年9月22日）

坚守多边主义　倡导公平正义　携手合作共赢——王毅国务委员在全球数字治理研讨会上的主旨讲话（2020年9月8日）

中国、法国、俄罗斯、英国、美国外长关于《不扩散核武器条约》的联合声明（2020年3月10日）

上海合作组织成员国元首理事会关于保障国际信息安全领域合作的声明（2020年11月10日）

二、第75届联大发言及立场文件

中国关于联合国成立75周年立场文件（2020年9月10日）

耿爽大使在纪念和推进“国际彻底消除核武器日”联大高级别全会上的发言（2020年10月2日）

耿爽大使在第75届联大一委一般性辩论中针对美方攻击抹黑中国言论的驳斥发言（2020年10月9日）

中国代表团团长、中国常驻联合国副代表耿爽大使在第75届联大一委一般性辩论中的发言（2020年10月12日）

耿爽大使在第75届联大一委一般性辩论中批驳美方近来大肆鼓吹的

“三边军控谈判”论调的发言（2020 年 10 月 12 日）

中国代表团在第 75 届联大一委关于核裁军问题的专题发言（2020 年 10 月 26 日）

中国代表团在第 75 届联大一委关于生化武器问题的专题发言（2020 年 10 月 27 日）

中国代表团在第 75 届联大一委关于外空问题的专题发言（2020 年 10 月 28 日）

中国代表团在第 75 届联大一委关于常规武器问题的专题发言（2020 年 10 月 29 日）

中国代表团在第 75 届联大一委关于信息安全问题的专题发言（2020 年 10 月 30 日）

中国代表团吴剑剑参赞在第 75 届联大“国际原子能机构的报告”议题下的发言（2020 年 11 月 11 日）

三、热点军控问题

中国裁军大使李松在裁谈会 2020 年一期会全会上的发言（2020 年 1 月 21 日）

吴海涛大使在安理会轻小武器问题公开会上的发言（2020 年 2 月 5 日）

中国主张五核国合作维护《不扩散核武器条约》机制（2020 年 2 月 14 日）

王群大使在伊朗核问题全面协议联合委员会上的发言（2020 年 2 月 26 日）

吴海涛大使在安理会“在 2020 年审议大会前支持《不扩散核武器条约》”公开会上的发言（2020 年 2 月 26 日）

王毅国务委员兼外长就伊朗核问题向联合国秘书长和安理会致函

（2020年6月11日）

国家原子能机构主任张克俭在国际原子能机构六月理事会上的发言（2020年6月16日）

中国代表团参赞戴怀成在国际原子能机构六月理事会上的发言——伊核问题全面协议（2020年6月16日）

王群大使在国际原子能机构六月理事会上的发言（2020年6月18日）

中国代表团在国际原子能机构六月理事会关于朝鲜半岛核问题的发言（2020年6月18日）

中国代表团在国际原子能机构六月理事会伊核问题决议草案表决后的解释性发言（2020年6月19日）

常驻联合国代表张军大使在安理会伊朗核问题公开会上的发言（2020年6月30日）

中国裁军大使李松在裁谈会2020年二期会全会上的发言（2020年6月30日）

中美裁军大使在裁谈会隔空交锋（2020年7月1日）

中国常驻联合国代表张军大使向联合国秘书长交存中国关于《武器贸易条约》的加入书（2020年7月6日）

中国代表团在禁化武组织第94届执理事会上关于叙利亚化学武器调查鉴定问题的发言（2020年7月7日）

中国代表团关于“处理叙利亚拥有及使用化学武器”决定草案投票的解释性发言（2020年7月10日）

中国裁军大使李松在日内瓦裁谈会8月13日全会上的发言（2020年8月14日）

张军大使在8月14日安理会表决会上的解释性发言（2020年8月14日）

中国参加《武器贸易条约》缔约国大会（2020年8月18日）

中国向《武器贸易条约》第六届缔约国大会提交的书面发言（2020年8月20日）

中国裁军大使李松在日内瓦裁谈会9月8日全会上的发言（2020年9月8日）

全球数据安全倡议（2020年9月8日）

耿爽大使在安理会叙利亚化武问题10月5日公开会上的发言（2020年10月5日）

耿爽大使在安理会叙利亚化武问题11月5日视频公开会上的发言（2020年11月5日）

外交部军控司司长傅聪在欧盟军控与防扩散研讨会上的发言（2020年11月13日）

王群大使在国际原子能机构理事会11月18日视频会议上的发言（2020年11月18日）

中国代表团在国际原子能机构十一月理事会上关于朝鲜半岛核问题的发言（2020年11月19日）

王群大使在国际原子能机构十一月理事会上关于伊朗核问题的发言（2020年11月19日）

中国代表团出席《禁止化学武器公约》第25届缔约国大会（2020年12月1日）

外交部军控司司长傅聪在第16届亚洲防扩散高级别对话会的主旨发言（2020年12月11日）

耿爽大使在安理会叙利亚化武问题12月11日视频公开会上的发言（2020年12月11日）

王毅国务委员兼外长就伊朗核问题提出四点主张（2020年12月21日）

伊朗核问题全面协议外长联合声明（2020年12月22日）

耿爽大使在安理会伊核问题视频公开会上发言（2020 年 12 月 22 日）

四、其他军控与裁军问题

徐宏大使率团出席禁止化学武器组织第 93 届执行理事会并发言（2020 年 3 月 11 日）

外交部网络事务协调员王磊在中国互联网治理论坛工作组线上成立大会上的发言（2020 年 5 月 28 日）

中国代表团在国际原子能机构六月理事会关于加强国际原子能机构的技术合作活动的发言（2020 年 6 月 16 日）

中国代表团在国际原子能机构六月理事会关于保障执行情况报告的发言（2020 年 6 月 18 日）

中国代表团在国际原子能机构六月理事会关于叙利亚核问题的发言（2020 年 6 月 18 日）

戴怀成参赞就《全面禁核试条约》组织筹委会相关工作阐述中方立场（2020 年 6 月 26 日）

中国代表团出席禁化武组织执行理事会第九十四届会议一般性辩论发言（2020 年 7 月 7 日）

外交部网络事务协调员王磊在中国互联网治理论坛上的发言（2020 年 7 月 30 日）

中国代表出席禁化武组织第 95 届执行理事会一般性辩论发言（2020 年 10 月 7 日）

外交部军控司司长傅聪接受俄《生意人报》采访（2020 年 10 月 15 日）

中国代表团在国际原子能机构十一月理事会上关于叙利亚核问题的发言（2020 年 11 月 19 日）

《全球数据安全倡议》为全球治理注入新动力——外交部网络事务协调

员王磊在世界互联网大会·互联网发展论坛“网络空间国际规则：实践与探索”分论坛的发言（2020 年 11 月 24 日）

首轮中国—东盟网络事务对话共同主席声明（2020 年 12 月 16 日）

一、领导人讲话及声明

习近平在第七十五届联合国大会一般性辩论上发表重要讲话

（2020 年 9 月 22 日）

主席先生，

各位同事：

今年是世界反法西斯战争胜利 75 周年，也是联合国成立 75 周年。昨天，联合国隆重举行纪念峰会，铭记世界反法西斯战争历史经验和教训，重申对联合国宪章宗旨和原则的坚定承诺，具有重要意义。

主席先生！

人类正在同新冠肺炎疫情进行斗争。病毒肆虐全球，疫情不断反复。我们目睹了各国政府的努力、医务人员的付出、科学工作者的探索、普通民众的坚守。各国人民守望相助，展现出人类在重大灾难面前的勇气、决心、关爱，照亮了至暗时刻。疫情终将被人类战胜，胜利必将属于世界人民！

——面对疫情，我们要践行人民至上、生命至上理念。要调集一切资源，科学防治，精准施策，不遗漏一个感染者，不放弃一位患者，坚决遏制疫情蔓延。

——面对疫情，我们要加强团结、同舟共济。要秉持科学精神，充分发挥世界卫生组织关键领导作用，推进国际联防联控，坚决打赢全球疫情阻击战，反对政治化、污名化。

——面对疫情，我们要制定全面和常态化防控措施。要有序推进复商复市复工复学，创造就业，拉动经济，恢复经济社会秩序和活力，主要经济体要加强宏观政策协调，不仅要重启本国经济，而且要为世界经济复苏作出贡献。

——面对疫情，我们要关心和照顾发展中国家特别是非洲国家。国际社会要在减缓债务、援助等方面采取及时和强有力举措，确保落实好《联合国2030年可持续发展议程》，帮助他们克服困难。

75年前，中国为赢得世界反法西斯战争胜利作出了历史性贡献，支持建立了联合国。今天，秉持同样的担当精神，中国积极投身国际抗疫合作，为维护全球公共卫生安全贡献中国力量。我们将继续同各国分享抗疫经验和诊疗技术，向有需要的国家提供支持和帮助，确保全球抗疫物资供应链稳定，并积极参与病毒溯源和传播途径全球科学研究。中国已有多支疫苗进入Ⅲ期临床试验，研发完成并投入使用后将作为全球公共产品，优先向发展中国家提供。中国将落实好两年提供20亿美元国际援助的承诺，深化农业、减贫、教育、妇女儿童、气候变化等领域国际合作，助力各国经济社会恢复发展。

主席先生！

人类社会发展史，就是一部不断战胜各种挑战和困难的历史。新冠肺炎疫情全球大流行和世界百年未有之大变局相互影响，但和平与发展的时代主题没有变，各国人民和平发展合作共赢的期待更加强烈。新冠肺炎疫情不会是人类面临的最后一次危机，我们必须做好携手迎接更多全球性挑战的准备。

第一，这场疫情启示我们，我们生活在一个互联互通、休戚与共的地球村里。各国紧密相连，人类命运与共。任何国家都不能从别国的困难中谋取利益，从他国的动荡中收获稳定。如果以邻为壑、隔岸观火，别国的威胁迟早会变成自己的挑战。我们要树立你中有我、我中有你的命运共同体意识，跳出小圈子和零和博弈思维，树立大家庭和合作共赢理念，摒弃意识形态争论，跨越文明冲突陷阱，相互尊重各国自主选择的发展道路和模式，让世界多样性成为人类社会进步的不竭动力、人类文明多姿多彩的天然形态。

第二，这场疫情启示我们，经济全球化是客观现实和历史潮流。面对经济全球化大势，像鸵鸟一样把头埋在沙里假装视而不见，或像堂吉诃德一样挥舞长矛加以抵制，都违背了历史规律。世界退不回彼此封闭孤立的状态，更不可能被人为割裂。我们不能回避经济全球化带来的挑战，必须直面贫富差距、发展鸿沟等重大问题。我们要处理好政府和市场、公平和效率、增长和分配、技术和就业的关系，使发展既平衡又充分，发展成果公平惠及不同国家不同阶层不同人群。我们要秉持开放包容理念，坚定不移构建开放型世界经济，维护以世界贸易组织为基石的多边贸易体制，旗帜鲜明反对单边主义、保护主义，维护全球产业链供应链稳定畅通。

第三，这场疫情启示我们，人类需要一场自我革命，加快形成绿色发展方式和生活方式，建设生态文明和美丽地球。人类不能再忽视大自然一次又一次的警告，沿着只讲索取不讲投入、只讲发展不讲保护、只讲利用不讲修复的老路走下去。应对气候变化《巴黎协定》代表了全球绿色低碳转型的大方向，是保护地球家园需要采取的最低限度行动，各国必须迈出决定性步伐。中国将提高国家自主贡献力度，采取更加有力的政策和措施，二氧化碳排放力争于2030年前达到峰值，努力争取2060年前实现碳中和。各国要树立创新、协调、绿色、开放、共享的新发展理念，抓住新一轮科技革命和产业变革的历史性机遇，推动疫情后世界经济“绿色复苏”，汇聚起可持续发展的强大合力。

第四，这场疫情启示我们，全球治理体系亟待改革和完善。疫情不仅是对各国执政能力的大考，也是对全球治理体系的检验。我们要坚持走多边主义道路，维护以联合国为核心的国际体系。全球治理应该秉持共商共建共享原则，推动各国权利平等、机会平等、规则平等，使全球治理体系符合变化了的世界政治经济，满足应对全球性挑战的现实需要，顺应和平发展合作共赢的历史趋势。国家之间有分歧是正常的，应该通过对话协商妥善化解。国家之间可以有竞争，但必须是积极和良性的，要守住道德底线和国际规范。大国更应该有大的样子，要提供更多全球公共产品，承担大国责任，展现大国担当。

主席先生！

今年以来，14 亿中国人民不畏艰难、上下同心，全力克服疫情影响，加快恢复生产生活秩序。我们有信心如期全面建成小康社会，如期实现现行标准下农村贫困人口全部脱贫，提前 10 年实现《联合国 2030 年可持续发展议程》减贫目标。

中国是世界上最大的发展中国家，走的是和平发展、开放发展、合作发展、共同发展的道路。我们永远不称霸，不扩张，不谋求势力范围，无意跟任何国家打冷战热战，坚持以对话弥合分歧，以谈判化解争端。我们不追求一枝独秀，不搞你输我赢，也不会关起门来封闭运行，将逐步形成以国内大循环为主体、国内国际双循环相互促进的新发展格局，为中国经济发展开辟空间，为世界经济复苏和增长增添动力。

中国将继续做世界和平的建设者、全球发展的贡献者、国际秩序的维护者。为支持联合国在国际事务中发挥核心作用，我宣布：

——中国将向联合国新冠肺炎疫情全球人道主义应对计划再提供 5000

万美元支持；

——中国将设立规模 5000 万美元的第三期中国—联合国粮农组织南南合作信托基金；

——中国—联合国和平与发展基金将在 2025 年到期后延期 5 年；

——中国将设立联合国全球地理信息知识与创新中心和可持续发展大数据国际研究中心，为落实《联合国 2030 年可持续发展议程》提供新助力。

主席先生、各位同事！

历史接力棒已经传到我们这一代人手中，我们必须作出无愧于人民、无愧于历史的抉择。让我们团结起来，坚守和平、发展、公平、正义、民主、自由的全人类共同价值，推动构建新型国际关系，推动构建人类命运共同体，共同创造世界更加美好的未来！

坚守多边主义　倡导公平正义　携手合作共赢

——王毅国务委员在全球数字治理研讨会上的主旨讲话

（2020 年 9 月 8 日）

各位嘉宾，

各位同事，

女士们，先生们，朋友们：

本次研讨会以“抓住数字机遇，共谋合作发展”为主题，恰当其时。希望各位专家学者和行业领袖一道，展望数字经济发展前景，共商应对数据安全风险之策，共谋全球数字治理之道。

今天的世界，正处在新一轮科技革命和产业变革蓄势待发的历史时刻。各国面临的共同任务是，促进数字和实体经济融合发展，加速新旧发展动能转换，打造新的产业和新的业态。

席卷全球的新冠肺炎疫情，是对各国以及全球治理能力的重大考验。人工智能、大数据、云计算等数字技术在各国抗击疫情进程中快速发展，远程办公、云端经济等新业态为维持社会正常运转，对冲经济下行压力发挥了重要作用。

最新统计显示，全球移动互联网用户已达到 35 亿，数字经济规模占全球 GDP 比重已超过 15%。全球数据爆发增长、海量集聚，如同新的“石油”，正在成为各国经济发展和产业革新的动力源泉。

与此同时，数据安全风险与日俱增，攸关国家安全、公共利益和个人权利，对全球数字治理构成新的挑战。大量数据频繁跨境流动，从理念、立法、管理机制等方面考验政府的治理能力。各国法律法规标准不一，也在推高全球企业的合规成本。面对全球数字治理的赤字，各国亟须加强沟通、建立互信，密切协调，深化合作。

各位嘉宾，

全球性问题需要全球性解决之道。习近平主席指出，各国虽然国情不同、互联网发展阶段不同、面临的现实挑战不同，但推动数字经济发展的愿望相同、应对网络安全挑战的利益相同、加强网络空间治理的需求相同。各国应深化务实合作，走出一条互信共治之路，让网络空间命运共同体更具生机活力。

中方认为，有效应对数据安全的风险挑战，应该遵循以下原则：

第一，秉持多边主义。共商、共建、共享是解决全球数字治理赤字的正确出路。应在各方普遍参与的基础上，达成反映各国意愿、尊重各方利益的全球数据安全规则。个别国家大搞单边主义，以“清洁”为名向别国泼脏水，以安全为借口对其他国家领先企业进行全球围猎，这是赤裸裸的霸凌行径，应该予以反对和摒弃。

第二，兼顾安全发展。保护数据安全对数字经济健康发展至关重要。各国都有权依法保护本国的数据安全。同时，也都应为所有企业提供开放、公正、非歧视的营商环境。数字保护主义违背经济发展的客观规律，不符合全球化的时代潮流，不但有损全球消费者公平获得数字服务的权利，最终也会阻碍自身的发展。

第三，坚守公平正义。维护数字安全应以事实和法规为依据。把数据安全问题政治化，刻意搞双重标准，甚至不惜造谣抹黑，违背国际关系基本准则，也严重干扰和阻碍全球数字合作与发展。

各位嘉宾，

中国数字经济正在蓬勃发展。中国网民数量超过9亿，5G用户数量快速增长，最新统计已超过8800万，数字经济总量超过GDP的三分之一。中国法律对于保障公民和组织的合法权益，包括数据安全和个人信息等，都作出了明确规定。中国政府严格践行数据安全保护有关原则，没有也不会要求中方企业违反别国法律向中国政府提供境外数据。

中国建设性参与联合国、二十国集团、金砖国家、东盟地区论坛等多边平台的数据安全讨论，致力于为加强全球数字治理贡献中国的智慧。为应对新问题新挑战，中国愿发起“全球数据安全倡议”，欢迎各方的积极参与。这一倡议的主要内容包括：

一是客观理性看待数据安全，致力于维护全球供应链开放、安全和稳定。

二是反对利用信息技术破坏他国关键基础设施或窃取重要数据。

三是采取措施防范和制止侵害个人信息的行为，不得滥用信息技术对他国进行大规模监控，或非法采集他国公民个人信息。

四是要求企业尊重当地法律，不得强制要求本国企业将境外产生、获取的数据存储在本国境内。

五是尊重他国主权、司法管辖权和对数据的管理权，不得直接向企业或个人调取位于他国的数据。

六是应通过司法协助等渠道解决执法跨境数据调取需求。

七是信息技术产品和服务供应企业不应在产品和服务中设置后门，非法获取用户数据。

八是信息技术企业不得利用用户对产品依赖，谋取不正当利益。

我希望，中方发起的“全球数据安全倡议”能够为制定数字安全国际规则提供一个蓝本，开启一个全球进程。我们期待各国政府、国际组织及所有利益攸关方共同参与，欢迎各国通过双边或地区协议等形式支持倡议中的有关承诺。我们也愿本着开放的态度，听取各方就倡议提出的有益建议。

希望各位嘉宾、专家学者和企业代表在今天的会议上畅所欲言，就加强数据安全保护、促进数字经济集思广益，建言献策，共同推进全球数字治理，共同打造数字命运共同体。

预祝本次研讨会取得圆满成功！

中国、法国、俄罗斯、英国、美国外长关于《不扩散核武器条约》的联合声明

（2020 年 3 月 10 日）

1970 年 3 月 5 日，《不扩散核武器条约》正式生效。50 年后的今天，我们庆祝这份具有里程碑意义的条约为促进各国及全球人民的安全与繁荣作出的巨大贡献。我们重申对条约各项规定的承诺。

一直以来，条约始终是国际消除核武器全球扩散威胁努力的重要基石，符合所有成员国利益。

我们还要庆祝和平利用原子能在电力、医药、农业、工业等领域带来的种种惊人效益。我们再次重申对促进和平利用核能及其应用普惠共享的强有力支持。条约及核不扩散机制使我们相信核能项目现在和未来都可以保持和平性质，为人类带来福祉。

国际原子能机构在条约履约方面发挥关键作用，一方面推动在和平利用核能领域进行尽可能充分的合作，同时为确保核能项目的完全和平性质提供监督与核查。机构全面保障监督协定及其附加议定书有力保证了不会出现未申报核活动，应当成为是否全面履行条约义务的通用核查标准。我们承诺将继续全力支持机构工作，并希望其他成员国同样如此。

我们将继续致力于在条约之下就核裁军方面的有效措施及一项关于在严格有效国际监督下进行全面彻底裁军的条约展开真诚谈判。我们支持按照各国安全不受减损原则实现无核武器世界的最终目标。条约通过缓和国

际紧张局势，增进国家间稳定、安全和互信，在核裁军领域作出了重要贡献，并继续为核裁军取得进一步进展创造条件。

条约的成功并非注定，其前景也充满未知，我们需要共同、持久努力，以确保条约得到履行，增强条约普遍性，加强保障监督有效性，应对任何地方正在发生和将要发生的扩散挑战。即便在冷战形势最为严峻的时期，我们的先辈依旧为了共同的安全和繁荣明智地达成条约。今天，我们承诺坚定致力于为后代维护和加强这一条约。

中华人民共和国国务院国务委员兼外交部长　王毅
法兰西共和国欧洲和外交部长　让-伊夫·勒德里昂
俄罗斯联邦外交部长　谢尔盖·拉夫罗夫
大不列颠及北爱尔兰联合王国外交和联邦事务大臣　多米尼克·拉布
美利坚合众国国务卿　迈克尔·蓬佩奥

上海合作组织成员国元首理事会关于保障国际信息安全领域合作的声明

（2020 年 11 月 10 日）

上海合作组织成员国指出，信息通信技术在构建全球信息空间方面的发展和利用已取得前所未有的成效，并对人类政治、经济、社会文化、日常生活以及各国和国际安全稳定产生与日俱增的影响。

成员国对利用信息通信技术从事有悖于维护国际和地区和平、安全与稳定的活动表示严重关切。支持完善有关机制和举措，防止由于不正当使用信息通信技术导致国家间冲突和信任赤字，重申联合国在应对国际信息安全威胁方面具有关键作用。

成员国呼吁国际社会在信息领域紧密协作，共同构建网络空间命运共同体，包括预防因利用信息通信技术引发的冲突，确保信息通信技术用于经济发展和民生改善。

成员国重申上合组织成员国在维护国际信息安全问题上的一致立场并声明，发展和利用信息通信技术，以及在该领域开展国际和地区合作应基于包括《联合国宪章》在内的国际法公认原则，特别是国家主权、政治独立、领土完整、主权平等、和平解决争端、不干涉别国内政，以及尊重不侵犯个人生活等基本人权和自由。这对构建和平、安全、开放和稳定的全球信息空间具有重大意义。

考虑到信息通信技术的天然跨国属性，成员国相信，通过调动本国、双边、多边力量，开展信息安全领域国际合作十分重要。

因此，成员国支持联合国就制定信息空间负责任行为规则、准则和原则开展工作，愿继续在联合国相关重要谈判机制内开展协作。

成员国强调，就防止信息通信技术用于恐怖主义、分裂主义、极端主义和其他犯罪目的开展多边合作十分重要。为此，呼吁在联合国主导下制定维护国际信息安全和打击信息犯罪的通用法律文书，如制定关于反对将信息通信技术用于犯罪目的的全面国际公约。

成员国呼吁，上合组织成员国应在联合国和其他国际平台加强相互协调，推动完善现有网络管理模式，包括维护各国平等参与网络管理进程的权利，提升国际电信联盟的作用。

成员国强调，必须坚持安全与发展并重，各国应为新技术利用合力营造公平、公正、非歧视性的营商环境，在国际专业机构框架内制定信息安全领域的公认技术标准。

成员国表示，愿进一步加强相互协作，支持全面落实 2009 年 6 月 16 日签署的《上合组织成员国保障国际信息安全政府间合作协定》。

二、第75届联大发言及立场文件

中国关于联合国成立75周年立场文件

（2020年9月10日）

一、2020年是联合国成立75周年，也是世界反法西斯战争和中国人民抗日战争胜利75周年。75年前，世界各国人民以“欲免后世再遭今代人类两度身历惨不堪言之战祸”的决心，建立了联合国这一最具普遍性、代表性、权威性的国际组织，确立了以联合国宪章宗旨和原则为核心的国际秩序和国际体系，掀开了世界和平与发展事业的新篇章。

75年来，联合国以和平为己任，建立并践行集体安全机制，积极开展斡旋调解，推动和平解决争端，向冲突地区部署70余项维和行动。在联合国的努力下，不少局部冲突得到控制，新的世界大战得以避免，世界总体保持75年的和平与稳定。

75年来，联合国以发展为目标，顺应经济全球化趋势，动员全球资源，制定和实施千年发展目标和《2030年可持续发展议程》。在联合国的推动下，几十亿人口迈上现代化征程，天花等多种肆虐千年的传染病被根治，一大批发展中国家走上发展快车道。

75年来，联合国以公平为要义，坚持大小国家一律平等，努力将民主精神发扬光大。在联合国的旗帜下，193个会员国共同制定国际规则，共同治理全球事务，共同分享发展成果。

当今世界正经历百年未有之大变局，新冠肺炎疫情全球大流行使这个大变局加速变化，世界进入动荡变革期。保护主义、单边主义和霸凌行径抬头，个别国家和政治势力急于“甩锅”“脱钩”“退群”，破坏国际合作，企图挑起意识形态和社会制度对抗，使世界陷入危险境地。但和平与发展仍是当今时代主题，新兴市场国家和发展中国家振兴的大势没有改变，世界走向多极化的大势没有改变，经济全球化在曲折中前行的大势也没有改变。

在此背景下，各方要着眼“后疫情时代”，厘清人类将面对什么样的世界、世界需要什么样的联合国等重大问题，共同为子孙后代勾画出一幅新的美好蓝图。

二、国际社会应以纪念联合国成立 75 周年为重要契机，以应对新冠肺炎疫情为新的出发点，重温联合国的初心使命，凝聚世界各国的共识，共同构建人类命运共同体，建设持久和平、普遍安全、共同繁荣、开放包容、清洁美丽的世界。

（一）各国应共同维护世界反法西斯战争胜利成果，反对任何开历史“倒车”行为，抵制单边主义、霸权主义和强权政治，坚定支持多边主义，坚定捍卫联合国宪章宗旨和原则，维护以联合国为核心的国际体系和以国际法为基础的国际秩序，推动国际关系民主化法治化合理化。

（二）坚持国家不分大小、强弱、贫富一律平等，尊重各国人民自主选择社会制度和发展道路的权利，反对干涉别国内政，共同建设相互尊重、公平正义、合作共赢的新型国际关系。

（三）构建更加平等均衡的新型全球发展伙伴关系，巩固以联合国为核心、南北合作为主渠道、南南合作为补充的合作格局。加强减贫国际合作，将减贫置于 2030 年可持续发展议程全球落实更重要的位置，推动减贫目标尽早实现。维护以世贸组织为核心和基于规则的多边贸易体制，实现贸易投资自由化便利化，建设开放型世界经济，为推动可持续发展创造良好环境，推动经济全球化朝着更加开放、包容、普惠、平衡、共赢的方向发展。

（四）针对新冠肺炎疫情暴露出来的短板和不足，完善公共卫生安全治理体系。提高突发卫生事件应急响应速度，建立全球和地区防疫物资储备中心。加强政策对话和交流，推动各方将人民生命安全和身体健康放在第一位，把公共卫生安全置于国际议程的优先位置，构建人类卫生健康共同体。

（五）牢固树立尊重自然、顺应自然、保护自然的意识，推动人与自然和谐共生，实现经济、社会、环境的可持续发展和人的全面发展，建设全球生态文明。倡导绿色、低碳、循环、可持续的生产生活方式，采取行动应对气候变化，保护好人类赖以生存的地球家园。

（六）坚持共商共建共享的全球治理观，坚持会员国主导，以有效行动为导向，推动全球治理体系更好地反映国际格局的变化，更加平衡地反映大多数国家特别是新兴市场国家和发展中国家的意愿和利益，更为有效地应对全球性挑战。

三、第75届联合国大会是在特殊历史节点举行的一届重要联大。相关纪念活动以“我们想要的未来，我们需要的联合国：重申我们对多边主义的集体承诺”为主题，具有重要现实意义。中国希望各方能够聚焦这一主题，为国际和平与发展事业注入新动力，给世界人民带来希望和信心。

（一）加强团结，摒弃将疫情政治化、病毒标签化的做法，充分发挥世界卫生组织的关键领导作用，推进国际联防联控，合力抗击新冠肺炎疫情。加强信息沟通、政策沟通和行动协调，加快药物、疫苗、检测等方面科研攻关，力争早日取得突破性成果。有条件的国家要在做好常态化疫情防控前提下，遵照世卫组织专业建议，有序开展复工复产复学，同时根据疫情变化，及时有针对性作出调整。

（二）以开启 2030 年可持续发展目标“行动十年”为契机，支持联合国相关努力，将发展置于国际合作核心位置，聚焦发展中国家普遍关心的减贫、粮食安全、教育、卫生等领域，为发展中国家筹集更多发展资源，提供资金、技术和能力建设支持，创造良好外部发展环境。

国际社会要高度重视新冠肺炎疫情对发展中国家的影响，采取共同行动，帮助有关国家集中资源应对疫情、稳定经济，如期实现可持续发展目标。中方正同二十国集团成员一道落实“暂缓最贫困国家债务偿付倡议”，呼吁在此基础上进一步延长缓债期限。要加大对疫情特别重、压力特别大的国家的支持力度，国际金融机构和商业债权人要采取实际行动参与缓债减债工作，形成合力。

（三）国际社会应全面、精准解读和有效落实《联合国气候变化框架公约》和《巴黎协定》，持续推动完善公平合理、合作共赢的气候治理体系。生物多样性丧失和生态系统退化对人类发展构成重大风险。中国作为《生物多样性公约》第十五次缔约方大会主席国，愿与各方共同推动大会达成既具雄心又平衡务实的“2020 年后全球生物多样性框架”。

（四）2020 年是北京世界妇女大会召开 25 周年。国际社会要以此为契机，继续推进落实北京宣言和行动纲领，同时在抗击疫情中把保障妇女和女童权益置于重要地位，让性别平等落在实处。联合国应在消除暴力、歧视和贫困，解决性别数字鸿沟等问题上加大投入，同时提高妇女在联合国系统中的代表性。

（五）中方欢迎古特雷斯秘书长实现全球停火的倡议，呼吁冲突各方尽快停火止暴。安理会要发挥国际集体安全机制作用，承担维护国际和平与安全首要责任，推动政治解决地区热点问题。中方坚决反对动辄使用武力或以武力相威胁，反对搞单边制裁和“长臂管辖”。任何强制行动都应由安理会授权。联合国应提高维和行动履行授权能力，坚持维和行动三原则，帮助冲突后国家实现持久和平。

巴勒斯坦问题是中东问题的核心。中方支持巴勒斯坦人民建立以1967年边界为基础、以东耶路撒冷为首都、拥有完全主权的、独立的巴勒斯坦国，支持巴勒斯坦以国家身份更多参与国际事务。中方坚定支持巴方正义诉求，支持一切有利于解决巴勒斯坦问题的努力。中方主张坚持“两国方案”正确方向，以联合国有关决议、“土地换和平”“阿拉伯和平倡议”等国际共识和准则为基础，推动巴以进行平等对话和谈判。国际社会应秉持客观公正立场，加大促和力度。

伊朗核问题全面协议业经联合国安理会第2231号决议核可，是多边外交的重要成果，也是国际核不扩散体系的关键要素。维护全面协议有助于维护多边主义，维护以国际法为基础的国际秩序，维护中东地区和平与稳定。中国坚定维护安理会决议的权威性，坚定维护全面协议的有效性。安理会第2231号决议的所有规定，包括解除武器禁运有关安排应得到认真执行。已经退出全面协议的国家无权单方面启动安理会对伊朗快速恢复制裁机制。中国将同有关各方及国际社会一道，继续维护全面协议和安理会决议，维护多边主义，推动伊朗核问题的政治外交解决。

政治方式是解决阿富汗问题的唯一正确途径。中方一贯坚定支持“阿人主导、阿人所有”的和平和解进程，鼓励并推动阿富汗相关各方通过广泛包容性对话谈判，自主选择未来国家安排，使阿富汗不再成为恐怖主义和极端主义的滋生地或庇护所，早日实现持久和平与全面发展。外国在阿富汗驻军应以有序、负责任方式撤出。国际社会应加强协调配合，加大投入，助力阿富汗和平和解与重建进程。

（六）核武器国家应重申“核战争打不赢，也打不得”理念，放弃先发制人为核心的核威慑政策，降低核武器在国家安全政策中的作用，停止发展和部署全球反导系统，防止外空武器化和外空军备竞赛，促进全球战略平衡与稳定。美国退出《中导条约》并谋求在海外部署陆基中导，将严重破坏全球战略稳定，损害国际和地区和平安全。中方对此坚决反对。核裁军应遵循“维护全球战略稳定”和“各国安全不受减损”原则，循序渐进加以推进。拥有最大核武库的国家对核裁军负有特殊、优先责任，应延长《美俄关于进一步削减和限制进攻性战略武器措施的条约》，并在此基础上进一步大幅削减核武库。所谓的中美俄三边军控谈判既不公平，也不合理，中国不会参加。国际社会应共同维护《不扩散核武器条约》权威性和有效性，推动第十次审议大会取得积极成果。应坚定支持《全面禁止核试验条约》，推动条约早日生效。应坚持多边主义，充分发挥联合国引领作用，切实遵守《不扩散核武器条约》《禁止生物武器公约》《禁止化学武器公约》以及安理会第 1540 号决议，建立公正、包容的国际防扩散体系。

（七）应对非传统安全威胁需要全球性合作。要对全球恐怖主义的回潮保持警惕，国际反恐合作只能加强不能削弱。反恐应坚持综合施策，标本兼治，消除恐怖主义滋生土壤。不应将恐怖主义、极端主义与特定国家、民族、宗教挂钩，更不能在反恐问题上采取双重标准。新冠肺炎疫情对全球生物安全治理敲响警钟。各国要加强合作，防范生物武器和生物恐怖主义威胁，促进生物科技健康发展，造福人类。新冠肺炎疫情对全球粮食安全造成负面影响。各国要推进农业现代化，提高农业生产能力，开展国际农业合作，共同建立公平合理、持续稳定的农业贸易秩序，加强对发展中国家尤其是最不发达国家农业技术、资金等支持，切实提升有关国家粮食安全保障水平。

（八）国际社会要在相互尊重、平等互利基础上，加强对话合作，把网络空间用于促进经济社会发展、国际和平与稳定和人类福祉，反对网络战和网络军备竞赛，共同建立和平、安全、开放、合作、有序的网络空间。

当务之急是在联合国框架内制定各方普遍接受的网络空间国际行为准则。中方反对任何国家滥用“国家安全”理由，限制正常信息通信技术发展与合作。

当前，信息技术革命日新月异，数字经济蓬勃发展。同时，数据安全的风险和挑战也日益突出，亟须达成反映大多数国家意愿和利益的全球规则。为此，中方提出《全球数据安全倡议》，主要内容包括：反对利用信息技术破坏他国关键基础设施或窃取重要数据；采取措施防范制止利用信息技术侵害个人信息，反对滥用信息技术从事针对他国的大规模监控；鼓励并尊重企业自主决定数据存储地，不得强制要求本国企业将境外数据存储在境内；未经他国允许不得直接向企业或个人调取境外数据；企业不得在产品和服务中设置后门。中方呼吁各国政府和企业支持中方倡议，共同担当数字时代的全球责任，实现合作共赢、共同发展。

（九）5G 网络安全是技术问题，应根据事实作出科学的分析判断。5G 市场准入应由市场和企业作出决定，各国应对 5G 企业采取非歧视性做法，坚持自由贸易和市场竞争原则，为所有企业提供一个开放、公平、公正、非歧视的营商环境，而不应将 5G 问题政治化，不应滥用国家安全排除、限制特定企业。5G 技术和其他科学技术一样，属于全人类，也应该让它造福全人类。

（十）各国应在平等和相互尊重基础上开展国际人权合作，反对将人权政治化和搞双重标准。人权理事会等联合国机构应秉持公正、客观、非选择性原则，促进各国人权交流合作，平衡推进两类人权特别是生存权和发展权。当前要重点解决国际社会高度关切的相关国家警察暴力执法、疫情中保障民众生命权和健康权不力、种族歧视等问题，真正实现“人人得享人权”的崇高理想。

（十一）要发挥联合国及难民署等多边机构主渠道作用，切实落实好

《难民问题全球契约》，根据共同但有区别的责任原则，为解决难民问题承担相应责任。要解决战乱冲突、贫穷落后等根源性问题，为难民自愿、安全、可持续返乡创造有利条件。发展不平衡是移民的重要根源，同时移民也是实现发展的重要动力。应重视解决造成非正常移民的发展根子，把促进可持续发展作为第一要务，贯穿于全球移民治理全进程。移民来源国、过境国和目的地国应以落实《移民问题全球契约》为契机，加强协调配合。《移民问题全球契约》落实进程应坚持尊重主权原则，充分考虑各国国情，兼顾各方利益。

（十二）中方支持国际知识产权发展事业发展，致力于不断完善知识产权全球治理体系，推动构建共商共建共享的知识产权全球治理格局。中国将永远做知识产权国际合作的积极倡导者、推动者、实践者，做知识产权国际规则的坚定维护者、参与者和建设者。面对新冠肺炎疫情，各国应继续加强知识产权保护国际合作，共同应对疫情挑战，为各国创新主体和市场主体创造良好创新生态环境。

（十三）中国赞赏并支持联合国秘书长古特雷斯近年来推动联合国系统改革的努力。联合国要顺应当前新形势新任务，凝聚各方对多边主义的承诺，按有关决议授权，提高自身运行效率，增强应对全球性挑战的能力，增强发展系统支持会员国落实 2030 年议程的能力，加强监督和问责，并在职员分布、资源投向等方面切实反映发展中成员占联合国会员国五分之四、人口占全球 80%的需求和利益，全面回应国际社会期待。

四、中国是联合国创始会员国，是第一个在联合国宪章上签字的国家。作为最大的发展中国家和安理会常任理事国，中国积极践行联合国的崇高理想，不断促进人类和平与发展的伟大事业，以实际行动推动构建人类命运共同体。

（一）中国坚持走和平发展道路，不搞侵略扩张，不谋求势力范围，致力于在和平共处五项原则基础上同所有国家发展友好合作，同时坚定维护国家主权和民族尊严，坚定维护自身正当权益，坚定维护国际公平正义。

中国积极参与朝鲜半岛核、伊朗核、阿富汗、缅甸、中东、叙利亚等重大地区热点问题的解决，不断探索和实践具有中国特色的解决国际和地区热点问题之道。中国参与30余项维和行动，累计派出4万余人次维和人员，目前派出人员在安理会常任理事国中位居首位。中国维和部队纪律严明，素质优良，受到联合国和驻在国高度评价。

（二）中国解决了14亿人的温饱问题，今年将实现中国现行标准下农村贫困人口全部脱贫，全面建成小康社会，这是对人类发展事业作出的伟大贡献。中方秉持“创新、协调、绿色、开放、共享”的新发展理念，全面推进2030年议程国内落实工作。率先发布落实议程的国别方案和两期进展报告，在多个领域实现早期收获。中方推动各国将发展置于全球宏观政策框架核心位置，不断深化“一带一路”倡议与2030年议程对接。在南南合作框架内，积极为其他发展中国家落实2030年议程提供力所能及的帮助。

中国将继续奉行互利共赢的开放战略，同世界各国分享发展经验与机遇。我们将利用好本土疫情防控取得的重大战略成果和率先复工复产的契机，致力于发展更高水平的开放型世界经济，加快形成以国内大循环为主体、国内国际双循环相互促进的新发展格局，助力全球经济复苏，给各国发展带来新机遇。

（三）人民幸福生活是最大的人权。中国始终尊重和保障人权，坚持把人权普遍性与特殊性相结合，坚持民主和民生相促进、和平与发展相协调，坚持在发展进程中促进和保护人权，走出一条符合中国国情的人权发展道路。中国在大力推进自身人权事业发展的同时，始终坚持平等互信、包容互鉴、合作共赢、共同发展的理念，积极参与联合国人权事务，认真履行国际人权义务，广泛开展国际人权合作，积极为全球人权治理提供中国智慧、中国方案。

（四）中国坚定维护以联合国为核心的全球治理体系，坚定维护以联合国宪章宗旨和原则为基石的国际关系基本准则，坚定维护联合国权威和地位，坚定维护联合国在国际事务中的核心作用。中国加入了几乎所有普遍性政府间国际组织，加入了500多项国际公约，忠实履行国际义务，严格恪守国际承诺。中国将同国际社会一道，同破坏国际秩序、践踏国际规则的行径坚决斗争。

（五）面对新冠肺炎疫情，中方积极响应联合国发起的全球人道应对计划，向世界卫生组织提供5000万美元现汇援助，向150多个国家和国际组织提供物资援助，向200多个国家和地区出口防疫物资。习近平主席在第73届世界卫生大会开幕式上宣布两年内提供20亿美元国际援助、与联合国合作在华设立全球人道主义应急仓库和枢纽、建立30个中非对口医院合作机制、中国新冠疫苗研发完成并投入使用后将作为全球公共产品、同二十国集团成员一道落实“暂缓最贫困国家债务偿付倡议”等重要举措，中方将不折不扣落实，为推动构建人类卫生健康共同体作出贡献。

（六）中国在面临改善民生等艰巨发展任务同时，积极承担符合自身发展阶段和国情的国际责任，实施了一系列应对气候变化政策行动，提前完成2020年气候行动目标，为全球应对气候变化作出重大贡献。中国一贯积极参与全球气候治理，是《联合国气候变化框架公约》的首批缔约国，并为达成《京都议定书》《巴黎协定》及其实施细则作出重要贡献。在中方与各方共同努力下，2019年联合国气候变化马德里会议上达成了坚持多边主义、反映各方气候治理共识的一系列决定，为后续谈判奠定了基础。

（七）2015年，习近平主席在联合国成立70周年系列峰会上，宣布了支持联合国事业的一系列重大倡议和举措，目前均已得到落实。

中国8000人规模维和待命部队和300人规模常备维和警队在联合国完成注册，已有6支维和待命分队晋升为三级待命部队。中国已成为联合国维和待命部队中数量最多、分队种类最齐全的国家。中国—联合国和平与发展基金开展了80多个项目，使用资金规模6770万美元，为联合国维和、反恐、能源、农业、基建、卫生、教育等领域工作提供支持。

中国为发展中国家提供180个减贫项目、118个农业合作项目、178个促贸援助项目、103个生态保护和应对气候变化项目、134所医院和诊所、123所学校和职业培训中心。南南合作援助基金在30多个发展中国家实施80余个项目，为全球可持续发展注入动力。中国向联合国妇女署捐款1000万美元，成为捐款最多的发展中国家。我们完成133个“妇幼健康工程”，邀请3万多名发展中国家妇女来华培训，为世界妇女事业作出重要贡献。

在新形势下，中国将继续履行大国责任，展现大国担当，作出大国贡献，提供更多全球公共产品，为世界和平与发展事业添砖加瓦。我们愿同世界各国一道，坚持和弘扬多边主义，共同推动联合国重整行装再出发，共同构建人类命运共同体！

耿爽大使在纪念和推进“国际彻底消除核武器日”联大高级别全会上的发言

（2020年10月2日）

主席先生：

核武器是悬在人类头上的“达摩克利斯之剑”，是世界各国面临的重大安全威胁。全面禁止和彻底销毁核武器，最终建立无核武器世界，符合全人类共同利益。中国支持不结盟运动提出的核裁军倡议，支持设立“国际彻底消除核武器日”，支持无核武器世界。

从拥有核武器的第一天起，中国就倡导全面禁止和彻底销毁核武器，宣布在任何时候和任何情况下不首先使用核武器，承诺无条件不对无核武器国家和无核武器区使用或威胁使用核武器。中国呼吁其他核武器国家也作出类似承诺，并就此缔结国际法律文书。

今年是联合国成立75周年。在刚刚结束的联大一般性辩论中，各国普遍呼吁坚持多边主义，携手应对全球挑战。国际社会应以此为契机，结合《不扩散核武器条约》生效50周年审议，理性务实、循序渐进地推动国际核裁军进程，朝着实现无核武器世界的目标不断迈进。

核裁军进程事关国际和平与安全，事关各国安宁与福祉，事关全球战略平衡与稳定。当前这一进程面临的最大威胁和挑战就是冷战思维、单边主义和霸凌行径。

一段时间以来，美国打着“美国例外”和“美国优先”旗号，不断升级核武库，降低核武器使用门槛，在核领域谋求自我松绑。美国单方面退出《中导条约》，消极对待延续新《削减和限制进攻性战略武器条约》的倡议，利用所谓“三边谈判”的借口逃避自身核裁军特殊责任。美国滥施单边制裁，大搞极限施压，借伊核、朝核等热点问题推进地缘政治议程。美国这些做法与建立无核武器世界的目标背道而驰，完全是在开历史倒车。

主席先生，

36年前，美国总统里根曾经说过，“核战争打不赢，也打不得”。希望此话不被遗忘。中方愿同国际社会一道，排除干扰，克服困难，坚定推进核裁军进程，为最终实现无核武器世界而不懈努力。

谢谢主席。

耿爽大使在第75届联大一委一般性辩论中针对美方攻击抹黑中国言论的驳斥发言

（2020年10月9日）

2020年10月9日，第75届联合国大会裁军与国际安全委员会举行一般性辩论。针对美国代表发言攻击抹黑中国，常驻联合国副代表耿爽大使行使答辩权，对美方进行有力驳斥和坚决回击。耿爽大使发言全文如下：

美国代表刚才在联合国平台散布政治病毒，就新冠肺炎疫情对中国进行攻击抹黑，这种做法完全不可接受。我要再次正告美方，甩锅推责掩盖不了美国自身抗疫的失败，也欺骗不了国际社会。

中方明确拒绝美国代表在一般性辩论发言中对中国军控政策的无端指责。中国一贯反对军备竞赛，坚持多边主义，履行军控条约，支持安全领域对话合作，对国际安全与裁军事业的积极贡献有目共睹。我将在12日的一般性辩论中全面阐述中方立场主张。

今天我答辩要说的只有一个意思：美国才是当前全球战略安全与稳定的最大威胁。

我为什么这么说？这里有十个简单的事实：

一、痴迷穷兵黩武。美国军费常年高居世界第一，2019年达7000多亿美元，占世界军费总开支近40%，超出排在美国之后10个国家军费开支的总和。

二、重拾冷战思维。美国在《国家安全战略报告》《核态势审议报告》

中公然将中国、俄罗斯定位为战略竞争对手，渲染外部威胁，挑动大国对抗。

三、奉行单边主义。美国撤出《中导条约》，退出伊核全面协议，取消对《武器贸易条约》的签署，消极对待续签新《削减和限制进攻性战略武器条约》，对多双边军控条约体系采取赤裸裸的实用态度。

四、谋求自我松绑。美国不断升级核武库，降低核武器使用门槛，利用所谓"三边谈判"借口逃避自身核裁军特殊责任，近期甚至讨论重启核试验问题。

五、大搞政治操弄。美国在核不扩散问题上奉行双重标准，滥施单边制裁，借伊核、朝核等热点问题整治异己，推行地缘政治议程。

六、打破战略平衡。美国在亚太、中东欧部署反导系统，寻求在亚太和欧洲地区部署陆基中导，企图强化军事存在，建立绝对优势。

七、阻挡生物军控。美国独家反对《禁止生物武器公约》核查议定书谈判，妨碍国际社会对各国生物活动进行核查的努力，成为生物军控进程的"绊脚石"。

八、迟滞化武销毁。美国作为世界上唯一拥有化学武器库存的国家，多次推迟化武销毁时间，消极履行自身义务，成为建立"无化武世界"的最大障碍。

九、推动星球大战。美国组建外空军，成立外空司令部，加速开展外空武器试验和军事演习，威胁外空安全，严重背离和平利用外空的理念。

十、构建黑客帝国。美国通过"棱镜门"等项目在全世界大肆开展网络攻击和监听活动，大力发展网络作战能力，企图称霸网络空间。

上述十个事实只是美国在国际安全和裁军领域倒行逆施的一个概括。如果时间允许，我完全可以列举出更多事例。国际社会对此看得清清楚楚。请美方认真反思一下自身的所作所为。

多边军控和裁军进程事关国际和平与安全、各国安宁与福祉，联合国会员国无论大小、贫富、强弱都有责任和义务平等参与。单边主义、例外思想、霸凌行径根本行不通！

美国作为世界上军力最强大、武器最先进的国家，在军控和裁军领域有着特殊、优先责任。既然美方口口声声叫喊“美国优先”，那么就请做到“履约优先”“销毁优先”“裁军优先”！

希望美方在第 75 届联大一委后续工作中，本着开放、坦诚、负责任、建设性的态度，与各国一道努力，推动会议取得成功，推进国际军控和裁军进程，维护全球战略安全与稳定。

联大裁军与国际安全委员会（简称“联大一委”）负责处理军控、裁军、防扩散等国际安全事务，会议期间，各国进行一般性辩论，并就核武器、生物武器、化学武器、常规武器、网络、外空等议题进行专题讨论。在 10 月 9 日一般性辩论中，美国代表再次就新冠肺炎疫情诋毁中国并妄称，俄罗斯和中国不断发展核力量，国际和平与安全因此受到严重威胁。中国代表团根据联大议事规则行使答辩权，对美方予以有力驳斥和坚决回击。

中国代表团团长、中国常驻联合国副代表耿爽大使在第75届联大一委一般性辩论中的发言

（2020年10月12日）

主席先生：

首先，我谨代表中国代表团祝贺阁下当选本届联大一委主席。中国代表团愿与你及各国代表团通力合作，共同推动本次大会取得圆满成功。

主席先生，

当前，国际战略安全与军控形势正经历冷战以来最严峻的挑战。美国为维持一超独霸地位，重拾冷战思维，渲染大国竞争，挑动大国对抗，奉行单边主义，操弄霸凌行径，已成为全球战略安全与稳定的最大威胁。

一段时间以来，美方为放手发展军力，不断毁约退群，严重破坏二战后逐步建立起来的多双边军控裁军体系。美方投入数万亿美元升级三位一体核武库，发展并部署低当量核武器，扩大核威慑范围，降低核武器使用门槛，甚至放风要重启核试验。我们呼吁美方切实履行核裁军特殊、优先责任，积极回应俄方延期新《削减和限制进攻性战略武器条约》（新START条约）的诉求，并进一步大幅削减核武库，为其他核武器国家加入多边核裁军创造条件。

美国不断发展和部署全球反导系统，寻求在亚太和欧洲地区部署陆基中导，不仅威胁中方安全，而且严重影响地区和平与安全，破坏全球战略稳定。中方对此严重关切，敦促美方停止有关部署。如果美方一意孤行，

中方必要时将不得不作出有力反制。

《不扩散核武器条约》（NPT）是国际核裁军与核不扩散体系的基石。当前，美方在核裁军问题上极力推卸责任，在核不扩散问题上奉行双重标准，在和平利用核能问题上大搞政治操弄，令《不扩散核武器条约》三大支柱遭受前所未有的冲击。中方呼吁各方以条约生效五十周年为契机，重申对条约义务及历次审议大会成果文件的承诺，切实平衡推进条约三大支柱，建设性处理矛盾和分歧，推动条约第十次审议大会取得务实成果。

美方近来给中国戴上“世界第三大核力量”的高帽，极力渲染“美俄中核军备竞赛”，大肆鼓吹“三边军控谈判”。这只是美方转移国际注意力的把戏，意在为其拒绝履行核裁军特殊优先责任制造借口，为其谋求自我松绑、建立绝对军事优势寻找理由。

中国坚持自卫防御核战略，始终将核力量维持在国家安全需要的最低水平，过去没有、今后也不会与任何国家进行核军备竞赛。中国的核力量与美俄完全不在一个量级，要求中国参加三边军控谈判不公平、不合理、不可行。中方不会同意，也绝不接受任何胁迫与讹诈。

中方不参加所谓“三边军控谈判”，并不意味着中方回避自身核裁军责任、拒绝参与国际核裁军努力。从拥有核武器的第一天起，中国就倡导全面禁止和彻底销毁核武器，宣布在任何时候和任何情况下不首先使用核武器，承诺无条件不对无核武器国家和无核武器区使用或威胁使用核武器。中国是五核国中唯一作出这一承诺的国家。中国恪守“暂停核试验”承诺，坚定支持《全面禁止核试验条约》核查机制建设，支持在裁谈会达成全面平衡工作计划的基础上、按照“香农报告”所载授权谈判一项“禁产条约”，支持联合国核裁军核查政府专家组工作。中国愿在相互尊重的基础上与各国就战略安全问题开展有意义的对话，将继续参加联合国、裁谈会、五核国框架下的军控讨论进程。

面对日益复杂严峻的国际安全形势，五核国应积极作为，努力管控矛盾与分歧，共同维护全球战略稳定。去年 1 月北京会议以来，五核国就战略安全领域合作形成一些新的共识。中方建议，五核国持续开展核政策与核战略对话，重申“核战争打不赢，也打不得”理念，承诺不将核武器瞄准任何国家，承诺无条件不首先使用核武器，谈判缔结关于向无核武器国家提供消极和积极安全保证的国际法律文书。我们敦促美方废除核保护伞和核共享政策，全部撤回海外部署的核武器，停止发展和部署全球反导系统，为改善国际和地区安全环境发挥应有作用。

主席先生，

美国单方面退出伊核全面协议，恢复对伊非法单边制裁，极力阻挠其他方执行协议，这是造成伊核局势持续紧张的根源。作为全面协议退约者，美国无权启动安理会对伊“快速恢复制裁”机制，单方面宣布安理会恢复制裁没有任何法律效力。有关各方应在联委会框架内，通过对话协商解决履约分歧，恢复协议权利和义务的平衡。中方高度重视有关各方在地区安全问题上的关切，主张在维护全面协议的前提下，另辟新的对话平台，推动达成维护地区和平稳定的新共识。

当前，朝美围绕朝鲜半岛核问题的对话重陷僵局，主要责任在美方。美方应拿出诚意，以实际行动回应朝方在安全和发展上的正当合理关切，使半岛核问题重回对话解决的轨道。中方坚持实现朝鲜半岛无核化，坚持维护半岛和平稳定，坚持通过对话协商解决问题，坚决反对在安理会决议之外实施单边制裁和“长臂管辖”，反对域外势力以半岛问题为借口加强地区军事部署。中方愿继续为政治解决半岛核问题发挥建设性作用。

主席先生，

突如其来的新冠肺炎疫情，敲响了生物安全的警钟，凸显了加强全球生物安全治理的重要性和紧迫性。中方主张，第一，各方都应严格履行

《禁止生物武器公约》（BWC）义务。国际社会对美国生物军事化活动高度关注。我们敦促美方本着公开、透明、负责任的态度，全面澄清海外生物实验室活动情况。第二，重启BWC核查议定书谈判，尽快建立有效的国际核查机制，切实维护生物安全。我们希望明年公约审议大会就此作出决定，呼吁美国停止独家阻挡重启BWC议定书谈判。第三，在公约框架下建立必要的科学咨询机构，同时制定自愿性的行为准则，以更好地规范生物科研活动，推动生物科技健康发展。第四，建立公正、包容的生物防扩散出口管制与国际合作机制，打破歧视性壁垒，保障发展中国家享受生物科技发展红利，共同提升全球生物安全水平。

在化学武器方面，作为世界上唯一拥有库存化武的国家，美国应切实履行义务，加快库存化武销毁进程。处理叙利亚化武问题应严格遵守禁化武公约规定，维护公约权威。中方坚决反对少数国家出于地缘政治目的，对叙化武问题进行政治操弄。

主席先生，

随着数字经济快速发展，数据安全风险突出，亟须全球解决之道。当务之急是在各方普遍参与基础上，达成反映大多数国家利益和关切的全球规则。中方坚决反对美国等个别国家把数据安全问题政治化，以“清洁网络”为名排斥异己，以安全为借口打压他国企业。

为有效应对数据安全风险，切实维护全球数据和供应链安全，推动数字经济发展与合作，中国不久前发起《全球数据安全倡议》，呼吁各国采取措施防范制止利用信息技术破坏或窃取他国关键基础设施重要数据、侵害个人信息，反对滥用信息技术从事针对他国的大规模监控，不强制要求本国企业将境外数据存储在境内，要求企业不在产品和服务中设置后门等。《全球数据安全倡议》旨在为制定相关全球规则提供一个蓝本，同时也是中方为维护全球数据安全所作出的庄严承诺，希望各方积极支持并提出有益建议。中国支持联合国信息安全政府专家组和开放式工作组开展工作并取得积极进展。

当前外空安全形势日趋严峻，美国大力推进“主导外空”战略，公然将外空作为新的“作战疆域”，专门成立外空军和外空司令部，并计划在外空部署反导系统，加剧外空武器化势头，已成为影响外空安全的最突出因素。中方敦促美方停止阻挡外空军控进程，与国际社会一道，在中俄外空军控条约草案基础上谈判达成国际法律文书，从根本上维护外空持久和平与共同安全。

人工智能军事应用快速发展，可能引发安全、人道、法律、伦理等方面问题。中方对此高度关注，赞成国际社会就此展开深入讨论，积极探索有效化解风险的办法，确保人工智能技术造福人类。中方支持在《特定常规武器公约》框架下，继续深入讨论“致命性自主武器系统”问题，并谈判达成国际法律文书。

主席先生，

中国于今年 7 月 6 日正式加入《武器贸易条约》。这是中国积极参与全球武器贸易治理、维护国际和平与安全的重要举措，体现了中方支持多边主义、践行人类命运共同体理念的诚意。作为条约缔约国，中国将严格履行条约义务，并与各方加强合作，进一步提高条约的普遍性和有效性，特别是向发展中国家提供力所能及的援助。中国高度重视非洲国家非法轻小武器泛滥问题，支持“消弭非洲枪声”倡议。中方于 2018 年至 2019 年通过中国—联合国和平与发展基金为支持该倡议资助了约 140 万美元，愿进一步同非盟及非洲国家开展合作。我们呼吁国际社会进一步向非洲提供帮助。同时，我们支持停止向非国家行为体出售武器，停止利用武器出口干涉主权国家内政。

主席先生，

不论国际安全形势如何严峻，只要我们坚定奉行多边主义，坚持以联合国为核心加强互信与协作，坚持构建人类命运共同体理念，就一定能够推动军控、裁军与防扩散进程不断取得进展。中方愿与国际社会一道为此作出不懈努力！

谢谢主席先生。

耿爽大使在第 75 届联大一委一般性辩论中批驳美方近来大肆鼓吹的“三边军控谈判”论调的发言

（2020 年 10 月 12 日）

10 月 12 日，中国代表团团长、中国常驻联合国副代表耿爽大使在第 75 届联合国大会裁军与国际安全委员会一般性辩论中发言，批驳美方近来大肆鼓吹的“三边军控谈判”论调。

耿爽指出，美方近来给中国戴上“世界第三大核力量”的高帽，极力渲染“美俄中核军备竞赛”，大肆鼓吹“三边军控谈判”。这只是美方转移国际注意力的把戏，意在为其拒绝履行核裁军特殊优先责任制造借口，为其谋求自我松绑、建立绝对军事优势寻找理由。

耿爽表示，中国坚持自卫防御核战略，始终将核力量维持在国家安全需要的最低水平，过去没有、今后也不会与任何国家进行核军备竞赛。中国的核力量与美俄完全不在一个量级，要求中国参加三边军控谈判不公平、不合理、不可行。中方不会同意，也绝不接受任何胁迫与讹诈。

耿爽强调，中方不参加所谓“三边军控谈判”，并不意味着中方回避自身核裁军责任、拒绝参与国际核裁军努力。从拥有核武器的第一天起，中国就倡导全面禁止和彻底销毁核武器，宣布在任何时候和任何情况下不首先使用核武器，承诺无条件不对无核武器国家和无核武器区使用或威胁使用核武器。中国是五核国中唯一作出这一承诺的国家。中国愿在相互尊重的基础上与各国就战略安全问题开展有意义的对话，将继续参加联合国、裁谈会、五核国框架下的军控讨论进程。

中国代表团在第75届联大一委关于核裁军问题的专题发言

（2020年10月26日）

主席先生，

当前全球战略安全形势严峻复杂，国际核裁军体系面临空前挑战。美国近年来先后出台《国家安全战略报告》《核态势审议报告》等政策文件，宣称将“大幅增加核武库和有关基础设施投入”，并明确使用核武器的“极端情况包括重大非核战略攻击”，极大降低了核门槛。近期美方内部讨论重启核试验，严重威胁禁核试国际共识。美还发展和部署全球反导系统，寻求在外空部署导弹拦截器、在亚太及欧洲部署中导。这些单边行径致使全球战略安全环境面临冷战以来最严重挑战，严重侵蚀二战以来建立的国际核裁军体系。

核裁军问题事关全人类的前途命运，任何国家都不能将自身利益凌驾于国际社会整体利益之上，让全世界为其错误政策和行径“埋单”。国际社会应以共商共建人类命运共同体的历史责任感，构建相互尊重、公平正义、合作共赢的新型国际关系，坚定维护多边主义，维护国际核裁军体系，维护全球战略稳定。

第一，要秉持共同、综合、合作、可持续的安全观。要充分尊重各国正当合理安全关切，通过营造普遍安全的国际地区环境，消除军备竞赛和武器扩散根源。任何国家都有权维护国家安全，但绝不能以牺牲其他国家的安全为代价。国际社会应共同抵制国际安全领域的单边霸权行径。

第二，要继续坚持核裁军国际共识。根据首届裁军特别联大报告及联大有关决议，拥有最大核武库的国家应切实履行核裁军特殊、优先责任。美俄仍拥有全世界90%以上的核武器。美方应积极回应俄方诉求，就延长新《削减和限制进攻性战略武器条约》达成长期性安排，并在此基础上进一步大幅削减核武库，为其他核武器国家加入多边核裁军谈判创造条件。

第三，要降低核武器在国家安全政策中的作用。核武器国家应重申“核战争打不赢，也打不得”理念，承诺不将核武器瞄准任何国家，承诺无条件不首先使用核武器，谈判缔结关于向无核武器国家提供消极和积极安全保证的国际法律文书。我们敦促美方废除核保护伞和核共享政策，全部撤回海外部署的核武器，以增进战略互信，减少核风险。

第四，要维护现有国际核裁军体系。国际社会应认真履行《不扩散核武器条约》（NPT）第六条义务，恪守历届审议大会成果共识，推动第十次审议大会取得成功，加强条约权威性、普遍性和有效性。坚定支持《全面禁止核试验条约》（CTBT）核查系统建设，促进条约生效进程。推动裁谈会在达成全面平衡工作计划基础上，按照“香农报告”所载授权谈判一项“禁产条约”（FMCT）。同时，坚定维护裁谈会、裁审会、联大一委等多边军控裁军机制的权威。

第五，要全面看待核裁军问题。反导及外空、网络、人工智能等新科技军事化运用对战略稳定的影响日益上升。核武器国家应放弃发展或部署全球导弹防御系统，不寻求在亚太及欧洲部署中导，防止外空武器化和外空军备竞赛，共同研究和应对新科技军事化运用对战略稳定的影响。

主席先生，

中国一贯主张最终全面禁止和彻底销毁核武器，恪守在任何时候和任何情况下不首先使用核武器政策，明确承诺无条件不对无核武器国家和无核武器区使用或威胁使用核武器。中国坚持自卫防御的核战略，始终将核力量维持在国家安全需要的最低水平。任何国家只要不首先对中方使用核武器，就不会受到中国核武器的威胁。

中国积极推动五核国加强合作，改善国际安全环境。2019 年 1 月北京会议以来，五核国就核政策与核战略保持对话，就减少核风险、“禁产条约”等开展专家层面讨论。中方牵头的核术语工作组第二阶段工作取得实质成果，积极协调五核国与东盟就《东南亚无核武器区条约》议定书签署问题重启对话。王毅国务委员兼外长并同其他四核国外长一道，在今年 3 月就《不扩散核武器条约》生效 50 周年发表联合声明，重申对条约的政治支持。

中国始终以实际行动支持国际核裁军进程。中国支持《全面禁止核试验条约》宗旨和目标，今年起成为条约第二大会费国。中国恪守“暂停试”承诺，稳步推进国内履约筹备工作，继去年境内多座台站启动数据传输后，今年又启动昆明次声台站核证程序。中国主张裁谈会在达成全面平衡工作计划的基础上，根据香农报告所载授权启动“禁产条约”谈判。中国认为充分有效的核裁军核查措施是最终全面禁止和彻底销毁核武器的重要技术保障，将继续积极参与联合国核裁军核查政府专家组工作。

主席先生，

最后，中方愿重申对美方推动所谓中美俄三边军控谈判的立场。中方已多次明确表示反对该建议。中国的核力量与美俄完全不在一个量级。要求中方参加三边谈判，既不现实，也不合理。但是中方不参加三边军控谈判并不意味着不参加国际核裁军努力。中方一直并将继续积极参与联合国、裁谈会、五核国等多边机制框架下的国际军控裁军谈判和讨论。

谢谢主席先生。

中国代表团在第75届联大一委关于生化武器问题的专题发言

（2020年10月27日）

主席先生：

当前形势下，加强《禁止生物武器公约》和《禁止化学武器公约》，对维护国际和平与安全、促进全球经济和社会发展的重要性更加突出。各方应严格履行各自承担的义务，积极开展对话与合作，共同捍卫公约的宗旨和目标，维护公约的权威性和有效性。

主席先生，

新冠肺炎疫情是全人类共同面临的一场大考。单个国家无法独善其身，甩锅、推责消灭不了病毒，单边主义、单打独斗没有出路。我们在合作抗击疫情的同时，也要思考如何共同推进全球生物安全治理，有效应对生物战和生物恐怖主义的现实威胁。在此背景下，我们要充分利用今年底到明年底《禁止生物武器公约》框架下的一系列会议，推动公约审议进程取得实质成果。中方有几点主张：

一是尽快重启《禁止生物武器公约》核查议定书谈判，补齐公约长期缺乏核查机制和监督机构的短板。中方敦促美方停止独家反对重启谈判，以便审议大会就此作出决定。

二是加强建立信任措施机制。美方在境外建设大量生物实验室，不少国家认为相关活动缺乏透明度，难以确保其符合《禁止生物武器公约》的规定。中方主张在达成核查议定书之前，在公约建立信任措施宣布表格中增加境外生物实验室。这有助于缓解国际社会的疑虑和关切。

三是促进生物安全国际合作。疫情暴露出各国都存在能力、资源等方面短板。中方于2016年提出“建立生物防扩散出口管制与国际合作机制”倡议，主要目的就是平衡好安全与发展的关系，促进生物科技和资源普惠共享，切实提升全球生物安全能力和水平。从长远看，有必要在联合国框架下，建立公正、包容、非歧视性的全球性防扩散出口管制与国际合作机制。

四是推动生物科技健康、有序发展。充分释放生物科技红利，同时减少生物科技误用、谬用等风险，符合国际社会共同利益。中方2016年提出的制定“生物科学家行为准则范本”自愿性倡议已经过充分讨论，完全可以成为审议大会一项重要成果，希望各方积极支持。

主席先生，

《禁止化学武器公约》是裁军和军控领域最具普遍性的条约之一，但真正实现无化武世界的目标依然任重道远。作为世界上唯一拥有库存化武的国家，美国应切实履行义务，加快库存化武销毁进程。日本遗弃在华化学武器销毁问题同样重要，中方愿就后续工作同日方以及禁化武组织保持沟通。希望日方进一步加大投入，尽快完成销毁工作。

中方一贯坚决反对任何国家、任何人在任何情况下使用化学武器，主张根据禁化武公约规定，对指称使用化学武器的事件开展全面、客观、公正的调查，得出经得起历史和事实检验的结论。

包括中方在内不少国家认为，叙化武问题调查鉴定组的成立和工作都不符合禁化武公约的规定，其提交的报告存在诸多疑点和漏洞。在这样的情况下，一些国家仍然强行推动禁化武组织执理会表决通过相关决定，中方对此严重关切。中方呼吁有关国家停止政治操弄，尽快回到通过对话协商解决指称使用化武问题的正确轨道上来，避免进一步损害禁化武公约的权威和禁化武组织的团结。

主席先生，

中方希望本届联大一委能够协商一致通过“执行《禁止生物武器公约》”和“执行《禁止化学武器公约》”两份决议草案，将本着建设性态度参与相关磋商，希望中方的立场和关切在草案中得到妥善反映。

谢谢主席先生。

中国代表团在第75届联大一委关于外空问题的专题发言

（2020年10月28日）

主席先生：

当前，外空军事化和武器化势头日益加剧，外空安全形势非常严峻。特别是，美国大力推行“主导外空”战略，公然将外空界定为新的作战疆域，专门成立外空军和外空司令部，加速开展外空武器试验和军事演习，并计划在外空部署反导感应器和拦截器。美国这些消极举动的实质是谋求独霸外空和绝对军事优势，不仅严重威胁外空安全，而且给全球战略稳定带来严重消极影响，已成为影响外空安全的最突出因素。在此背景下，防止外空军备竞赛的必要性和紧迫性进一步上升。

主席先生，

国际社会一贯高度重视外空安全问题，联合国围绕防止外空军备竞赛做了积极努力。近四十年来，联大每年就该问题以压倒性多数通过决议。裁谈会、裁审会、联大一委和四委亦就外空问题开展了大量有益工作。在中国与俄罗斯共同推动下，联合国成立“防止外空军备竞赛”政府专家组，就相关国际法律文书要素开展了前所未有的深入、实质性讨论。中、俄提出的“防止在外空放置武器、对外空物体使用或威胁使用武力条约”草案仍是有关讨论的重要基础，并正在得到越来越多国家支持。令人遗憾的是，美国出于一己私利，为了推行其外空军事战略，不愿接受任何国际约束，长期消极抵制外空军控国际讨论进程，去年还独家阻挡联合国“防止外空军备竞赛”政府专家组通过报告。裁谈会也因此无法就防止外空军备竞赛国际法律文书启动谈判进程。

外空作为全球公域，人类命运共同体特征尤为突出。确保外空和平利用，防止外空武器化和军备竞赛，不仅符合各国共同利益，也是各国共同责任。联合国全体成员国有必要认真评估外空安全形势现状，切实重视防止外空武器化和军备竞赛问题，严格防止外空沦为新的战场。为此，中方愿提出以下几点建议。

一是体现政治意愿。各国特别是航天大国，应认真吸取历史教训，摒弃冷战思维，展现维护外空和平与安全的良好政治意愿，积极参与到外空军控国际进程中来，避免重走核武器“先发展、后裁减”的老路，防止将外空沦为陆海空那样的战场。我们敦促美方停止阻挡外空军控进程，与国际社会一道，在中俄外空军控条约草案基础上谈判达成国际法律文书，从根本上维护外空持久和平与共同安全。

二是坚持多边主义。各方应坚定支持联合国，特别是裁谈会发挥主渠道作用，争取早日谈判达成外空军控国际法律文书，为防止外空武器化和军备竞赛提供根本保障。在裁谈会达成工作计划并正式启动谈判前，可以考虑成立技术专家组，深入讨论未来外空军控法律文书范围、核查、定义等技术性问题。此外，还可考虑在适当时机再次成立联合国外空问题政府专家组。需要强调的是，关于外空问题的任何倡议均应体现开放性和包容性，确保联合国成员国广泛参与并充分发表意见，避免歧视性和排他性。

三是努力增进互信。适当、可行的透明和建立信任措施，有助于增进互信、减少误判，为谈判制定外空军控国际法律文书提供补充，服务于防止外空军备竞赛这一大目标。但需要看到，透明和建立信任措施有其局限性，不能取代外空军控国际法律文书谈判。中方支持各方通过加强沟通对话，不断弥合分歧，扩大共识，为未来外空军控谈判积累有利条件。

中方愿继续与各方共同努力，积极在外空领域践行构建人类命运共同体理念，为维护外空持久和平与共同安全作出贡献。

谢谢主席先生。

中国代表团在第75届联大一委关于常规武器问题的专题发言

（2020年10月29日）

主席先生：

常规武器引发的各方面问题历来为国际社会所关注。近年来，受美国“政治病毒”的影响，地缘政治角逐加剧，地区武装冲突和动荡此伏彼起，武器贸易规模不断攀升，恐怖主义、极端主义和跨国有组织犯罪远未消除，常规武器非法转让和转用的风险有增无减。

正如联合国秘书长古特雷斯在新裁军议程中所言，常规武器军控是“拯救生命的裁军”。联合国《2030可持续发展议程》亦将减少小武器非法流动作为一项重要目标。多年来，国际社会为缓解常规武器非法转让和滥用引发的人道主义问题作出了不懈努力，取得了积极成果。新形势下，国际社会应进一步携手努力，保持常规武器军控领域良好势头，为国际军控进程注入正能量。

主席先生，

中国一贯高度重视常规武器引发的人道主义问题，坚定支持并积极参与国际常规武器军控进程。中方主张在平衡处理各国正当安全需要和人道主义关切的基础上，不断加强和完善常规军控领域的国际法律机制，维护国际和地区的持久和平与普遍安全。

作为中国在军控领域一项重要具体行动，中国于今年7月6日正式加入了《武器贸易条约》。今年 8 月，中国首次以缔约国身份参加了条约缔约国大会并提交书面发言。这是中国积极参与全球武器贸易治理、维护国际和地区和平的重要举措，进一步体现了中方支持多边主义、推动构建人类命运共同体的决心和诚意。作为条约缔约国，中国将严格履行条约义务，并与各方加强合作，进一步提高条约的普遍性和有效性，特别是向发展中国家提供力所能及的援助。同时，我们也呼吁各国强化负责任的武器贸易理念，不向非国家行为体出售武器，停止借军品出口干涉主权国家内政，切实维护《联合国宪章》的宗旨和原则。

主席先生，

中国高度重视轻小武器非法转让和滥用引发的人道主义问题。中方认为，要妥善解决这一问题，各国应认真落实联合国轻小武器《行动纲领》和《识别与追查国际文书》等各项义务，不断加强各国相关能力建设，持续推进打击轻小武器非法贸易多边进程。同时积极开展国际合作，共同维护国际和地区稳定。

非洲国家是非法轻小武器泛滥的主要受害者。联合国安理会 2019 年 2 月一致通过决议，支持非洲落实“消弭非洲枪声”倡议。中国国家主席习近平 2018 年在中非合作论坛北京峰会上明确支持落实“消弭非洲枪声”倡议。中方于 2018 年至 2019 年通过联合国和平与发展基金为支持该倡议资助了约 140 万美元，愿进一步同非盟及非洲国家开展合作。我们呼吁国际社会进一步向非洲提供帮助，争取早日实现“消弭非洲枪声”目标，为落实联合国“2030 年可持续发展议程”创造有利条件。

主席先生，

《特定常规武器公约》在常规武器军控领域发挥着重要基石作用。作为公约及其五个附加议定书的完全成员国，中方一贯支持公约各项工作，忠实履行公约及其议定书义务，积极参与国际交流与合作。

中方积极致力于国际人道主义扫雷援助与合作。中国政府已通过捐款、援助器材、举办培训项目、实地指导等方式，向 40 余国提供了总额超过 1 亿元人民币的人道主义扫雷援助，培训 1000 余名专业扫雷技术人员。2015 年 9 月，中国国家主席习近平在联大维和峰会上宣布，中方将在今后 5 年开展 10 个扫雷援助项目。中国迄今已提前超额完成所作承诺，共计开展了 24 个扫雷援助项目，总金额累计超过 5500 万元人民币。2020 年，中方向柬埔寨、老挝援助了价值 950 万元人民币的探扫雷器材和人道主义物资。

主席先生，

中方愿同各方保持交流合作，携手推动常规武器军控领域各项工作取得新进展，为解决常规武器滥用引发的人道主义问题、维护国际和地区的和平与稳定进一步作出积极贡献。

谢谢主席先生。

中国代表团在第75届联大一委关于信息安全问题的专题发言

（2020年10月30日）

主席先生，

当前，我们身处一个前所未有的数字时代。数字经济蓬勃发展，新科技革命和产业变革蓄势待发，各国利益交融、休戚与共。与此同时，数据安全的风险和挑战日益突出，亟须全球性解决之道。当务之急是在各方普遍参与基础上达成反映大多数国家意愿和利益的全球数据安全规则。

为有效应对数据安全风险挑战，切实维护全球数据和供应链安全，推动数字经济发展与合作，中国不久前发起《全球数据安全倡议》（以下简称《倡议》），呼吁各国采取措施防范制止利用信息技术破坏或窃取他国关键基础设施重要数据、侵害个人信息，反对滥用信息技术从事针对他国的大规模监控，不强制要求本国企业将境外数据存储在境内，要求企业不在产品和服务中设置后门等。

《倡议》既根植于国际社会既有共识，同时就新问题提出解决方案，希望为制定相关全球规则提供蓝本。《倡议》提出后，得到国际社会广泛关注，很多国家表示《倡议》具有建设性，为重大数据安全问题提供了解决思路。中方愿本着开放、包容的态度，听取各方有益建议，共同推动在联合国、二十国集团（G20）等多边框架和地区平台与各方进行有益交流。我们相信，随着时间推移，这一《倡议》一定会得到越来越多国家的认同和支持。中方愿与各方一道，共同打造各方普遍接受的数据网络安全规则，开创和平、安全、开放、合作的网络空间，促进数字经济健康发展，为人类社会进步作出贡献。

主席先生，

因受疫情影响，今年的联合国信息安全开放式工作组（OEWG）和政府专家组（GGE）讨论进程有所滞后。感谢两位主席，劳伯大使和帕特瑞奥塔大使的领导力以及秘书处出色的组织，使得各方通过视频方式，就有关问题进行了非正式讨论，确保了讨论的连续性。我们期待两进程明年能顺利完成谈判进程，如期向第75届联大提交实质性报告。

很多国家正在考虑两进程结束后，如何在联合国框架下推进信息安全问题的讨论。我们高兴地注意到，俄罗斯代表团已提交决议草案，建议建立为期五年的新一届联合国信息安全开放式工作组。与此同时，我们也注意到四十多个国家专门就“机制性对话”提出了建议。中方认为，两个建议的核心有相通之处，就是在联合国内建立一个包容性的机制，讨论、谈判与国际安全相关的信息安全问题，结束目前两个机制并行的局面。

中方一贯主张，应在联合国建立各方普遍参与的、包容性的、持续的信息安全进程，在国际信息安全问题上发挥联合国的核心作用。为此，我们参加了第73/27号决议的共提，要求建立联合国历史上首个各方普遍参与的信息安全进程——联合国信息安全开放式工作组。与此同时，我们对第73/266号有关继续成立政府专家组的决议投了反对票，因为建立两个授权相近的平行进程不仅是一个重复，也是在制造分裂。经过两年的讨论，越来越多的国家开始赞同中方的看法，主张联合国应该只有一个进程，一个所有国家都能平等参与讨论的包容性进程。

关于未来的“机制性对话”，中方认为应包括以下要素。

一、坚决维护已达成的政治共识，特别是2015年政府专家组报告。与轻小武器“行动纲领”不同，联合国信息安全领域的讨论不是从零开始的。以往达成的共识应该作为今后工作的基础。

二、无论怎样组织具体的会议框架，所有会议的授权都应该包括两部分：一是“向后看”，即讨论各方履行承诺的情况；二是“向前看”，即根据形势和技术发展，制定新的行为准则。

三、“机制性对话”的议题和讨论范围应与时俱进。随着数字技术的发展，与国际安全相关的数据安全问题日益突出。中方希望今后的对话进程中能就数据安全问题开展讨论。

我们希望分别提出两个建议的国家能加强沟通，争取就后续机制形成一致意见。中方愿积极参与相关问题的讨论，为维护联合国在国际信息安全领域的核心地位，推动形成一个普遍参与的、包容性的信息安全多边进程作出自己的贡献。

谢谢主席先生。

中国代表团吴剑剑参赞在第75届联大“国际原子能机构的报告”议题下的发言

（2020年11月11日）

主席先生：

感谢国际原子能机构总干事格罗西就机构工作所作报告。

过去一年来，机构按照《国际原子能机构规约》赋予的职责，在促进核能与核技术应用、维护国际核不扩散体系、提升全球核安全和核安保水平等方面开展大量卓有成效的工作。特别是新冠肺炎疫情以来，总干事推动机构发挥核技术独特优势，积极协助成员国防控疫情，中方对此表示赞赏。

主席先生，

核能发展及核技术应用对实现能源供应多样化、保护生态环境和应对气候变化具有重要意义，也为疫情形势下保障稳定能源供应、促进复工复产发挥重要作用。同时，核不扩散与核安全领域挑战仍然严峻，核恐怖主义威胁不容忽视，机构任重道远。明年将举行《不扩散核武器条约》第十次审议大会，加强机构各领域工作，有助于推动条约审议大会取得积极成果。中方对机构工作提出以下几点建议。

推动核能成果普惠共享。机构应继续加大投入，为成员国开发利用核能和核技术提供支持，加大对发展中国家的技术和资金援助，助力实现联合国2030年可持续发展目标。中方支持机构按照自身授权，利用技术优势，为促进各国特别是发展中国家的疫情防控能力建设发挥积极作用。同时，国际社会应共同反对个别国家将和平利用核能国际合作政治化，服务于大国竞争和地缘政治博弈。

保障核能和平利用与安全发展。机构应不断完善保障监督体系建设，在确保客观公正前提下，进一步促进全面保障监督协定和附加议定书的普遍性，持续提升保障监督体系的有效性和效率。继续积极推进核安全标准和核安保导则制定，促进相关国际交流，协助成员国提升核安全与核安保水平。

助力热点核问题政治外交解决。机构应继续秉持客观公正立场，按照授权履行职责，为政治外交解决地区热点核问题发挥建设性作用。中方赞赏机构根据安理会第2231号决议规定对伊朗执行伊核全面协议实施监督核查，同伊方通过对话合作解决保障监督问题。

主席先生，

中国政府坚定支持总干事及秘书处抗击疫情的努力，第一时间承诺捐助价值200万美元的检测设备和医疗物资。中方始终秉持理性、协调、并进的核安全观，坚持“安全第一”的方针，积极推进核能安全高效发展。中方愿继续与机构深化各领域合作，推动和平利用核能事业更好造福人类。我们也愿同国际社会一道，秉持人类命运共同体理念，加强团结协作，为促进“原子能用于和平与发展”这一共同事业作出不懈努力。

谢谢主席先生。

三、热点军控问题

中国裁军大使李松在裁谈会2020年一期会全会上的发言

（2020年1月21日）

主席先生：

中国代表团和我本人热烈欢迎你来到日内瓦履新，并就任2020年裁谈会首任主席。今年是中国农历“鼠”年，标志着新一轮生肖年周期的起始。阿尔及利亚担任裁谈会主席，是新一轮裁谈会主席轮值周期的起始。广大裁谈会成员国对新的开端充满期待。中国代表团将全力支持你的工作，与大家共同致力于推动裁谈会工作早日走上正轨。

2020年正值联合国成立75周年，也是《不扩散核武器条约》（NPT）生效50周年，4月将在纽约召开《不扩散核武器条约》第十次审议大会。这是多边主义和国际军控防扩散进程具有特殊意义的一年。当前，国际政治安全形势经历深刻复杂变化，多边主义受到来自单边主义的严重冲击，国际军控防扩散协议体系遭到肆意破坏。人们担忧，国际军控防扩散处于冷战结束近30年来的“至暗时刻”。《不扩散核武器条约》机制向何处去？多边军控向何处去？裁谈会向何处去？是萦绕在广大联合国会员国心头的巨大问号。尽管联合国框架下多边机制的工作受到上述消动向的严重影响，裁谈会去年未能达成工作计划，但坚持多边主义、维护国际军控防扩散体系，推动现有国际机制焕发新的活力，是贯穿去年联大和裁谈会的强大呼声。这就是国际社会针对当前形势和挑战的响亮回答。

中国认为，越是在这样的历史关头，越需要旗帜鲜明地捍卫多边主义，维护和加强多边机制的权威性和有效性；越是这样的时候，越需要各国在相互尊重、平等互信基础上加强对话合作；越是这样的时候，越需要各国积极参与，谁也不能缺席，对国际和平与安全负有特殊重要责任的大国不仅不应缺席，更不应毁约退群、拆台破坏。现在许多人都在说，国际军控进入了一个新时代。我也这样认为。既然进入了新时代，首先要做的就是彻底告别旧时代，特别是摒弃冷战思维，不再顽冥不化地以意识形态划线，企图将世界拉回两极格局、两大阵营对立的冷战时代。进入新时代的多边军控防扩散进程，需要各国普遍参与，谁也不能例外。对国际和平与安全负有特殊重要责任的大国，更不能以一己私利为“优先”，成为国际社会的例外。

主席先生，

去年裁谈会未能顺利达成工作计划，错不在裁谈会，错不在议事规则，错不在工作计划本身。裁谈会广大成员国普遍希望，今年裁谈会的工作不再受到无关政治因素的干扰，回望初心，以可持续的状态走上正轨。中方欢迎今年裁谈会六位轮值主席就推进裁谈会工作开展机制化沟通，欢迎六位主席与去年末位主席、明年首位主席保持对话，以进一步加强裁谈会工作的延续性。我们期待着与主席团、各地区组协调员一道，以积极和建设性态度把握好裁谈会工作进程。中方认为，今年裁谈会工作可在两个层面并行不悖地加以推进。

第一，充分利用全会机制，广大成员国围绕如何看待当前国际安全形势，如何应对国际军控防扩散领域最突出、最紧迫的挑战，如何认识高新科技对世界军事革命与国际军控防扩散议程的影响等广泛议题进行坦诚客观、深入务实的讨论。通过集思广益、畅所欲言、凝聚共识，在裁谈会传统议程基础上，为这个唯一的、最具权威性的多边裁军谈判机构找到最能体现时代特征、响应时代呼唤的前进方向。

第二，参照裁谈会 2018 年的成功做法，就各项突出议题成立附属机构，开展实质性工作，为启动相关条约谈判进行认真准备。在此我愿强调，“全面平衡”应继续成为指导我们达成工作计划的根本遵循。充分尊重各成员国的正当关切及合理诉求，是裁谈会价值和作用的真谛所在。去年裁谈会也曾十分接近达成这样的工作计划。我们有充分理由相信，今年这一目标定能尽早实现。

主席先生，

40 年前的这个时候，中国代表团首次来到这里，正式参加当时称作裁军委员会的工作。中国代表在理事会厅所作的首次发言中说：中国怀着维护世界和平的真诚愿望而来，希望裁军委员会顺应历史潮流，反映各国人民愿望，取得有利于世界和平的进展。

40 年来，中国始终站在国际社会最广泛成员一边，一直是国际军控防扩散进程的积极支持者、参与者和贡献者，迄今已加入 20 余项主要多边军控国际文书。我们积极支持和参加裁谈会工作，为谈判达成《禁止化学武器公约》《全面禁核试条约》等国际军控条约作出重要贡献。中国目前正在履行加入《武器贸易条约》国内法律程序，有望今年成为条约正式成员。中国积极致力于加强五核国合作机制，推动五国形成围绕全球战略稳定、核政策与核战略等问题开展交流对话的常设机制。中国恪守《不扩散核武器条约》历届审议大会成果文件，从不回避核武器国家的《不扩散核武器条约》义务和责任，与广大成员国一道，积极致力巩固和加强《不扩散核武器条约》机制，推动《不扩散核武器条约》继续为国际和平、安全与发展发挥不可替代的重要作用。

主席先生，

无论形势多么严峻，面临多少挑战，中国都将保持乐观自信，本着负责任和建设性态度，在联合国、裁谈会、《不扩散核武器条约》、五核国等各个多边平台传递正能量，作出新努力，以实际行动推动国际军控防扩散进程。我和我的团队也愿为裁谈会工作做出应有的贡献。

祝裁谈会开门大吉，万事如意！

祝大家新春快乐，阖家安康！

谢谢，主席先生。

吴海涛大使在安理会轻小武器问题公开会上的发言

（2020 年 2 月 5 日）

主席先生，

中方感谢越南担任安理会一月轮值主席期间所作的工作和努力，祝贺比利时担任安理会本月轮值主席，感谢中满泉副秘书长和斯布利特斯先生所作通报。

当前，国际安全形势复杂严峻，地区冲突和热点问题此起彼伏。正如秘书长在报告中指出，轻小武器非法贸易加剧地区武装冲突，助长暴力极端势力、恐怖分子和有组织犯罪集团活动，持续阻碍和平、安全与可持续发展。

安理会和秘书长本人为解决轻小武器问题作出积极努力并取得切实成果。安理会先后通过第 2117 号、第 2220 号决议，并在审议地区热点问题时充分考虑轻小武器因素。秘书长在裁军议程中将轻小武器问题列为优先关注方向，设立新的信托基金支持各国努力。为进一步防范和打击轻小武器非法贸易，中方愿提出以下主张。

一是强化政治解决。坚持通过政治、外交手段解决争端，维护国际和地区和平稳定，是消除轻小武器非法贸易的治本之策。应加强维和与战后重建努力，帮助有关国家实现经济繁荣和可持续发展。

二是强化国家责任。各国政府在打击轻小武器非法贸易方面承担首要责任，应建立和完善法律法规，加大执法力度。同时，严格履行安理会武器禁运决议，不向非国家实体转让武器，防止合法武器流入非法渠道。

三是强化联合国引领。各国应认真落实联合国轻小武器《行动纲领》三审会成果及《识别与追查国际文书》等国际义务，支持秘书长及联合国各机构发挥积极作用，推进打击轻小武器非法贸易的多边进程，共同分享安全治理红利。

四是强化国际合作。各国应本着自愿平等原则，积极参加多双边及区域务实合作。国际社会应根据发展中国家需求，在机制建设、能力培养、资金捐助、技术转让、人员培训等领域加大援助力度，切实提高其库存管理、识别和追查、收缴和销毁非法枪支的能力。

主席先生，

中国政府一贯坚决反对轻小武器非法贸易，对轻小武器出口采取慎重、负责态度，同时积极参与国际和地区合作，为打击轻小武器非法贸易作出努力。

中国国务委员兼外长王毅去年在联大宣布，中国已启动加入《武器贸易条约》的国内法律程序。这充分体现了中国支持多边主义、积极参与全球武器贸易治理、践行构建人类命运共同体理念的决心和诚意。

中方愿继续与国际社会一道，共同打击轻小武器非法贸易，妥善解决轻小武器非法转让、过度累积和滥用问题造成的人道主义问题，为维护国际和地区和平与稳定作出应有贡献。

谢谢主席先生。

中国主张五核国合作维护《不扩散核武器条约》机制

（2020年2月14日）

2020年2月12日至13日，五核国合作机制第九次年度正式会议在英国伦敦举行。英国外交部安全司司长德鲁主持会议，美国国务院助理国务卿福特、俄罗斯外交部军控司副司长列昂季耶夫、法国外交部战略安全与裁军司司长贝赫托洛蒂参加。中国外交部军控司司长傅聪率团出席。

傅聪表示，《不扩散核武器条约》（NPT）是国际核裁军与核不扩散体系的基石，是战后国际安全体系的重要组成部分。当前大国竞争加剧，美俄核裁军进程倒退，新兴科技军事化运用加速发展，损害全球战略稳定。同时，一些国家单边主义盛行，导致地区核热点延宕难决，和平利用核能领域政治化倾向突出，干扰正常国际合作。受此影响，《不扩散核武器条约》机制面临严峻挑战。

傅聪强调，五核国作为《不扩散核武器条约》法定核武器国家，有责任加强协调合作，推动条约十审会取得成功。一是恪守多边主义，坚定维护以国际法为基础的国际秩序，秉持共同、综合、合作、可持续的安全观，寻求共同和普遍安全；二是加强核政策对话，合作减少核风险，在战略能力建设和部署上保持克制，维护现有国际军控体系，规范新科技军事化运用，维护全球战略稳定；三是维护核裁军国际共识，推动地区核热点政治外交解决，打造和平利用核能合作亮点，加强《不扩散核武器条约》机制；四是坚持团结合作，尊重彼此关切，维护共同利益。

会上，针对中美俄三边军控谈判问题，傅聪强调，中方核力量与美俄完全不在一个量级，要求中方参与三边军控谈判既不公平也不合理。美俄作为拥有最大核武库的国家，应切实履行核裁军特殊责任，实现新 START 条约延期，并进一步大幅削减核武器，为其他核武器国家加入核裁军谈判创造条件。如美真的有意讨论战略安全问题，完全可利用五核国机制开展讨论。

五核国机制是中、美、俄、英、法在《不扩散核武器条约》审议进程中形成的协调机制，旨在就战略安全问题保持沟通，推动国际核军控进程。此次会议重点讨论了当前国际战略安全形势以及五核国合作，为将于今年举行的《不扩散核武器条约》第十次审议大会做准备。五核国团长并与条约十审会主席团、学术机构及广大无核武器国家开展交流。最后，五国形成下步工作规划，同意继续就核政策与核战略、减少战略风险等问题开展交流合作。

王群大使在伊朗核问题全面协议联合委员会上的发言

（2020 年 2 月 26 日）

2 月 26 日，伊朗核问题全面协议联合委员会政治总司长级会议在奥地利维也纳举行，讨论全面协议执行相关问题，并协调下步行动。欧盟对外行动署秘书长施密特主持，伊朗副外长阿拉格齐、俄罗斯副外长里亚布科夫及英国、法国、德国相应官员与会。中国常驻维也纳联合国代表王群大使率团出席。

王群首先感谢与会各方团结一心对中国抗击新冠肺炎疫情提供的宝贵支持；介绍了在习近平主席领导下中方采取的最全面、最彻底、最严格的防控举措已取得积极成效和当前疫情防控呈现的良好态势，以及为维护全球公共卫生安全作出的巨大贡献；强调中方也关注伊朗、欧洲的疫情发展，愿与各方一道携手合作，共同应对当前面临的公共卫生挑战。王群说，不论是抗击新冠肺炎疫情这样的公共卫生挑战，还是应对防扩散领域的安全挑战，都需要国际社会通过多边主义作出共同努力。我们既要消灭威胁人民健康的新冠病毒，也需要战胜威胁伊核全面协议的政治病毒。中方将与各方一道，一如既往地支持多边主义，坚定不移地推进国际合作。

王群指出，全面协议是多边外交的重要成果，得到国际社会大多数国家的支持。美国退出全面协议并对伊朗极限施压，是造成伊核局势持续紧张的根源，也是全面协议面临的最大威胁。我们站在历史正确的一边，形势越是困难，越是要坚定信心，把正确的事情办到底。任何外交努力都应以维护全面协议为基本前提，各方必须以维护全面协议为出发点，客观公正处理伊核问题。伊方在减少履约方面总体保持克制，继续接受国际原子能机构监督核查，并强调其所采取的所有措施都是可逆的。当前形势下，中方希望全面协议各方从长远和大局出发，坚持在联委会框架下解决履约分歧。

王群强调，当务之急是各方共同努力恢复全面协议权利与义务的平衡，按照循序渐进和分步对等原则，采取实际举措，推动完整、有效履行全面协议。中方期待欧方对伊“贸易结算支持机制”发挥实效，并采取其他举措切实保障伊方经济利益，支持法方早日重启外交斡旋。同时，中方也鼓励伊方继续致力于恢复全面履约。阿拉克重水堆改造项目现在不断取得新的进展，中方将在此基础上，继续与各方一道，进一步推进这一项目。

与会各方纷纷赞赏中国在应对疫情过程中所采取的果断、有力举措，充分肯定中方抗疫措施既有效保障了本国人民的生命安全和身体健康，也为阻止疫情向外扩散作出贡献。相信在中国政府和人民的不懈努力下，中方一定能尽早战胜疫情，并将疫情对经济社会发展的影响降到最低。各方一定要加强合作，争取早日在全球范围内战胜疫情。

会后，欧盟对外行动署秘书长施密特发表主席声明，表示，欧盟将与中国、伊朗等所有受疫情影响的国家团结一致，也支持其为防控疫情所付出的努力，欧盟并特别赞赏中国等为应对全球公共卫生挑战所作出的贡献。声明表示，各方重申致力于维护全面协议，推动缓和伊核局势，将努力保障伊方经济利益，恢复全面协议权利和义务平衡，希望伊方全面履行核领域承诺，继续与国际原子能机构保持合作，欢迎中方等推动阿拉克重水堆改造取得进展。

吴海涛大使在安理会“在2020年审议大会前支持《不扩散核武器条约》”公开会上的发言

（2020年2月26日）

主席女士，

中方感谢中满泉副秘书长和《不扩散核武器条约》（NPT）十审会候任主席斯劳维宁大使所作通报。

《不扩散核武器条约》是国际核裁军与核不扩散体系的基石，是战后国际安全体系的重要组成部分，为推动核裁军、防止核扩散、促进核能造福人类提供了重要制度保障。今年是条约生效50周年，也是无限期延长25周年。在条约十审会即将召开之际，安理会成员有必要回顾条约发挥的历史作用，展望条约促进国际和平、安全与发展的时代意义，推动审议大会取得成功。

主席女士，

当前，国际安全领域挑战增多，大国竞争加剧，对全球战略稳定造成严重影响。核裁军领域矛盾激化，防扩散领域单边主义盛行，和平利用核能政治化倾向突出。在新的历史条件下，继续加强条约机制，平衡推进条约核裁军、核不扩散与和平利用核能三大支柱，对维护国际和平与安全、促进人类进步与发展至关重要。为此，中方主张：

一是恪守多边主义，捍卫以国际法为基础的国际秩序。应秉持共同、综合、合作和可持续的安全观，照顾各方合理安全关切，寻求共同和普遍安全。应维护联合国、裁军谈判会议等现有多边军控裁军机制，反对退约和违约行为。应共同推动外空、网络、人工智能等新疆域建章立制，应对战略安全新挑战。

二是坚持循序渐进核裁军路线，切实减少核风险。核武器国家应切实降低核武器在国家安全战略中的作用，重申“核战争打不赢，也打不得”理念，在战略能力建设和部署问题上保持克制。核裁军应遵循“维护全球战略稳定”和“各国安全不受减损”原则，拥有最大核武库国家应延续双边核裁军条约，进一步大幅实质削减核武器，为其他核武器国家加入核裁军进程创造条件。

三是加强核不扩散体系，消除核武器扩散风险。核武器扩散有着复杂的根源，需标本兼治，综合治理。应加强国际核不扩散机制的权威性和普遍性，摒弃双重标准和选择性做法。应推动地区核热点问题的政治解决，支持完整有效执行伊朗核问题全面协议，支持美朝关于半岛无核化的对话进程，支持落实历届条约审议大会成果文件以及建立中东无大规模杀伤性武器区的决定。

四是充分挖掘潜力，促进和平利用核能及相关国际合作。和平利用核能是条约赋予缔约国不可剥夺的权利。防止核武器扩散不应损害各国、特别是发展中国家和平利用核能的正当权利。国际原子能机构应发挥积极作用，推动各国在和平利用核能领域开展交流与合作，促进共同发展和繁荣。

主席女士，

中方切实履行条约规定和以往审议大会成果，已向条约十审三筹会议提交国家履约报告，全面阐述对条约三大支柱的政策主张及履约成就，将更新完善国家履约报告并向十审会提交。

中方积极参与五核国合作，在 2018 年的北京五核国年度会议上推动各方明确下步合作方向。在今年伦敦五核国会议上，中方同其他四核国、条约主席团等有关各方深入讨论维护条约机制问题。中方牵头五核国核术语工作组取得重要进展，将向十审会提交新版核术语表。五核国达成系列合作举措，助力十审会取得成功。

中方作为条约缔约国，始终坚定维护条约普遍性、有效性和权威性，致力于推动条约审议进程，为推进核裁军进程、维护核不扩散机制、促进和平利用核能及相关国际合作作出不懈努力。中方始终坚持走和平发展道路，奉行独立自主的和平外交政策和防御性国防政策。中方将继续积极践行多边主义，坚定维护国际军控与防扩散体系，为促进人类和平与安全的崇高事业贡献力量。

谢谢主席女士。

王毅国务委员兼外长就伊朗核问题向联合国秘书长和安理会致函

（2020 年 6 月 11 日）

2020 年 6 月 7 日，国务委员兼外交部长王毅就伊朗核问题致函联合国秘书长古特雷斯和安理会本月轮值主席、法国常驻联合国代表德里维耶尔，并要求作为安理会正式文件散发。

王毅在函中表示，伊朗核问题全面协议业经联合国安理会第 2231 号决议核可，是多边外交的重要成果，也是国际核不扩散体系的关键要素。美国单方面退出全面协议，恢复对伊朗非法的单边制裁，此举违反了全面协议和安理会第 2231 号决议。我们敦促美国放弃没有国际法依据的单边制裁和“长臂管辖”，回归遵守全面协议和安理会决议的正确轨道，与各方共同维护国际核不扩散体系，维护中东地区和平与稳定。

王毅表示，中国坚定维护安理会决议的权威性，坚定维护全面协议的有效性，不认同美国在安理会推动延长对伊朗武器禁运。安理会第 2231 号决议的所有规定，包括武器禁运有关安排应得到认真执行。作为全面协议退约者，美国已经丧失协议参与方资格，无权要求安理会启动“快速恢复制裁”机制。

王毅指出，维护和执行好全面协议是解决伊朗核问题的唯一正确途径。当务之急是按照分步对等思路，保障伊朗经济红利，同时推动伊朗恢复全面履约，恢复全面协议权利和义务的平衡。中国将同有关各方及国际社会一道，继续维护全面协议和安理会决议，维护多边主义，推动伊朗核问题的政治外交解决。同时，我们也将坚定维护自身的合法权益。

2015 年 7 月 14 日，伊朗同中国、美国、俄罗斯、英国、法国和德国及欧盟达成伊朗核问题全面协议。当月 20 日，联合国安理会一致通过第 2231 号决议核可了全面协议。美国于 2018 年 5 月退出了伊核问题全面协议。近日，伊外长致函联合国秘书长古特雷斯，强调美国已退出全面协议，因此对安理会第 2231 号决议不再有发言权。俄罗斯外长拉夫罗夫致函古特雷斯秘书长和安理会轮值主席，谴责美国加剧伊核问题紧张局势、破坏全面协议和安理会第 2231 号决议。英、法、德和欧盟发表联合声明，强调将继续维护全面协议。

国家原子能机构主任张克俭在国际原子能机构六月理事会上的发言

（2020 年 6 月 16 日）

主席女士：

首先，请允许我向主席女士、总干事及秘书处表示衷心感谢，感谢你们在新冠肺炎疫情的特殊时期为此次理事会顺利召开所作出的努力。

此次新冠肺炎疫情是近百年来国际社会经历的最严重的全球公共卫生突发事件。在面临疫情严峻挑战时，格罗西总干事领导秘书处通过在线办公等方式，有条不紊地推动重要业务平稳运转，充分体现了机构的专业素养和敬业精神。在格罗西总干事领导下，秘书处还积极响应成员国诉求，迅速启动抗疫技合项目，调动资源协助成员国有效应对疫情。中国代表团对格罗西总干事在应对疫情中展现的领导能力深表赞赏，对秘书处同事坚守职责表示敬意。

主席女士，

中国代表团赞成尊敬的马来西亚大使代表七十七国集团和中国就本议题所作发言。中方满意地注意到，2019 年 10 月，机构成功举办了首次“气候变化与核能作用”国际大会，来自 79 个国家和 17 个国际组织 500 多名代表参会，进一步凝聚了各方对核能是清洁、绿色、低碳能源的重要共识。近期，新冠肺炎疫情对各国能源生产及消费造成重大冲击，核能在关键时刻经受住了考验，成了稳民生、保供应的“压舱石”。我们倡议，机构应组织有关成员国评估核能在应对疫情中所发挥的作用，中方愿意与各国分享自身经验。

主席女士，

核技术非动力应用日益广泛，在提高人民生活水平、实现可持续发展中发挥着重要作用。核技术应用在中国疫情防控中大显身手，受到广泛关注。我们采用了辐照技术为医疗防护物资灭菌，有效提升了灭菌效率，缓解了特殊时期防护物资供应不足的燃眉之急；我们在疫情严重地区试点采用电子束处理医疗废水废物，突出展现了电子束去污效率高、无辐射和化学残留的独特优势。近日，全球最大的电子束处理工业废水项目在中国建成投运，实现了7台电子加速器联机运行、日处理废水3万吨的能力，电子束治污技术迈入大规模商业化应用阶段。

主席女士，

中国积极支持机构各项活动，愿与其他成员国特别是发展中国家分享核能、核技术发展经验。2019年，中国承办机构各类会议和研讨活动31次，涉及核能、核安全、核安保、核应急以及技术合作等诸多领域，接待了133个成员国的870名参会专家，安排了33个成员国共计77人次科访和进修活动。中国与机构设立了“核农学协作中心”与“核安保协作中心”，正在积极商讨设立“利用昆虫不育技术防控蚊媒的协作中心”。中方愿意利用这些平台，与其他成员国加强核技术领域的交流和合作，为促进世界经济社会发展、实现可持续发展目标作出积极贡献。

“中国政府原子能奖学金”项目设立两年来，通过技术合作渠道接收了来自非洲、亚洲、拉美地区14个成员国的25名留学生来华攻读核工程与核技术专业硕士、博士学位，为发展中国家核专业人才培养作出了积极贡献。借此机会，我宣布中国将为“居里夫人奖学金”项目每年提供10个硕士研究生名额，欢迎致力于核科学技术发展的女性申请。

在发表上述评论后，中国代表团注意到载于GOV/2020/8号的2019年年度报告。

谢谢主席女士。

中国代表团参赞戴怀成
在国际原子能机构六月理事会上的发言
——伊核问题全面协议

（2020 年 6 月 16 日）

主席女士，

中方注意到国际原子能机构总干事提交的“根据联合国安理会第 2231 号决议在伊朗实施监督与核查”的报告（GOV/2020/26）。报告确认机构对伊执行伊核问题全面协议核领域承诺保持监督核查，伊迄未实施第五阶段减少履约措施，且未将申报的核材料转用其他目的。中方感谢总干事和秘书处所作努力，对伊方与机构保持充分合作表示赞赏。

2015 年 7 月达成的全面协议是多边外交的重要成果，是国际核不扩散体系的重要组成部分，也是中东和平稳定的重要支撑。但令人遗憾的是，美违反联合国安理会第 2231 号决议，单方面退出全面协议，不断强化对伊极限施压，阻挠他国执行协议。这种单边霸凌行径是伊核局势紧张的根源。我们敦促美方放弃单边制裁和“长臂管辖”的错误做法，尽快回到遵守全面协议和安理会决议的正确轨道。

作为对美方极限施压的反制，伊方分阶段采取减少履约措施。伊方并表示，一旦经济利益得到保障，愿随时恢复全面履约。中方对出现这一局面表示遗憾，理解伊方合理关切，注意到伊方始终保持克制态度，恪守《不扩散核武器条约》规定的义务，接受机构严格的监督核查。中方鼓励伊方继续与机构保持合作。同时，希望机构继续秉持客观、公正、中立的原则，严格按照授权开展对伊监督核查工作。

主席女士，

当前形势下，维护和执行全面协议是解决伊核问题的唯一正确途径。中方注意到协议各方均仍致力于维护全面协议，愿在联委会框架内继续探讨解决履约分歧的办法。当务之急是各方加强对话，按照分步对等原则，尽早达成妥协方案并付诸实施。我想强调的是，国际社会在推动伊恢复全面履约的同时，也应切实采取措施保障伊经济红利，实现全面协议权利和义务的平衡。

全面协议关于核项目的安排反映了伊防扩散义务与和平利用核能权利的平衡，体现了《不扩散核武器条约》的宗旨和原则。遵守并落实相关安排，符合各方共同利益，也是各方共同责任。日前，美执意取消对阿堆改造等全面协议核领域项目的制裁豁免，这是其破坏全面协议执行的最新例证。中方对此坚决反对，将同各方一道，继续坚定维护全面协议，坚定维护自身合法权益。

主席女士，

6 月 8 日，王毅国务委员兼外长致函联合国秘书长和安理会轮值主席，阐述了中方在伊核问题上的立场。中国坚定维护安理会决议权威性和全面协议有效性，反对美方在安理会推动延长对伊朗武器禁运。安理会第 2231 号决议的所有规定，包括解除武器禁运有关安排应得到认真执行。作为全面协议退约者，美国已经丧失协议参与方资格，无权要求安理会启动“快速恢复制裁”机制。

中方将继续同各方一道，为维护全面协议作出不懈努力，积极推动伊核问题的政治外交解决进程。

谢谢主席女士。

王群大使在国际原子能机构六月理事会上的发言

（2020 年 6 月 18 日）

主席女士，

中方注意到总干事提交的“伊朗《不扩散核武器条约》保障监督协定”报告（GOV/2020/30）。尽管伊准入本身系保障监督协定的问题，但当前形势下，上述报告及有关国家就此提交决议草案，有可能开启一个进程，使伊核问题重新回到何去何从的十字路口。对此，中方深表遗憾。

一个时期以来，伊核问题再起波澜，紧张局势上升，根本原因是美单方面退出伊核全面协议及其对伊极限施压政策这种单边主义和霸凌行径。日前，美又取消全面协议核领域项目制裁豁免，公开推动联合国安理会延长对伊常规武器禁运，彻底毁掉全面协议。在此背景下，机构秘书处仍坚持在本次理事会前即仓促作出伊“拒绝”接受核查准入的结论，并出台相关报告，中方对此表示严重关切。

主席女士，

处理对伊保障监督问题，我们需要注意以下三个基本事实。一是总干事报告提及的核查准入问题并不紧迫。正如机构秘书处在今年三月理事会所说，此事年代久远，所涉核材料数量很少，“本身既不紧迫”，“也无扩散风险”。二是自 2016 年全面协议执行以来，伊始终与机构在核查监督问题上保持高水平合作，是接受机构核查最多的国家。三是机构副总干事两次赴伊举行政治对话。伊朗也多次重申决心继续与机构对话与合作，并根据全面保障监督协定及其附加议定书规定履行自身与机构合作的义务。伊朗并已邀请机构赴伊访问和磋商。

上述报告（GOV/2020/30）尽管是总干事的个人报告，无需成员国讨论同意，但确可以是理事会，甚至安理会采取行动的依据。为此，报告理应公正、客观、合规。为此，中方希望机构秘书处澄清：

第一，这份报告所涉核查准入要求是否符合有关保障监督协定和附加议定书的规定，具体法律依据是什么？目前理事会在上述准入要求的合法性问题上仍存有分歧是否是不争的事实？

第二，报告未经核查即认定伊“可能”从事天然铀钻孔和混合活动、“可能”从事与核燃料循环相关的铀转化和氟化活动并“可能”为使用中子探测器开展防护实验进行常规爆炸试验。这是否是先入为主，甚至有罪推定？

第三，上述三个“可能”，表明机构本身迄今对伊相关活动并不肯定，在此情况下，特别是伊在6月多次明确重申“决心与机构继续合作”并业已邀请机构副总干事再次访伊的情况下，为什么机构仍选择坚持仓促提交报告，并作出伊“拒绝”提供准入的结论？这究竟在客观上是在促进解决相关问题，还是激化矛盾？

主席女士，

鉴于上述，中方认为在伊准入问题上仍有解决问题的空间。在此情况下，中方不认同秘书处就此问题目前即提交总干事报告的做法，也不认同其作出的结论。中方更不认同有关国家在存有争议的结论的基础上所提出的决议。有关国家一方面坚持提出决议，另一方面又否认此举的危害，这是典型的鸵鸟政策，也是完全不负责任的。上述决议草案一旦通过，就可以成为联合国安理会采取进一步行动、从而导致伊核全面协议终结的依据。这还将危害保障监督协定、附加议定书以及整个以《不扩散核武器条约》

为基石的国际核不扩散体系。

主席女士，

中方呼吁伊方认真履行保障监督协议和附加议定书义务，本着灵活和建设性态度，继续就准入问题与机构秘书处深入沟通，通过对话合作早日找到妥善解决方案。

中方呼吁机构客观、公正、中立履职，按照有关规定开展对伊核查监督，避免政治化。

中方呼吁美国改弦更张，放弃对伊极限施压的错误政策。

中方呼吁有关国家放弃借理事会决议对伊施压的做法，不再推动将此付诸表决。

主席女士，

当前形势下，维护伊核全面协议有助于维护多边主义和国际核不扩散体系，维护中东地区和平与稳定，符合各方根本利益。

中方呼吁有关各方都站在历史正确的一边，体现历史担当，继续支持机构与伊通过建设性对话合作，妥善解决相关保障监督问题。无论如何，伊核问题都不能回到过去对抗的老路。

谢谢主席女士。

中国代表团在国际原子能机构六月理事会关于朝鲜半岛核问题的发言

（2020 年 6 月 18 日）

主席女士，

当前朝鲜半岛形势总体平稳，虽然朝美对话僵局仍未打破，但双方并没有关上对话大门。应当看到，朝美对话不畅的主要症结在于朝方的合理关切未得到应有重视和解决。要消除这一阻碍，美方就应切实显示灵活，对朝方已采取的无核化措施作出回应，与朝方形成良性互动。朝韩改善关系也很重要，有利于维护半岛对话缓和势头。

维护半岛和平稳定，推进政治解决进程，符合有关各方共同利益，也是国际社会普遍期待。中方将继续支持朝美对话，支持朝韩和解合作，愿同国际社会一道，按照“分阶段、同步走”原则和“双轨并进”思路，致力于劝和促谈，为推动半岛无核化进程、维护地区长治久安发挥积极作用。

中方注意到机构在继续研究涉朝核查问题，支持机构秘书处根据将来可能达成的政治方案和理事会授权发挥作用。

谢谢主席女士。

中国代表团在国际原子能机构六月理事会伊核问题决议草案表决后的解释性发言

（2020年6月19日）

主席女士，

中方此前已在该议题下发言，全面阐述中方有关立场。

当前，理事会各方在机构要求准入的合法性上仍有不同看法，机构有关报告作出伊“拒绝”提供准入的结论尚存争议。伊方多次确认决心与机构合作解决有关准入问题。当前仍有外交解决空间。在此情况下，中方不认同秘书处就此问题目前即提交总干事报告的做法，也不认同其作出的结论。中方更不认同有关国家在存有争议的结论的基础上所提的决议。上述决议通过，就可以成为联合国安理会采取进一步行动、从而导致伊核全面协议终结的依据。这还将危害保障监督协定、附加议定书以及整个以《不扩散核武器条约》为基石的国际核不扩散体系。

基于上述，中方对该决议草案投反对票。

中方认为，无论如何，伊核问题都不能再回到过去对抗的老路，有关各方均必须作出努力。为此，中方呼吁伊方本着灵活和建设性态度，继续就准入问题与机构秘书处深入沟通，通过对话合作早日找到妥善解决方案。中方呼吁机构客观、公正、中立履职，按照有关规定开展对伊核查监督，避免政治化。中方呼吁美方改弦更张，放弃对伊极限施压的错误政策。中方呼吁有关国家放弃借理事会决议对伊施压的做法。

当前形势下，有关各方应保持冷静和克制，站在历史正确的一边，体现历史担当，坚定维护伊核全面协议，这有助于维护多边主义，维护国际核不扩散体系，维护中东地区和平与稳定。

谢谢主席女士。

常驻联合国代表张军大使在安理会伊朗核问题公开会上的发言

（2020年6月30日）

主席先生，

我感谢迪卡洛副秘书长、佩克斯汀大使和斯科格大使所作通报。欢迎古特雷斯秘书长和扎里夫外长与会。

伊朗核问题全面协议是重要多边协议，业经联合国安理会第2231号决议核可，具有法律约束力，应得到切实有效执行。中国国务委员兼外长王毅日前致函联合国秘书长和安理会主席，全面阐述中方在伊核问题上立场。维护全面协议有助于维护多边主义，维护以国际法为基础的国际秩序，维护国际核不扩散体系，维护中东地区和平稳定。

美国单方面退出全面协议，恢复对伊朗单边制裁，这是造成当前伊核危机的根源。正如秘书长最新报告指出，美方采取的单边行动与全面协议和决议目标相悖。日前，美国又取消全面协议框架下核领域项目的制裁豁免，公开推动安理会延长对伊武器禁运，再次破坏各方维护全面协议的努力。我们敦促美方放弃非法单边制裁和“长臂管辖”，回归遵守全面协议和安理会决议的正确轨道。

中方反对美国在安理会推动延长对伊武器禁运。安理会第2231号决议的所有规定，包括武器禁运有关安排应得到认真执行。作为全面协议退约者，美国已经丧失协议参与方资格，无权要求安理会启动“快速恢复制裁”

机制。

伊核形势正处于关键阶段，全面协议面临严峻考验。完整、有效执行全面协议是解决伊核问题的唯一正确途径。伊朗减少履行协议是美极限施压的结果。有关各方应保持克制，在联合委员会框架下通过磋商化解分歧，避免局势复杂化。中方不认同国际原子能机构理事会就对伊保障监督问题通过决议，呼吁各方重视伊方决心与机构继续合作的态度，早日找到解决方案。

伊核问题同中东地区和平稳定紧密相连，维护全面协议符合包括地区国家在内的各方共同利益。地区国家应通过对话、谈判等方式妥善解决彼此间矛盾，域外国家应努力为地区恢复和平安宁注入正能量，共同为缓解地区紧张局势、推动地区热点问题解决发挥建设性作用。

主席先生，

中方赞赏秘书长在报告中强调应维护全面协议，呼吁各方避免采取挑衅言行，欢迎对伊“贸易结算机制”取得进展，鼓励各方支持和用好采购渠道，支持各方继续同伊开展经贸合作，共同应对新冠肺炎疫情挑战。

中方赞同其他一些国家看法，秘书长报告应基于事实依据，客观、平衡、全面反映决议执行情况。第 2231 号决议执行机制不是制裁机制，秘书处应严格按照授权和职能行事。此次报告未能充分照顾和反映伊方合理关切，仅凭个别国家单方面信息就武器来源等问题作出结论。中方对此深感遗憾，希望秘书处重视上述关切。

中方注意到，有关国家对伊射导射星问题表达关切。伊方多次阐明其导弹计划的常规、自卫性质。中方希望各方准确解读安理会决议，避免影响执行全面协议大局。

主席先生，

自全面协议达成以来，中方始终致力于维护安理会决议的权威性，维护全面协议的有效性。中国将同有关各方及国际社会一道，为推动伊朗核问题的政治外交解决作出不懈努力。安理会应切实承担历史责任，站在国际法的一边，站在多边主义的一边，站在和平与对话的一边，避免伊核问题再次回到“施压与对抗”的老路。

谢谢主席先生。

中国裁军大使李松在裁谈会 2020 年二期会全会上的发言

（2020 年 6 月 30 日）

主席先生：

由于新冠肺炎疫情原因，裁谈会经过长达 3 个月休会，今天终于复会。非常高兴重回万国宫与各国同事见面。我对你本人、裁谈会主席团和秘书处的努力表示衷心感谢。中国代表团将积极支持你的工作。我愿借此机会，祝贺你就任裁谈会主席，热烈欢迎突尼斯巴托吉（Sabri Bachtobji）大使、韩国林相范（Lim Sang-beom）大使、阿根廷维尔加斯（Federico Villegas）大使到任，并期待着与他们通力合作。

主席先生，

新冠肺炎疫情是人类共同的敌人，是世界各国共同面临的挑战。面对疫情，是坚持科学理性还是制造政治分歧？是相互尊重借鉴还是指责推诿？是加强国际合作还是寻求脱钩孤立？是推进多边协调还是奉行单边主义？各国都需要对历史交出自己的答卷。国际抗疫努力进一步凸显了坚持多边主义、致力于团结合作的至关重要意义，这也是我们最终战胜疫情，共同致力于构建人类命运共同体的根本保证。

新冠肺炎疫情给国际政治和安全形势带来新的挑战。政治病毒严重冲击大国关系，毁约退约行为继续发生，新的太空部队有了自己的军旗。尽管如此，在联合国成立 75 周年，《不扩散核武器条约》生效 50 周年这样一个特殊年份，国际社会广大成员更加坚定地支持多边主义，维护现有国际军控防扩散机制。疫情期间，关于“后双边世界”“军控新时代”的思考和讨论在线上继续展开。历史是一步一个脚印走出来的。“后双边世界”不应将拥有最大核武库国家的核裁军特殊责任和义务一笔勾销。新时代军控必须建立在重信守诺基础上，彻底摒弃冷战思维，维护共同安全。大国相互尊重，避免冲突对抗，加强战略互信，是国际军控进程的重要前提和保证。任何国家都不应以一己私利为“优先”，成为多边军控的“例外”。

主席先生，

在全球抗击疫情努力中，中国把人民生命安全放在首位，率先采取果断行动，付出巨大代价和牺牲，积极支持世界卫生组织，大力开展国际援助与合作，为维护全球公共卫生安全作出了重要贡献。这充分体现了中国支持多边主义、促进国际团结合作的责任担当。

与此同时，中国继续为推进国际军控进程作出贡献。我在此高兴地向裁谈会通报，6月20日，中国全国人大常委会表决通过关于加入《武器贸易条约》的决定，这意味着中国基本完成了有关国内法律程序，即将成为《武器贸易条约》成员国。在个别大国选择转身走开的时候，我们以加入的方式，为条约作出中国贡献。这是中国支持多边主义、推动构建人类命运共同体的又一重要举措，将对进一步提升《武器贸易条约》的普遍性和有效性产生积极影响。

“疫情封闭”期间，我每天照常到办公室上班，与各国同事保持密切沟通，围绕裁谈会和联大一委、《不扩散核武器条约》审议大会、联合国裁军咨询委员会等领域的工作加强交流和协调。我和我的团队期待着裁谈会充分利用今年剩余会期，积极开展工作。我们愿与各国代表团一道，就全球政治安全形势对国际军控进程的深刻影响，多边军控前景和方向，以及战略稳定与核裁军、防止外空军备竞赛等领域的各项突出议题进行坦诚深入的讨论。中国代表团也期待着与各方围绕上述问题开展实质性工作。

新冠肺炎疫情背景下，生物安全问题越发受到国际社会高度重视。各国驻日内瓦裁军团队一方面需充分利用《禁止生物武器公约》机制平台，积极致力于促进各国生物安全及相关国际合作，进一步加强公约机制，其中包括谈判缔结核查议定书；另一方面，我们也有必要认真研讨，裁谈会能为加强生物安全做些什么？在此方面，俄罗斯提交的“制止化学和生物恐怖主义行为国际公约草案”，值得各方认真研究。

我建议裁谈会主席团在充分征求各成员国意见和建议的基础上，围绕上述工作形成全面、平衡的会议安排，以利裁谈会有序开展工作。

谢谢，主席先生。

中美裁军大使在裁谈会隔空交锋

（2020 年 7 月 1 日）

6 月 30 日，日内瓦裁军谈判会议在万国宫举行全会，中国裁军大使李松到场全程参会，介绍中方对新冠肺炎疫情背景下国际政治安全形势和国际军控进程的看法主张。美国裁军大使伍德通过视频连线发言，在新冠肺炎疫情问题上恶毒攻击中国政府隐瞒疫情、贻害世界。伍德还对中国核军控政策及军力建设无理指责，妄称中国对世界和平与安全构成主要威胁，并援引《环球时报》主编胡锡进发表的关于中国应将核弹头数量扩充至1000 枚的言论，要求中方作出解释。李松大使两次行使答辩权，对美方予以严词驳斥。

李松对美国大使在发言中对中国的一系列恶毒攻击和无理指责表示强烈反对、坚决拒绝。他指出，美方关于新冠肺炎疫情问题对中方的恶毒攻击，完全是企图摆脱自身国内国际抗疫责任的一派胡言。美方拙劣的“甩锅”伎俩早已为世人所熟知，其谎言欺骗不了世界，欺骗不了人民，只能骗骗自己。面对疫情，中国政府为本国人民做了什么，为世界抗疫努力作出哪些贡献？而美国政府为本国人民和世界又做了什么？世人自有公论，历史自有公论！

李松表示，美国大肆奉行单边主义、例外主义，退出一系列重要国际安全和军控条约，其影响相当于“大规模毁灭性武器”，使美俄双边核裁军体系濒于崩溃，同时也使自己的国际信誉荡然无存。美方提出所谓“中美俄三边军控对话”，完全是其摆脱自身核裁军责任与义务、谋求在欧洲和亚太地区部署战略力量的借口，中方早就表明了坚决反对的态度。美国作为拥有最大、最先进核武库的超级大国，理应承担大幅度削减核武库的特殊、优先责任，这是国际社会长期共识。美国历史上欠全世界的裁军账，不能单凭一句“后双边世界”就“一风吹”！军控不是儿戏，更不是把戏。用一张假照片作幌子的“维也纳三边对话”愚弄不了世界。我们敦促美方认真响应俄罗斯倡议，使新START条约得以延期，并继续致力于大幅度削减自身核武库，为多边核军控与裁军进程创造必要条件。

李松强调，究竟哪个国家的国家安全战略、全球霸权政策、国际霸凌行径，及其世界上最先进、最庞大的核武库对世界和平与安全构成最大、最现实的威胁？各国心里都很清楚。无论从核战略政策，还是从核武库规模看，中美都完全不具可比性。中国不是美国，不会奉行美国的核政策。中国有限的核力量完全是防御性的，不针对任何国家，我们也不会参加核军备竞赛。任何无意威胁和损害中国主权、安全和领土完整的国家，都不会受到中国国防力量的威胁，也不应该感到这样的威胁，除非它自己心里有鬼！中国从不回避自身承担的国际责任和义务，愿与各方在裁谈会、五核国机制和联合国其他军控机制积极开展对话合作，共同推进国际军控、裁军和防扩散进程。

关于《环球时报》主编发表的言论，李松说，一位报纸主编在个人微博上发表的看法，不能代表中国军控政策，但我们同时坚决反对有人借此对中国的国防现代化建设横加指责。从胡主编的原话看，他提出有关看法针对的是个别美国政客对中国的敌视和威胁，而这在一定程度上反映了一些中国公众和更广泛国际公众的普遍担忧，恰恰说明美国一些人头脑中根深蒂固的冷战思维的严重危害性。这才是问题的实质！冷战思维不可能使美国“再次强大”，更不可能给世界带来安全。

中国常驻联合国代表张军大使向联合国秘书长交存中国关于《武器贸易条约》的加入书

（2020年7月6日）

7月6日，中国常驻联合国代表张军大使向联合国秘书长古特雷斯交存中国关于《武器贸易条约》的加入书。

张军大使在交存加入书后表示，中国政府一向高度重视常规武器非法转让和滥用引发的各方面问题，支持《武器贸易条约》的宗旨和目标，赞成采取必要措施，规范常规武器贸易，打击非法武器转让。同时，中国一贯严格管理本国军品出口，有关政策和措施完全达到甚至超出了《武器贸易条约》的要求。特别是中方仅向主权国家出口军品，不向非国家行为体出口军品，这充分体现了中国对军品出口的高度负责任态度。中方呼吁各方严格管理军品出口，不向非国家行为体出口军品，停止通过军品出口干涉主权国家内政。

张军大使强调，加入《武器贸易条约》是中国积极参与全球武器贸易治理、维护国际和地区和平稳定的重要举措，体现了中方维护现有国际军控体系、支持多边主义、践行构建人类命运共同体理念的决心和诚意。中国的加入将进一步提升该条约的普遍性，为全球安全治理和国际军控进程注入正能量。

张军大使指出，当今世界面临重重挑战，而单边主义已成为动乱之源。一段时间以来，个别国家接连退出多边军控协定、有关国际条约和国际组织，不断“毁约”“退群”，大搞单边霸凌行径，给全球战略平衡与稳定带来巨大不确定因素，对世界各国携手应对全球性挑战造成严重危害。当前形势下，大国尤其要重信守诺，体现责任担当，为维护国际秩序，维护国际法治，维护联合国作用，维护多边主义作出表率与贡献。

张军大使表示，中方将继续坚定站在多边主义一边，站在公平正义一边，恪守《联合国宪章》宗旨和原则，维护国际军控条约体系，为构建规范合理的国际武器贸易秩序、维护国际和平与稳定、促进世界各国共同发展作出更大贡献。

《武器贸易条约》于 2013 年 4 月 2 日在联合国大会上通过，并于 2014 年 12 月 24 日生效。中国加入后，条约共有 107 个缔约国。中国国务委员兼外交部长王毅于 2019 年 9 月在第 74 届联合国大会上宣布，中国已启动加入该条约的国内法律程序。交存加入书，标志着中国已完成相关法律程序。根据该条约规定，其自交存之日起 90 天后对中国生效。

中国代表团在禁化武组织第94届执理事会上关于叙利亚化学武器调查鉴定问题的发言

（2020年7月7日）

中方注意到日前技秘处调查鉴定组出台的首份报告。我愿就此机会重申，中方一贯坚决反对任何国家、组织或个人在任何情况下、出于任何目的使用化学武器，支持禁化武组织根据《禁止化学武器公约》的规定，对可能使用化武事件开展全面、客观、公正调查，得出经得起历史和事实检验的结论。

调查鉴定组自成立伊始，就饱受争议。包括中方在内的不少国家从一开始就反对以投票方式通过超出公约范畴的“应对使用化武威胁决定”，对建立调查鉴定组存有关切。

首先，调查鉴定组成立超出公约授权。公约对于指称使用化武事件有详细的规定，设立“指称使用化武调查”和“质疑性视察”等机制开展调查，并明确规定相关调查程序和方法。这些机制旨在“澄清和解决可能存在的遵约疑问”。另起炉灶，建立专门所谓“使用化武追责调查”的新机制，其授权超出公约范畴，损害公约权威性和有效性。

其次，调查鉴定组工作方法缺乏透明，未体现全面、客观和公正原则。从具体程序上看，调查鉴定组未赴现场调查，缺乏直接证据，仅靠在第三国采访所谓“目击者”、采信非政府组织提供的样品、听取所谓“外界专家”意见，这些做法无法保证证据链的完整和闭合，与公约及其核查附件的有关规定背道而驰，难以确保调查结论的客观、真实与公正。而且，调查鉴定组的成员主要来自西方国家，未能体现公平地域代表性。

最后，公约确立的核查机制均为事实调查，对于是否存在违约行为，肇事者是谁，这些问题超出技秘处事实调查的技术授权，应依据公约第八条由执理会讨论决定。仅凭技秘处的几名国际职员认定化武使用责任人，不符合公约规定，超出公约范畴。

中方一再呼吁，应推动使用化武追责问题回归公约框架。技秘处作为技术性机构，应严格依照公约，秉持公正、客观、独立的精神做好本职工作。执理会等决策机构应发挥应有作用，以事实为依据，本着实事求是的精神，就报告进行充分讨论，依照公约相关规定予以处理。中方呼吁各方通过对话弥合分歧，妥善处理叙利亚化武问题，共同维护公约的权威性和严肃性。

中国代表团关于“处理叙利亚拥有及使用化学武器”决定草案投票的解释性发言

（2020年7月10日）

中国代表团在刚才对“处理叙利亚拥有及使用化学武器”决定草案投了反对票，我愿就此做解释性发言。

两年前，一些国家以强行推动投票的方式通过了充满争议的“应对使用化武威胁”决定。包括中方在内的不少国家对于成立调查鉴定组以及该小组的工作方式和程序提出质疑。在上述质疑未得到回应和解决的情况下，这些国家再次强行推动就“处理叙利亚拥有及使用化学武器”决定草案进行表决。这种做法不具建设性，只会进一步在缔约国之间制造分裂和对抗，导致禁化武组织的工作不断政治化。鉴于上述，并考虑到中方对于使用化武追责问题上的一贯立场，中方对该决定草案投了反对票。

目前，禁化武组织工作面临严重挑战，投票代替了对话。缔约国之间围绕使用化武追责问题分裂、对立。中方对待追责问题的出发点就是维护公约权威和完整性。这是一个原则问题。对于任何缔约国可能出现的指称使用化武情况，都应该以事实为依据，以公约为准绳，进行公正、客观的调查和处理。公约面前，所有缔约国都是平等的。缔约国都有责任和义务维护公约和禁化武组织的有效性和完整性，而不可一错再错，放任其沦为某些国家打压另一些国家的地缘政治工具。这涉及每一个缔约国的切身安全和利益。中方再次呼吁各方严格按照公约相关规定处理叙化武问题，以维护公约的严肃性和有效性。

中国裁军大使李松
在日内瓦裁谈会8月13日全会上的发言

（2020年8月14日）

主席先生：

中国代表团和我本人祝贺你担任裁谈会轮值主席，我们将一如既往地积极支持你和裁谈会主席团的工作。

在我就裁谈会和多边军控工作发表看法之前，不得不对美国大使刚才在发言中再次诬蔑、指责、攻击中国表示强烈反对！关于他在发言中涉及的问题，我已多次在这个场合全面阐述中方立场。我不想与美方重复有关论战，同时必须对他今天的发言作出以下原则性回应。

裁谈会是政府间谈判平台。我是中国特命全权裁军事务大使，肩负在这里与各位同事开展工作的职责使命。美方对中国有什么话，应该直接对我提出。这是外交的规矩。他们有什么资格对受到全中国人民拥护和爱戴的中国共产党恶意中伤?！我要求主席制止美方这种无理做法，呼吁成员国对此予以抵制。

一段时间以来，美国一些政客在国际上对中国共产党恶意攻击诋毁，企图把共产党与中国人民割裂开来，把共产党领导下的中国与国际社会对立起来，其实质是想搞乱中国，在国际关系中搞意识形态和社会制度的对立。不知是谁给他们出了这么一个馊主意。了解中国、了解历史的人们都知道，中国共产党与中国人民的关系如同鱼和水一样交融。中国共产党领导下的中国，是讲原则、讲道理、讲信誉的国家，不是冷战时期的两超，也无意做另一个美国。在全球奉行霸权主义，推行霸凌行径，在南海挑拨离间、兴风作浪、大搞军事化的不是中国，正是美国。中国始终是国际秩序和国际体系的坚定维护者，将继续沿着和平发展道路坚定走下去，永远不称霸、永远不搞扩张，永远做维护和平的中坚力量。美国政客的图谋不会得逞，必将受到中国人民和国际社会的坚决抵制。

美国大使对中国共产党的恶意攻击，与裁谈会工作无关。但我要说的话，与裁谈会乃至国际军控进程密切相关。美方搞这一套的根源在于固守冷战思维，企图把世界带回冷战时代，把大国再次拖进冲突与对抗，把世界重新推入动荡与分裂。我要正告美方，冷战只属于 20 世纪。美国某些人企图挑起“新冷战”，完全背离世界发展进步潮流和世界人民根本利益，在 21 世纪不得人心，注定失败。

需要特别指出的是，冷战思维是战略安全和国际军控的最大障碍和最危险敌人。一个固守冷战思维、把其他国家视为敌手、肆意摆脱国际条约束缚、放手发展军备的美国，真的以为损人利己、宽己律人的军控能行得通吗？美方自己忙着摆脱现有军控条约束缚，同时又吵吵着要把其他国家拉入军控谈判，甚至还信口开河地提出“不信任，要核查”（distrust and verify）这样荒诞的军控主张。你们主张的谈判，是对手、敌手之间的谈判，还是合作伙伴之间的谈判？你们是否准备照顾其他国家正当安全关切，作出平等互利的妥协，实现共同安全？没有互信，谈何军控？!

我还想提醒美国大使，世界上拥有最大核武库的国家只有两个，不是三个。美方关于中国扩大核武库的消息，连我都不知道，不知你们是从哪里打听到的，有什么事实依据？中方欢迎美国与俄罗斯继续开展双边军控对话，敦促美方响应俄方主张延长新 START 条约，继续致力于大幅度削减核武库，为多边核军控进程创造条件。

主席先生，

尽管今年的世界和多边进程深受新冠病毒和政治病毒影响，裁谈会由于客观局限难以全面开展工作，但支持多边主义、推动国际团结合作仍是人心所向、国际主流。疫情之前的裁谈会，6 月 30 日的裁谈会，以及今天的裁谈会，都得到广大成员国积极普遍参与，就是明证。中国代表团希望，裁谈会能充分利用今年剩余会期，继续就国际安全形势和多边军控进程展开深入思辨，为明年顺利达成全面、平衡的实质性工作计划和安排打下基础。裁谈会工作报告应对上述情况予以客观反映。

今年是联合国成立 75 周年。在攸关世界前途命运的重大关头，中国将继续坚定捍卫和践行多边主义，坚定维护以联合国为核心的国际体系，坚定推进世界多极化和国际关系民主化。无论由于当地疫情影响，联大一委能以何种方式召开，我们都希望看到，广大联合国成员国继续围绕国际形势和多边军控进程走向进行全面、深入、坦诚、务实的讨论，并就各方共同关心的重要军控议题通过决议，继续推进联合国框架下的多边军控进程。

我们期待着《不扩散核武器条约》（NPT）第十次审议大会能在明年 1 月顺利召开。坦率地说，《不扩散核武器条约》十审会深受新冠肺炎疫情影响，后期筹备进程至今仍充满巨大不确定性。但这将是一次继往开来的重要会议，对巩固和加强国际防扩散机制具有重要标志性意义。中国作为《不扩散核武器条约》核武器国家成员国，恪守《不扩散核武器条约》义务与承诺，将通过自己的努力，为审议会取得成功作出应有的贡献。其中一项重要内容就是进一步推动五核国对话与合作机制。我愿与五核国其他同事一道，致力于尽快恢复我们的机制性磋商，一方面为《不扩散核武器条约》十审会积极开展筹备，同时围绕全球战略稳定、加强战略互信、核政策与核战略、降低战略风险等问题开展交流对话，形成常设机制。五核国对话与合作机制行稳致远，对大国关系、国际军控进程、全面履行《不扩散核武器条约》义务都将具有重要意义。

中方与五核国其他成员之间就战略安全与军控问题一直保持着双边对话机制。尽管由于美方原因，中美关系面临前所未有的困难和挑战，中方以冷静和理智面对美方的冲动和焦躁，始终愿本着不冲突不对抗、相互尊重、合作共赢精神，与美方共同构建一个协调、合作、稳定的中美关系。同时，作为主权国家，我们也将坚定捍卫自身的主权、安全、发展利益。中方愿堂堂正正地与美方开展坦率有效的沟通，在平等、相互信任、相互尊重基础上，与美方就恢复战略稳定和军控领域的对话达成共识。

主席先生，

下周，中国将首次作为缔约国参加《武器贸易条约》缔约国大会。我们将与各缔约国一道，为加强条约机制、推进条约有效性和普遍性、促进相关国际机制之间的互动合作等问题进行深入探讨。12 月上旬，我们还将积极参加《禁止生物武器公约》专家会。我们期待着与各缔约国围绕新冠肺炎疫情背景下如何进一步加强各国生物安全能力建设、推进国际合作，以及进一步加强公约机制，特别是继续致力于谈判缔结核查议定书进行讨论。

我在今年 1 月裁谈会首次全会上说过，无论形势多么严峻，面临多少挑战，中国都将保持乐观自信，本着负责任和建设性态度，在各个多边平台传递正能量，作出新努力，以实际行动维护国际军控和防扩散进程。我们一直在这样做，并将继续做下去。

谢谢，主席先生。

张军大使在 8 月 14 日安理会表决会上的解释性发言

（2020 年 8 月 14 日）

8 月 14 日，安理会对美国提交的延长对伊朗武器禁运决议草案进行表决。中国和俄罗斯投了反对票，11 个安理会成员投了弃权票，决议草案未获通过。绝大多数安理会成员反对美方错误做法，认为应切实维护和执行伊核问题全面协议和安理会第 2231 号决议。中国常驻联合国代表张军大使作解释性发言。

张军大使指出，美方决议草案的实质是恢复对伊制裁，是美对伊“极限施压”政策的延续，与全面协议精神相悖，与第 2231 号决议条款不符，于法无据，于理不通。绝大多数安理会成员不支持美方决议草案。但美方对此置若罔闻，执意推动安理会对决议草案采取行动。在此情况下，中方从维护安理会决议权威、维护国际核不扩散体系、维护地区和平稳定出发，对决议草案投了反对票。

张军大使指出，美国于 2018 年 5 月单方面退出全面协议，不断升级对伊“极限施压”政策，极力阻挠其他各方执行全面协议，导致伊核问题不断紧张升级。一段时间以来，美国多次声称要启动“快速恢复制裁”机制。作为全面协议退约者，美国已经丧失协议参与方资格，根本无权要求安理会启动“快速恢复制裁”机制。美国有关企图毫无法理依据，这是包括中方在内的绝大多数安理会成员的共识。如果美国冒天下之大不韪，一意孤行，必将再次碰壁。

张军大使指出，安理会对美国决议草案的表决结果再次说明：单边主义不得人心，霸凌行径不会得逞，任何将自身利益凌驾于国际社会共同利益之上的企图必将以失败而告终。近年来，美国奉行单边主义，大搞“美国优先”，放弃自身国际义务，任性“毁约”“退群”，早已信誉扫地。我们敦促美方早日摒弃单边主义，停止单边制裁和“长臂管辖”，采取理性务实态度，回归遵守全面协议和安理会决议的正确轨道。

张军大使强调，坚持对话协商，开展外交努力是解决伊核问题的唯一正确途径。在此方面，尤其要维护和执行好全面协议，通过联委会等现有渠道或者新的地区合作架构促进有关各方之间的对话协商，推动妥善解决地区国家之间的分歧。中方将继续同国际社会一道，共同捍卫全面协议和安理会决议，始终站在国际公平正义一边，站在维护世界和平稳定一边，站在捍卫多边主义一边，为推动伊核问题的政治解决作出不懈努力。

2015 年 7 月 14 日，伊朗同中国、美国、俄罗斯、英国、法国和德国及欧盟达成伊核问题全面协议。根据协议，伊朗承诺限制其核计划，国际社会将解除对伊制裁。当月 20 日，联合国安理会一致通过第 2231 号决议核可了全面协议。

中国参加《武器贸易条约》缔约国大会

（2020 年 8 月 18 日）

8 月 17 日至 21 日，《武器贸易条约》第六次缔约国大会由于新冠肺炎疫情原因通过书面方式召开。中国首次以缔约国身份与会并提交书面发言。

8 月 17 日，中国裁军大使李松分别与缔约国大会主席、阿根廷常驻日内瓦代表比列加斯大使和条约秘书处负责人德拉德拉通电话。李松表示，中国高度重视常规武器引发的人道主义问题，对军品出口采取慎重负责态度并实行严格管理。中国积极支持国际社会采取必要措施规范国际武器贸易，打击非法武器转让。中方全程参加《武器贸易条约》谈判，为条约达成发挥了建设性作用，条约生效后作为观察员积极参加历届缔约国大会。中国于今年 7 月 6 日向联合国秘书长交存加入书，开启了与条约关系的新篇章。这是中国积极参与全球武器贸易治理、维护国际和地区和平的重要举措，进一步体现了中国支持多边主义、推动构建人类命运共同体的决心和诚意。

比列加斯和德拉德拉热烈欢迎中国首次以缔约国身份与会，强调中国加入是该条约发展历程的一个重要里程碑，对提振国际社会对《武器贸易条约》信心、促进条约普遍性意义重大，期待中方全面参与条约框架下的国际交流与合作，支持条约机制建设，分享中国经验，进一步推动多边军控进程。

中国在书面发言中就进一步加强《武器贸易条约》提出三点主张：一

是持续提高条约普遍性和有效性，积极开展国际合作与援助；二是加强联合国框架内常规武器军控机制的互动协作，积极支持联合国在常规军控方面发挥核心作用；三是进一步强化负责任的武器贸易理念，呼吁各国不向非国家行为体出售武器，停止借军售干涉主权国家内政。作为世界和平的积极建设者、国际秩序的坚定维护者，中国将与各方携手合作，为构建规范合理的武器贸易秩序，维护国际和地区和平与稳定作出更大贡献。

中国向《武器贸易条约》第六届缔约国大会提交的书面发言

（2020 年 8 月 20 日）

首先，中方祝贺阿根廷大使费德里科·比列加斯担任《武器贸易条约》第六届缔约国大会主席。尽管受全球新冠肺炎疫情影响，我们无法举行面对面的会议，但这不影响各方加强交流与合作的良好意愿。主席先生创新性提出以书面方式交流，确保本届缔约国大会如期举行。条约组织秘书处也克服困难，为本届会议作出了周到安排。中方对此表示赞赏和感谢。

众所周知，中国已正式加入《武器贸易条约》。中国常驻联合国代表张军大使于今年 7 月 6 日向联合国秘书长古特雷斯交存了加入书，条约将于 10 月 4 日起对中国生效。中国为自己成为条约缔约国大家庭中的正式一员感到高兴和自豪。

中国加入《武器贸易条约》，是积极参与全球武器贸易治理、维护国际和地区和平的重要举措，进一步体现了中国支持多边主义、推动构建人类命运共同体的决心和诚意。

中国对军品出口一向采取慎重负责的态度，严格管理军品出口，并建立了相当完善的政策法规体系，完全符合条约的宗旨和目标，达到了条约的要求。第一，中国的军品出口严格遵循三项原则，即有助于接受国的正当防卫能力；不损害有关地区和世界的和平、安全与稳定；不干涉接受国内政。第二，中国先后颁布实施《枪支管理法》《军品出口管理条例》及

《军品出口管理清单》等法律法规，对所有军品出口依法实施严格、有效管理。第三，中国只与主权国家开展军贸合作，并要求接受国政府提供军品的最终用户和最终用途证明，承诺未经中国政府许可不向第三方转让从中国进口的武器。此外，中国不向非国家行为体出售武器，这一做法超出了条约现有规定，充分体现了中国对武器出口的高度负责任态度。

中方一向高度重视常规武器引发的人道主义问题，赞成国际社会采取必要措施，规范国际武器贸易，打击非法武器转让。正因如此，中方全程参与了条约谈判，为条约达成发挥了建设性作用。条约生效后，中方作为观察员，积极参加了条约历届缔约国大会，密切跟踪和学习借鉴各国的有益经验和做法。此外，中国一直全面履行相关国际承诺，严格遵守联合国安理会武器禁运决议，积极支持和落实联合国轻小武器《行动纲领》《识别和追查非法小武器国际文书》，坚持向联合国常规武器登记册提交报告，为加强常规武器控制、提高常规武器转让透明度作出了积极贡献。

一切过往，皆为序章。加入《武器贸易条约》，开启了中国深入参与全球武器贸易治理的新阶段。作为缔约国，中国将坚定支持条约的宗旨和目标，全面履行条约义务，并愿与其他缔约国一道，相互学习借鉴，密切沟通协作，共同致力于规范常规武器贸易、打击非法转让，为维护国际和地区和平稳定、缓解常规武器引发的人道主义问题作出更大贡献。

我们关切地注意到，在当前新冠肺炎疫情威胁人类安全的背景下，常规武器泛滥引发的各方面问题仍不容忽视。特别是受个别国家政治“病毒”的影响，地缘政治角逐加剧，地区武装冲突和动荡此伏彼起，武器贸易规模不断攀升，恐怖主义、极端主义和跨国有组织犯罪远未消除，常规武器非法转让和转用的风险有增无减。有的国家持续将武器贸易作为政治工具，通过单边、歧视性武器禁运、向非国家行为体出售武器等手段，露骨干涉别国内政、大力推行霸凌主义，严重破坏国际和地区的和平与稳定。有的国家为了一己私利，不断自我松绑，放宽本国武器贸易出口管制政策，甚至撤销签署《武器贸易条约》，严重冲击国际社会规范常规武器贸易的多边努力。有的国家毫无节制地购买武器，在武器装备上的花销远远超出应对新冠肺炎这一全球“公敌”的投入，削弱国家间互信和安全感。

正如联合国秘书长古特雷斯在新裁军议程中所言，常规武器军控是“拯救生命的裁军”。联合国“2030 可持续发展议程”亦将减少小武器非法流动作为一项重要目标。我们作为《武器贸易条约》的缔约国，作为多边主义的坚定支持者，理应为实现上述目标发挥更大积极作用，为全球安全治理作出应有的贡献。为此，中方愿提出三点主张。

第一，持续提高条约普遍性和有效性。条约成员国应重信守诺，忠实、全面、有效履行条约义务，将条约宗旨和目标落到实处；应积极开展国际合作与援助，特别是要帮助发展中国家加强履约能力建设；应加强外联活动，不断吸引更多国家加入条约，为打击非法武器贸易争取更多支持。

第二，加强联合国框架内常规武器军控机制的互动协作。坚定致力于多边主义，积极支持联合国在常规武器军控方面发挥核心作用；应加强《武器贸易条约》与联合国“常规武器登记册”等机制的协调合作和信息交流，做到相互补充，相互促进，努力争取形成合力。

第三，进一步强化负责任的武器贸易理念。各国应从构建人类命运共同体的高度出发，树立共同、综合、合作、可持续的新安全观，积极营造和平稳定的国际和地区安全环境，最大限度减少战争和武器给人类造成的苦难；应坚持公平正义原则，充分考虑各国正当安全利益和合理诉求，坚决抵制歧视性和双重标准做法，标本兼治地解决常规武器引发的各方面问题。中方特别呼吁，各国不向非国家行为体出售武器，停止借此干涉主权国家内政，切实维护《联合国宪章》的宗旨和原则。

作为世界和平的积极建设者、国际秩序的坚定维护者，中国愿与包括条约成员国在内的各方携手合作，不断凝聚共识，为条约的有效落实，为构建规范合理的武器贸易秩序，维护国际和地区和平与稳定作出更大贡献。

中国裁军大使李松在日内瓦裁谈会9月8日全会上的发言

（2020年9月8日）

主席先生：

新兴科技是打开人类未来之门的钥匙，深刻地改变了人类的生存状态，给各国经济社会发展带来巨大变化，展现出造福人类的广阔前景。与此同时，网络、外空、人工智能、生物等前沿技术的军民两用属性突出，一些国家为谋求军事优势，正推动将这些技术大规模运用至军事领域甚至将其武器化，给国际安全带来全新的挑战，将对国际军控裁军进程产生深刻影响。一是影响全球战略平衡与稳定。二是增加新的冲突风险。三是可能对人类生存发展造成严重危害。四是产生法律和道德伦理问题。网络、外空是全人类公共疆域，在这样的领域推行霸权主义，谋求排他性战略优势，并为此导致武器化趋势发展，将对人类安全与发展构成巨大威胁，甚至造成不可估量的损失。

国际社会应居安思危，及早管控科技发展带来的风险和挑战。中方认为，可从以下几个方面着手。

第一，开展预防性军控外交。国际社会应该尽早建立权威的科学发展审议机制，对新技术的军事应用前景和风险进行科学、全面的评估，在此基础上积极探讨谈判制定国际准则，对新技术的军事应用进行必要的规范。

第二，加强对科研活动的规范。及时制定科学家行为准则，对高风险科研活动和科学家行为进行必要的合理规范。中方在《禁止生物武器公约》框架下提出制定“生物科学家行为准则范本”倡议，就是在此方面作出的一项积极努力。

第三，建立有效的防扩散与国际合作机制。国际社会应加强合作，建立各国普遍参与、非歧视的出口控制机制，切实防止极端恐怖势力获取和使用高危的两用技术和物项。同时，旗帜鲜明地反对“科技脱钩”“科技冷战”等霸凌行径，确保科技发展在最大程度上惠及全人类福祉，确保发展中国家能够平等享受科技进步成果。

主席先生，

就在今天，中国国务委员兼外交部长王毅在北京举行的“数字治理研讨会”上发表主旨讲话，正式提出《全球数据安全倡议》，主要内容包括：维护全球供应链开放、安全和稳定；反对利用信息技术破坏他国关键基础设施或窃取重要数据；采取措施防范和制止侵害个人信息的行为，不得滥用信息技术对他国进行大规模监控；要求企业尊重当地法律，不得强制要求本国企业将境外产生、获取的数据存储在本国境内；未经他国允许不得直接向企业或个人调取境外数据；企业不应在产品和服务中设置后门。

中方提出上述倡议，旨在维护全球数据和供应链安全、推动数字经济发展，为制定相关全球规则提供蓝本。这一倡议也是中国为维护全球数据安全所作出的庄严承诺。该倡议的重大意义和影响不仅限于军控领域，为我们今天的讨论提供了最新养料和启发。我希望，中方倡议能得到裁谈会成员国的广泛响应和支持。

主席先生，

裁谈会作为唯一的多边裁军谈判机构，应与时俱进，重视新兴科技发展给国际安全带来的影响并就此开展工作，推动国际社会妥善应对新挑战，为裁谈会打破僵局提供新契机。我们愿与各国一道，共同防范和应对新兴科技带来的安全风险，推动科技发展造福人类，为建设持久和平、普遍安全、共同繁荣、开放包容、清洁美丽的世界作出努力。

谢谢主席先生。

全球数据安全倡议

（2020年9月8日）

信息技术革命日新月异，数字经济蓬勃发展，深刻改变着人类生产生活方式，对各国经济社会发展、全球治理体系、人类文明进程影响深远。

作为数字技术的关键要素，全球数据爆发增长，海量集聚，成为实现创新发展、重塑人们生活的重要力量，事关各国安全与经济社会发展。

在全球分工合作日益密切的背景下，确保信息技术产品和服务的供应链安全对于提升用户信心、保护数据安全、促进数字经济发展至关重要。

我们呼吁各国秉持发展和安全并重的原则，平衡处理技术进步、经济发展与保护国家安全和社会公共利益的关系。

我们重申，各国应致力于维护开放、公正、非歧视性的营商环境，推动实现互利共赢、共同发展。与此同时，各国有责任和权利保护涉及本国国家安全、公共安全、经济安全和社会稳定的重要数据及个人信息安全。

我们欢迎政府、国际组织、信息技术企业、技术社群、民间机构和公民个人等各主体秉持共商共建共享理念，齐心协力促进数据安全。

我们强调，各方应在相互尊重基础上，加强沟通交流，深化对话与合作，共同构建和平、安全、开放、合作、有序的网络空间命运共同体。为此，我们倡议：

——各国应以事实为依据全面客观看待数据安全问题，积极维护全球信息技术产品和服务的供应链开放、安全、稳定。

——各国反对利用信息技术破坏他国关键基础设施或窃取重要数据，以及利用其从事危害他国国家安全和社会公共利益的行为。

——各国承诺采取措施防范、制止利用网络侵害个人信息的行为，反对滥用信息技术从事针对他国的大规模监控、非法采集他国公民个人信息。

——各国应要求企业严格遵守所在国法律，不得要求本国企业将境外产生、获取的数据存储在境内。

——各国应尊重他国主权、司法管辖权和对数据的安全管理权，未经他国法律允许不得直接向企业或个人调取位于他国的数据。

——各国如因打击犯罪等执法需要跨境调取数据，应通过司法协助渠道或其他相关多双边协议解决。国家间缔结跨境调取数据双边协议，不得侵犯第三国司法主权和数据安全。

——信息技术产品和服务供应企业不得在产品和服务中设置后门，非法获取用户数据、控制或操纵用户系统和设备。

——信息技术企业不得利用用户对产品依赖性谋取不正当利益，强迫用户升级系统或更新换代。产品供应方承诺及时向合作伙伴及用户告知产品的安全缺陷或漏洞，并提出补救措施。

我们呼吁各国支持并通过双边或地区协议等形式确认上述承诺，呼吁国际社会在普遍参与的基础上就此达成国际协议。欢迎全球信息技术企业支持本倡议。

耿爽大使在安理会
叙利亚化武问题 10 月 5 日公开会上的发言

（2020 年 10 月 5 日）

主席先生：

我对刚才的程序性表决结果、对布斯塔尼先生未能亲自向安理会进行通报表示遗憾。

正如我刚才所说，以往的安理会会议经常根据临时议事规则第 39 条邀请外界人士来通报，其中一些人的专业性和代表性完全无法同布斯塔尼先生媲美。德国代表团及其他一些国家代表团对邀请这些人来态度十分积极，但今天他们却阻拦布斯塔尼先生前来通报。德国等代表团在此问题上表现出的双重标准和虚伪面目简直令人叹为观止。

刚才中国代表团建议首先对英国代表团对主席的挑战进行表决，但主席并没有听取中国代表团的意见，而是直接就是否同意邀请布斯塔尼先生作通报进行表决。安理会主席有权对程序性问题作出裁决，中方对此表示尊重。中方这么做是为了维护安理会主席的权威，为了避免耽误时间，推动安理会会议尽快正常举行。我希望其他代表团在今后的安理会审议中也能够体现出尊重与合作的态度，体现出对不同意见的开放包容，对问题本身的客观公正，以及它们自身立场的前后一致。

另外，我不得不说，刚才德国代表的发言根本没有提及叙利亚化武问题本身，完全是在攻击其他安理会成员。他把安理会当作一个发泄情绪、表达不满的平台，这种做法完全不具建设性。刚才英国代表团在表示了不同意见之后，至少还就叙利亚化武问题本身阐述了自己的立场。如果今后所有安理会成员来开会的目的不是讨论问题本身，而是对其他成员进行攻击，那还谈何安理会的团结？安理会还如何发挥作用？

主席先生，

我感谢中满泉女士的通报。

中方注意到叙利亚政府同禁化武组织保持良好沟通合作。根据禁化武组织最新月度报告，叙利亚政府近期就 22 项未决事项中的 8 项提供了材料，并对初始宣布作出两项修订。禁化武组织、联合国项目事务厅和叙利亚政府已将三方合作协议延长 6 个月。这些积极进展值得肯定。中方理解叙方对有关样品在禁化武组织实验室变质的关切，希望技秘处同叙方继续通过技术会议等方式妥善解决此事。

化武问题事关重大。中方支持禁化武组织根据《禁化武公约》授权，对指称使用化武事件进行全面、客观、公正调查，基于确凿证据得出经得起科学和历史检验的结论，不受政治干预，不先入为主。在上周举办的阿里亚模式会议上，三位通报者从不同角度对指称使用化武事件的调查报告提出了一些疑问。希望禁化武组织重视这三位专家分享的信息，给出专业科学、令人信服的回应。

我要强调，只有尊重事实、尊重科学，才能发现真相，真正落实安理会第 2118 号决议，维护禁化武组织权威。中方反对在缺乏确凿证据、疑点重重的情况下仓促下结论，甚至仓促采取行动。这不仅无助于解决叙利亚化武问题，还将损害叙利亚各方互信，影响叙利亚问题的政治解决势头。同时，禁化武组织总干事和技秘处应推动缔约国加强对话协商，保持协商一致做决定的传统。在各方分歧较大的情况下强推表决，将加剧缔约国对抗，破坏合作氛围，损害禁化武组织权威和长远利益。

耿爽大使在安理会叙利亚化武问题 11 月 5 日视频公开会上的发言

（2020 年 11 月 5 日）

主席女士：

我感谢中满泉女士的通报。今天我主要强调以下几点意见。

第一，各方应鼓励禁化武组织同叙利亚政府保持良好沟通合作。根据禁化武组织最新报告，9 月 22 日至 10 月 3 日，叙利亚政府同技秘处举行了第 23 轮技术性磋商，讨论了所有初始宣布问题。此前叙政府还就一些未决事项提供了补充材料。叙方在向执理会提交的月度报告中，明确表达了愿同技秘处保持沟通合作的意愿。叙方并多次重申，愿以专业、透明的态度与技秘处合作以解决未决问题。这些进展和叙方建设性的态度都值得肯定。中方呼吁国际社会客观看待叙方努力，希望技秘处也能专业、透明地回应叙方诉求。

第二，有关叙利亚化武问题的讨论必须尊重事实、尊重科学，不能搞有罪推定。中方支持禁化武组织根据《禁化武公约》授权，对有关事件进行全面、客观、公正调查，基于确凿证据得出经得起科学和历史检验的结论。一段时间以来，不少独立专家对禁化武组织有关指称使用化武事件的报告提出质疑。这些质疑完全是从技术角度提出来的，希望禁化武组织予以重视，给出专业、科学、令人信服的回应。中方反对在疑点重重的情况下仓促下结论，甚至仓促采取行动。这种做法不仅无助于落实安理会第

2118 号决议，还将损害叙利亚各方互信，影响政治解决叙利亚问题。

第三，应以开放、透明、包容方式讨论叙利亚化武问题，避免政治化。由于部分成员阻挠，安理会上个月未能邀请禁化武组织前总干事布斯塔尼作通报，让人感到失望。当时，一些成员说布斯塔尼先生已经离开禁化武组织多年，不熟悉叙利亚化武问题，如果邀请，更应该邀请现任总干事阿里亚斯。但令人不解的是，现在这些成员又反对让阿里亚斯总干事出席本月安理会视频公开会向成员进行通报。我们呼吁这些成员保持自身立场的前后一致，不要搞双重标准，也不要强加于人，在安理会的审议中展现出对不同意见的开放包容态度。调查鉴定组自成立之初就充满争议。所谓要求叙政府限时解决所有未决问题的决定也没有得到一致支持。各方应秉持负责任态度，加强对话协商，努力寻求共识，而不是不断加剧分歧，甚至把禁化武组织当成打压攻击一国政府的政治工具。

中方敦促禁化武组织总干事和技秘处推动缔约国加强对话协商，保持协商一致做决定的传统。在各方分歧较大的情况下强推表决，将加剧缔约国对抗，破坏合作氛围，损害禁化武组织权威和长远利益。

主席女士，

刚才美国代表在发言中借叙利亚化武问题对中方进行无端指责攻击，完全不可接受。美国代表在发言中多次使用“负责任的国家”这一词汇。这个词很好，但我们希望美国代表在使用这个词之前，首先反省一下一段时间以来美国自身的言行。美国在国际事务中的所作所为是不是负责任，国际社会看得清清楚楚，自有判断。我希望美国代表下次再使用这个词汇之前，首先要做到停止侵犯叙利亚的主权和领土完整，停止将叙利亚化武问题政治化，停止在中东地区制造矛盾、挑动对抗。

最后我要重申，中国将一如既往地在叙利亚化武问题上发挥建设性作用。

谢谢主席女士。

外交部军控司司长傅聪
在欧盟军控与防扩散研讨会上的发言

（2020年11月13日）

当前，国际战略安全正面临冷战以来最严峻的局面，国际军控进程正处于关键的十字路口。美国奉行单边主义，不断毁约退群，对二战后逐步建立起来的多双边军控裁军体系构成了严重破坏。冷战思维和双重标准阻碍国际防扩散合作，损害了国际防扩散机制的权威性和有效性。科技发展对战略稳定产生复杂深刻影响，并带来一系列人道、伦理和法律方面挑战。在此背景下，围绕"重建军控防扩散领域互信——前景展望"这一主题开展讨论，是及时和必要的。当前形势下，要推进国际军控与防扩散进程健康发展，促进共同和普遍安全，国际社会应从以下几个方面作出努力。

一是要坚持军控的基本原则和理念。

军控的初衷是以合作手段增进所有国家安全，进而实现全球平等、共同、普遍安全。以牺牲他国安全为代价增强自身安全的军控与裁军，不可能被其他国家接受，也难以长久。一个多世纪以来，军控裁军的内容、模式一直在发生变化，但军控应以维护战略平衡与稳定为基本原则和目标，一直是国际社会的基本共识。近年来，美国的所作所为违背了战略平衡与稳定原则，其实质是不再接受大国间的相互制衡、谋求建立一超独霸的单极世界，这是国际军控与裁军进程陷入困境的根源。大国之间存在竞争是正常的，也是难免的。关键是要摒弃零和思维，秉持共赢理念，努力管控好大国战略竞争，特别是要维护全球战略稳定，减少核战争风险。美国为了一己私利，提出了一些否定、歪曲军控基本原则的奇谈怪论，企图改变国际军控的基本叙事，严重毒化了国际军控对话的氛围，值得国际社会高度警惕。

二是要维护现有的军控条约体系。

罗马不是一天建成的，继承是发展的基础。现有的国际军控、裁军、防扩散体系，包括美俄双边裁军条约体系，是国际安全体系的重要组成部分，是以多边主义解决安全困局，实现共同安全与普遍裁军的基础。这一体系是国际社会的宝贵共同资产，只应加强，不应削弱。美国不断退约不仅损害其自身信誉，也严重损害国际安全环境。国际社会对美方破坏国际军控体系的不负责任做法应予坚决抵制。当务之急，是要求美尽快回应俄方延长《新削减进攻性战略武器条约》的呼吁。同时，国际社会应坚持裁军领域国际共识，特别是第一届裁军特别联大《最后文件》和《不扩散核武器条约》（NPT）历届审议大会成果，强调两个最大的核武器国家在核裁军方面的特殊、优先责任，对推翻共识、违背原则的做法坚决说不。

三是要不断加强国际军控条约体系。

在维护国际军控体系现有成果的同时，我们确实需要与时俱进，不断发展完善这一体系。国际社会应达成这样的共识，即科技发展成果应最大程度用于和平发展，科技成果军事化不应是无限度的。应加紧就网络、外空、人工智能、生物等问题开展谈判，争取早日达成有法律约束力的国际文书或行为准则，建立相应的国际机制，防止上述领域国际规则缺失给战略稳定关系带来新的风险挑战。

突如其来的新冠肺炎疫情，敲响了生物安全的警钟，凸显了加强全球生物安全治理的重要性和紧迫性。在背景下，应尽快重启《禁止生物武器公约》（BWC）核查议定书谈判，建立有效的国际核查机制，切实维护生物安全。我们希望明年公约审议大会就此作出决定。同时，应在公约框架下建立必要的科学咨询机构，同时制定必要的行为准则，以更好地规范生物科研活动，推动生物科技健康发展。

随着数字经济快速发展，数据安全风险突出，亟须全球性解决之道。当务之急是在各方普遍参与基础上，达成反映大多数国家利益和关切的全球规则。为有效应对数据安全风险挑战，切实维护全球数据和供应链安全，推动数字经济发展与合作，中国不久前发起《全球数据安全倡议》，呼吁各国采取措施防范制止利用信息技术破坏或窃取他国关键基础设施重要数据、侵害个人信息，反对滥用信息技术从事针对他国的大规模监控，不强制要求本国企业将境外数据存储在境内，要求企业不在产品和服务中设置后门等。《倡议》旨在为制定相关全球规则提供一个蓝本，同时也是中方为维护全球数据安全所作出的庄严承诺。中方希望各方积极支持倡议，欢迎各方提出有益建议。中国支持联合国信息安全政府专家组和开放式工作组开展工作并取得积极进展。

四是要坚持通过政治外交手段和平解决防扩散争端。

朝核、伊核等防扩散问题十分复杂，不可能一蹴而就，只能通过政治外交手段，循序渐进解决。事实表明，极限施压，甚至威胁使用武力，只会使问题更加复杂难解。制裁本身不是目的，更不是万灵药。制裁是手段，解除或放松制裁也是手段。如果不解决伊朗或朝鲜合理的安全与发展关切，试图通过制裁施压强加解决方案，必定是死路一条。

当前形势下，各方应坚定履行伊核问题全面协议，坚决反对单边制裁和长臂管辖。有关各方应在联委会框架内，通过对话协商解决履约分歧，恢复协议权利和义务的平衡。中方高度重视有关各方在地区安全问题上的关切，主张在维护全面协议的前提下，另辟新的对话平台，推动达成维护地区和平稳定的新共识。要求朝鲜一步到位弃核但不解决其安全与经济关切是不可能实现的目标，同步对等、分阶段推进是唯一出路。中方敦促美方切实拿出诚意，以实际行动回应朝方在安全和发展上的正当合理关切，使半岛核问题重回对话解决的轨道。

五是要建立普遍参与、包容有效的国际防扩散机制。

防止大规模杀伤性武器扩散是国际社会的共同责任。但长期以来，防扩散出口控制机制参与方普遍性不足的问题一直没有得到解决，歧视性和双重标准等问题也依然突出。近几年，这些问题非但没有得到解决，还出现了恶化的逆流。美国以意识形态划界，推动建立对华高科技出口审慎联盟，企图将相关机制改造为对华封锁和脱钩的工具，并刻意阻挠中国加入相关机制。这种做法严重损害国际防扩散合作的基础，也严重干扰正常的国际科技贸易合作。国际社会应坚持真正的多边主义和法治原则，反对政治化倾向，在各国平等普遍参与的基础上，建立公正、包容的防扩散出口管制与国际合作机制。

王群大使
在国际原子能机构理事会 11 月 18 日视频会议上的发言

（2020 年 11 月 18 日）

11 月 18 日，国际原子能机构理事会以视频会议形式召开。中国常驻维也纳联合国代表王群大使在会上发言，倡导在维护伊核全面协议前提下，搭建中东海湾地区多边对话平台，为维护海湾地区和平稳定注入动力。

王群表示，美国单方面退出伊核全面协议，对伊极限施压，强推安理会延长甚至全面恢复对伊制裁，遭到普遍反对和抵制。事实一再证明，维护多边主义是国际共识，单边霸凌行径不得人心。中方呼吁美方放弃极限施压的错误做法，重返遵守和执行伊核全面协议的正确轨道。

王群强调，继续维护和执行好伊核全面协议是任何伊核问题政治外交解决方案的基本前提，倡导各方坚定维护伊核全面协议和安理会决议的权威性和有效性，坚持在伊核全面协议联委会框架内，按照分步对等原则，通过对话协商就履约分歧达成解决方案，恢复协议权利和义务的平衡。

王群重申王毅国务委员兼外长有关搭建海湾地区多边对话平台的倡议，强调中方理解并重视有关方在海湾地区安全上的关切，主张在维护全面协议前提下，搭建海湾地区多边对话平台，各利益攸关方平等参与，以集体协商方式管控危机，秉持先易后难、循序渐进、同步对等原则，共同采取建立信任措施，争取形成维护地区和平稳定的新共识。中方愿与其他方加强沟通，推动类似倡议相互融合，形成合力，共同为维护伊核全面协议及海湾地区和平稳定注入动力。

王群最后表示，中方在伊核问题上的出发点始终是维护国际核不扩散体系及中东和平稳定，维护多边主义及联合国的权威，维护以国际法为基础的国际秩序。中方将继续同各方一道，坚定站在历史正确的一边，为推动伊核问题的政治外交解决作出不懈努力。

中国代表团在国际原子能机构十一月理事会上关于朝鲜半岛核问题的发言

（2020 年 11 月 19 日）

主席女士，

一段时间以来，朝鲜半岛形势总体稳定，但朝美对话僵局持续，半岛问题政治解决进程停滞不前。应当看到，导致这一局面的主要症结在于，朝方在缓和局势和无核化方面采取的举措未能得到应有回应，朝方的安全和发展关切没有得到应有重视。有关方应拿出诚意和实际行动回应朝方正当合理关切。此外，朝韩改善关系对稳定形势、推进对话也很重要。

主席女士，

维护朝鲜半岛和平稳定，推进半岛问题政治解决进程，符合有关各方共同利益，也是国际社会普遍期待。中方一贯坚决维护国际核不扩散体系，坚持实现朝鲜半岛无核化，坚持维护半岛和平稳定，坚持通过对话协商解决问题。中方愿同有关各方和国际社会一道，继续为推动政治解决半岛问题发挥建设性作用。

谢谢主席女士。

王群大使在国际原子能机构十一月理事会上关于伊朗核问题的发言

（2020 年 11 月 19 日）

主席女士，

中方注意到国际原子能机构总干事提交的“根据联合国安理会第 2231 号决议在伊朗实施监督与核查”的报告（GOV/2020/51）。报告确认机构对伊执行伊核问题全面协议核领域承诺保持监督核查，伊未将宣布的核材料转用于其他目的。中方赞赏总干事和秘书处所作努力，鼓励伊方继续与机构保持充分合作。

中方注意到报告提到伊未申报场所出现天然铀颗粒问题，相信伊方与机构能够通过对话妥善解决此事。我们希望机构理事会成员能够充分考虑伊与机构以往开展的良好合作，支持机构继续秉持客观、公正和中立的原则，并严格按照授权，开展对伊保障监督工作。

主席女士，

伊核全面协议业经联合国安理会第 2231 号决议核可，是多边外交的重要成果，也是国际核不扩散体系的关键要素。维护全面协议就是维护以国际法为基础的国际秩序，维护中东地区和平与稳定。美单方面退出全面协议，对伊极限施压，强推安理会延长甚至全面恢复对伊制裁，遭到普遍反对和抵制。事实一再证明，维护多边主义是国际共识，单边霸凌行径不得人心。我们呼吁美方放弃极限施压的错误做法，重返遵守和执行全面协议的正确轨道。

国际社会普遍希望伊核局势朝着缓和的方向发展。中方始终认为，继续维护和执行好全面协议，应该是任何伊核问题政治外交解决方案的基本前提。当前形势下，各方应从长远和大局出发，坚定维护全面协议和安理会决议的权威性和有效性，坚持在全面协议联委会框架内，按照分步对等原则，通过对话协商就履约分歧达成解决方案，恢复协议权利和义务的平衡。

主席女士，

中方理解并重视有关方在海湾地区安全上的关切。中方主张在维护全面协议前提下，搭建中东海湾地区多边对话平台，各利益攸关方平等参与，秉持先易后难、循序渐进、同步对等原则，共同采取建立信任措施，不断凝聚维护地区和平稳定的共识。中方愿与其他方加强沟通，推动类似倡议相互融合，形成合力，共同为维护全面协议及海湾地区和平稳定注入动力。

中方在伊核问题上的出发点始终是维护国际核不扩散体系及中东和平稳定，维护多边主义及联合国的权威，维护以国际法为基础的国际秩序。中方将继续同各方一道，坚定站在历史正确的一边，为继续推动伊核问题的政治外交解决作出不懈的努力。

谢谢主席女士。

中国代表团出席
《禁止化学武器公约》第25届缔约国大会

（2020年12月1日）

2020年11月30日，《禁止化学武器公约》第25届缔约国大会在荷兰海牙开幕。中国常驻禁化武组织副代表张慎参赞率团参加大会一期会。

张慎参赞向大会提交了书面一般性辩论发言，就库存化武销毁、日本遗弃在华化武和叙利亚化武等问题阐述了中方立场，介绍了中国完善履约机制、能力建设等方面成就及积极推动公约框架下国际援助与合作情况。

张慎参赞指出，当前国际安全形势发生深刻复杂变化，禁化武组织相关工作政治化加剧、缔约国深陷分裂的现状日益加剧。维护公约权威和有效性，实现公约宗旨和目标，推动禁化武组织工作回归正轨，是全体缔约国的共同责任，符合各方共同利益。为此，中方提出四点主张，一是加快推进实现“无化武世界”目标，敦促美国作为唯一仍拥有库存化武国尽快完成销毁，呼吁日本继续加大投入，推进日遗化武销毁进程；二是切实维护禁化武组织技术属性，各缔约国和技秘处应严格按照公约及其附件规定行事，对指称使用化武事件的调查应尽快回归公约框架；三是努力维护公约缔约国协商一致传统，坚持通过建设性对话协商弥合分歧，慎重作出决定；四是着力加强国际合作，增进所有缔约国经济和技术发展。

外交部军控司司长傅聪
在第 16 届亚洲防扩散高级别对话会的主旨发言

（2020 年 12 月 11 日）

尊敬的本清耕造大使，

各位同事，

很高兴出席本届亚洲防扩散高级别对话会。我愿借此机会，同大家分享中国防扩散出口管制领域最新进展，以及中方对当前防扩散形势和有关问题的看法。

各位同事，

12 月 1 日，《中华人民共和国出口管制法》正式施行。这是中国贯彻全面依法治国理念的重要举措，从三个方面巩固了中国的防扩散与出口管制机制。

一是提升立法层级。20 世纪 90 年代以来，中国先后制定了 6 部行政法规，形成了覆盖核、生物、化学、导弹以及军品等物项的防扩散和军品出口管制法律制度体系。《出口管制法》是中国在总结上述行政法规实施经验，借鉴国际通行做法的基础上，制定的第一部统领出口管制工作的专门法律。相比行政法规，《出口管制法》法律位阶更高，将为防扩散出口管制工作提供更有力的法治保障，也有助于提升企业和社会公众防扩散意识。

二是统一管制制度。《出口管制法》统一确立了中国在出口管制政策、管制清单、管制措施及监督管理等方面的基本制度框架和规则。对管制范围、制定和调整管制清单的程序、许可审批及全面控制原则的执行等做了明确规定，并建立了国家出口管制工作协调机制和专家咨询机制。这些都有助于强化部门间协调配合和信息共享，确保各项管制措施得到更有效遵守和执行。

三是强化监督管理。经过长期实践，中国的防扩散出口管制模式实现了从行政管理向法制化管理的转变。为确保各项制度得到严格遵守，《出口管制法》专设“监督管理”及“法律责任”章节，对相关政府部门的监督管理职权、企业和个人的义务、违法行为的处置等做了明确规定，包括加强最终用户和最终用途风险管理、加强企业内部合规制度建设等。这充分体现了中国加强防扩散出口管制的意志和决心。

中方有关部门正在积极推进《出口管制法》相关配套法规的立法工作，进一步完善管制清单并将适时发布。出口管制涉及诸多技术性问题，我们愿同各方就相关问题加强沟通，交流经验，开展合作。

各位同事，

大规模杀伤性武器及其运载工具的扩散对国际和平与安全构成现实威胁。当前，国际安全形势面临严峻挑战，国际防扩散机制受到单边主义和霸凌行径的严重冲击。为扭转这一局面，有效实现防扩散目标，维护国际和地区的和平与稳定，国际社会应在以下方面共同努力。

第一，坚决维护多边主义。防扩散是全球性问题，必须寻求多边解决方案。随着全球化快速发展，人员流动、国际贸易不断增加，任何国家都难以独自应对扩散挑战，加强协调合作是最佳的途径。在此背景下，我们要维护联合国宪章的宗旨和原则，尊重各国主权、安全和发展利益，坚持不干涉内政等重要原则。要强化以联合国为核心的集体安全体系，维护联合国安理会权威。要坚持政治外交手段，通过对话协商解决防扩散问题。

炮制所谓的大规模杀伤性武器计划，并在未经联合国安理会授权的情况下对别国进行军事干预，这样的悲剧不应再重演。任何多边协议一旦达成，都必须严格履行。以退群毁约、损人利己的手段谋求绝对安全，只会走入死胡同，国际社会应坚决予以抵制。

第二，巩固和强化现有防扩散机制。二战后建立的以国际条约、安理会决议及相关国际组织为基础的国际防扩散架构虽不完美，但在防止大规模杀伤性武器扩散、维护国际和平与安全方面发挥了不可或缺的重要作用。在当前地缘政治形势下，维护现有防扩散机制的权威性和有效性显得越发紧迫。

应进一步增强《不扩散核武器条约》《禁止生物武器公约》《禁止化学武器公约》等主要国际法律文书的普遍性，并确保其得到全面、平衡、有效执行。明年将举行《不扩散核武器条约》《禁止生物武器公约》审议大会，安理会将全面审议第 1540 号（防扩散）决议执行情况，各方应以此为契机，采取实质性措施加强相关条约和机制。中方愿与各方一道，推动上述审议取得实质性成果。

同时，应确保相关国际组织严格依照授权开展工作，在涉及条约履约等核心问题上努力寻求协商一致。利用相关问题进行政治操弄，未经充分协商强行推动表决，只会加剧缔约国分裂，损害相关国际组织权威和有效性。

第三，营造防扩散合作文化。近年来，个别国家打着防扩散的幌子，未经联合国安理会授权，甚至公然违反联合国安理会决议，频频使用单边制裁和长臂管辖。对此，国际社会必须坚决抵制。需要强调的是，即便有联合国安理会授权，制裁也只是手段而非目的。要充分考虑相关国家的合理安全关切，提供必要激励，确保相关进程沿着正确轨道发展。

第四，平衡处理安全与发展的关系。科学技术的快速发展为人类带来福祉，也增加了相关技术被转用于大规模杀伤性武器及其运载工具的风险。保持防扩散与和平利用之间的平衡至关重要。享受科技发展红利是各国的合法权利，在努力实现防扩散目标的同时，不应阻碍就相关材料、技术及设备开展和平性质的国际交流与合作。《不扩散核武器条约》《禁止生物武器公约》《禁止化学武器公约》以及一系列联大、安理会决议均明确确认这一原则，这也是广大发展中国家长期以来的呼声。

同时，实现防扩散目标不应以损害科技进步为代价。面对人工智能、3D 打印、基因编辑、生物合成学等新兴技术快速发展及无形转让所带来的扩散风险，既要加强政府监管，也要为相关技术健康发展创造良好环境。

现有多边防扩散出口管制机制应当朝着更加公正、包容、非歧视性的方向发展。某些国家以意识形态划线，极力推动科技脱钩，企图将现有防扩散出口管制机制改造成新“巴统”，这只会损害加强防扩散体系的国际努力。

第五，加强国家执行与国际合作。只有得到各国切实执行，相关防扩散原则、政策及共识才有意义。要充分考虑各国特别是发展中国家的特殊国情和现实需求，开展更加有针对性的国际合作与援助，支持发展中国家加强能力建设，补齐防扩散机制、立法、专业等领域短板。联合国安理会 1540 委员会及其他相关国际组织可发挥更大作用，为各国提供援助供需匹配等多样化服务。中国愿积极参与防扩散立法、执法、外联等领域的国际交流与合作。

各位同事，

不久前，中国共产党第十九届五中全会和中央全面依法治国工作会议先后召开，通过了一系列重要文件，擘画了未来发展蓝图，提出了提升国家治理效能、加强国家安全体系和能力建设、加强法制建设等重要目标。

中国将继续以此为指引，秉持人类命运共同体理念，深入参与国际防扩散进程。中方愿本着相互尊重、平等互利的原则，与包括美国新政府在内的各国开展防扩散交流与合作。我们也愿本着权利和义务相平衡的原则，与现有防扩散出口管制多边机制开展对话、发展关系。

谢谢大家！

耿爽大使在安理会
叙利亚化武问题12月11日视频公开会上的发言

（2020年12月11日）

主席先生：

首先我要借此机会，欢迎英国新任常驻代表吴百纳大使出席此次会议。我感谢中满泉女士和阿里亚斯总干事的通报。

中方一贯反对任何国家、组织或个人在任何情况下、出于任何目的使用化武。对于指称使用化武情况，应该以事实为依据，以《禁化武公约》为准绳，进行公正、客观的调查和处理。对于叙利亚化武问题，我愿强调以下三点意见。

第一，各方应鼓励禁化武组织同叙利亚政府保持良好沟通合作，客观看待叙方努力。叙利亚政府同技秘处近期举行了第23轮技术性磋商，讨论了所有初始宣布未决问题，3项未决问题得以结案。叙方再次表达了愿同技秘处保持沟通合作的积极意愿。叙方的建设性态度和双方沟通取得的成果值得肯定。中方理解因新冠肺炎疫情原因，有关叙利亚化武问题的计划被推迟，希望叙方与技秘处在条件允许时恢复相关部署和活动，推动其他未决事项取得积极进展。叙利亚常驻代表近日致函安理会主席，提交伊德利卜恐怖组织计划伪造化武袭击事件的详细信息，希望禁化武组织予以重视。

第二，各方在讨论叙利亚化武问题时应坚持开放、透明、包容态度，尊重事实、尊重科学。禁化武组织近年陆续发布了一些叙境内指称使用化武事件的报告，很多独立专家从技术角度提出质疑，指出了报告自相矛盾之处。对于这些质疑，禁化武组织应给出专业、科学、令人信服的回应。中方反对在疑点重重的情况下匆忙下结论，甚至仓促采取行动。一些安理会成员拒绝听取不同意见，一味要求施压追责，谁提出异议，就给谁扣上"破坏禁化武组织权威"的帽子。这种行为不具建设性，充满政治动机。

第三，各缔约国应推动使用化武追责问题回归公约框架，维护公约的权威性和完整性。一些国家将禁化武组织用作打压他国的政治工具，用投票代替对话，导致各方严重分裂、对立。这些国家推动成立的调查鉴定组工作方法不透明，报告无法体现证据链的完整和闭合，充满争议。在上述问题未得到解决的情况下，这些国家在第94届执理会上再次强行推动表决有关叙化武问题的决定草案。这种做法不具任何建设性，长此以往，禁化武组织的工作将越来越被政治化。中方呼吁阿里亚斯总干事和技秘处秉持客观、公正、独立精神开展工作，采取措施推动缔约国加强对话沟通，回归协商一致做决定的传统，真正维护公约的权威性、完整性和禁化武组织的长远利益。刚才俄罗斯大使发言时提出了一些问题，希望阿里亚斯总干事能尽快对此作出回应。

谢谢主席先生。

王毅就伊朗核问题提出四点主张

（2020 年 12 月 21 日）

2020 年 12 月 21 日，王毅国务委员兼外长出席伊朗核问题外长视频会议。会议由欧盟外交与安全政策高级代表博雷利主持，伊朗外长扎里夫、俄罗斯外长拉夫罗夫、法国外长勒德里昂、德国外长马斯、英国外交大臣拉布等出席。

王毅表示，一年多来，伊核问题局势经历重要变化。美国退出全面协议并对伊朗极限施压，是伊核问题偏离正确方向的根源。美国改弦更张，重返全面协议并恢复履约，是从根本上化解危机的正确途径。当前，伊核局势又到了一个紧要关头。美国当选总统拜登明确表示愿重返协议。与此同时，美方对伊朗的施压仍在变本加厉。全面协议既出现重回正轨的机会之窗，也面临前所未有的风险挑战。对此，中方提出四点看法。

一是要坚定不移维护全面协议。要保持战略定力，更加鲜明地反对极限施压，更加积极地维护全面协议，更加主动地做各方工作，为局势转圜争取时间和空间，推动伊核局势朝着国际社会期待的方向发展。

二是要推动美方早日重返全面协议。美方应尽快无条件重返协议，解除对伊及第三方实体和个人的制裁。在此基础上，伊朗完全恢复履行核领域承诺。各方都不应为此设置任何其他条件。中方建议全面协议参与方尽快就此进行磋商，达成一致后，考虑召开协议参与方加美国的国际会议，启动美重返协议进程。

三是要公平客观解决履约争端。指责施压只会削弱维护全面协议的共识，对话合作才有助于实现权利义务的平衡。要保持团结，管控分歧，伊方的正当经济利益应得到保障。要继续稳妥处理好安理会涉伊核问题，支持国际原子能机构开展对伊核查，深化与伊合作。

四是要妥善处理地区安全问题。全面协议不是解决所有问题的“万灵丹”。将地区安全问题与全面协议直接挂钩，将成为恢复履约进程中自我设置的路障。中方倡议专门成立一个海湾地区多边对话平台，启动包容性对话进程，就地区安全问题由易到难不断凝聚共识。我们也愿同俄罗斯等提出的倡议加强对接，相互沟通，形成合力。

王毅强调，中方将一如既往维护和执行全面协议。中方也愿同各方携手努力，推动全面协议尽早恢复完整、有效履行，更好维护中东地区和平稳定。

与会各方会后发表联合声明，重申致力于维护全面协议和安理会第 2231 号决议，确保其得到完整有效执行；重申对美国退出协议深表遗憾，强调安理会第 2231 号决议仍然完全有效；认可美重返协议的前景，同意共同努力，推动美方尽快重返全面协议。

伊朗核问题全面协议外长联合声明

（2020年12月22日）

一、伊朗核问题全面协议参与方，即中国、法国、德国、俄罗斯、英国、欧盟及伊朗，于2020年12月21日举行了外长级视频会议。会议由欧盟外交与安全政策高级代表博雷利主持。

二、全面协议参与方再次强调致力于维护协议，以及各自为此作出的努力。他们讨论了所有各方完整有效执行协议的重要性，以及解决当前履行协议所面临的挑战的必要性，包括履行核不扩散和制裁解除承诺。

三、外长们强调，国际原子能机构作为唯一经联合国安理会授权的公正、独立国际组织，在监督核查全面协议核不扩散承诺方面发挥重要作用。他们强调继续秉持诚意与国际原子能机构保持合作的重要性。

四、外长们忆及全面协议由联合国安理会第2231号决议核可，是全球核不扩散体系的关键要素，也是多边外交的重大成果，促进了国际和地区安全。外长们重申对美国退出协议深表遗憾，强调第2231号决议仍然完全有效。

五、外长们同意加强对话，确保所有各方完整执行全面协议。外长们认可美国重返协议的前景，强调愿共同努力，积极处理这一问题。

耿爽大使在安理会伊核问题视频公开会上发言

（2020 年 12 月 22 日）

12 月 22 日，联合国安理会就伊朗核问题举行视频公开会，中国常驻联合国副代表耿爽大使出席。耿爽在发言中指出，不久前举行的伊核问题外长视频会议对外发出了积极和强烈的信号，各方应以此为契机，抓紧接触磋商，加强外交努力，推动全面协议尽快重回正轨。当务之急，是美方迷途知返，早日无条件重返全面协议并恢复履约。耿爽发言全文如下：

主席先生：

我感谢迪卡洛副秘书长、欧盟驻联合国代表团团长斯科格大使和比利时常驻代表克里德尔卡大使所作通报。

伊朗核问题全面协议是多边外交重要成果，业经联合国安理会第 2231 号决议核可，具有法律约束力，应得到切实有效执行。维护全面协议就是维护多边主义，维护中东地区和平稳定，维护国际核不扩散体系，维护以国际法为基础的国际秩序。

美国单方面退出全面协议，持续对伊朗极限施压，破坏各方维护全面协议努力，是造成伊核问题当前困境的根本原因。今年以来，美公开在安理会推动延长对伊武器禁运，要求启动“快速恢复制裁”机制，单方面宣布对伊制裁已经恢复，不顾国际社会观感，连续上演多出闹剧。面对美方无理诉求，安理会成员坚持客观公正立场，拒绝为美背书，不承认美方行动具有任何法律、政治或实际效力。安理会主席也作出不对美方要求采取行动的结论。这是公理正义对霸凌行径的坚定拒绝，多边主义对单边主义的有力回击，国际人心向背的生动写照。

主席先生，

当前伊核形势酝酿重要变化，面临新的机遇挑战。各方应保持冷静克制，坚定履行全面协议，在联委会框架下通过对话协商化解分歧，恢复全面协议权利和义务的平衡。昨天，伊核问题外长视频会议成功举行，各方重申致力于维护全面协议和安理会第2231号决议，确保其得到完整有效执行，认可美重返全面协议的前景，同意共同努力，推动美方尽快重返全面协议。这次外长会对外发出了积极和强烈的信号，各方应以此为契机，抓紧接触磋商，加强外交努力，推动全面协议尽快重回正轨。当务之急，是美方迷途知返，早日无条件重返全面协议并恢复履约。

中方理解个别国家对地区安全等问题存有关切，但将其与全面协议直接挂钩、要求重开全面协议谈判将为解决伊核问题困境设置新的障碍，增加新的复杂因素。王毅国务委员兼外长在10月20日安理会海湾地区局势部长级会议上倡议，成立一个海湾地区多边对话平台，启动包容性对话进程，就地区安全问题开展讨论，由易到难不断凝聚共识。我们愿将中方倡议同俄罗斯等提出的类似倡议进行对接，相互借鉴，形成合力。安理会成员和地区国家可以此为基础，秉持诚心善意，认真对话探讨，逐步积累势头，争取最终达成共识，解决各方合理关切，回应国际社会期待。

主席先生，

秘书长在报告中肯定全面协议作用，称其为全面、彻底解决伊核问题的最佳途径。秘书长呼吁各方通过争端解决机制建设性化解分歧，感谢各方支持“贸易结算支持机制”运作，认为各方在当前经济和疫情背景下与伊开展经贸合作至关重要。中方对这些内容予以赞赏。

刚才迪卡洛副秘书长在通报中也介绍了美方不顾国际社会共同呼声，

执意推动安理会全面恢复对伊制裁遭到安理会成员普遍抵制，还有伊朗方面未能完整履行全面协议义务的事实，以及秘书长对当前海湾地区紧张局势的担忧。中方希望秘书长和秘书处能继续推动并协助各方的外交努力，继续为伊核问题的解决发挥重要作用。

中方始终致力于维护安理会决议的权威性，维护全面协议的有效性。中方将继续站在历史正确一边，坚定奉行多边主义，同有关各方一道，为推动伊核问题的政治外交解决、为维护地区和平稳定作出不懈努力。

主席先生，

根据本月工作计划，如果不出意外的话，这将是安理会在 2020 年举行的最后一场会议。借此机会我要向比利时、多米尼加、德国、印度尼西亚和南非五个非常任理事国道别，感谢你们在过去两年里为推动安理会工作所作的努力与贡献，希望你们离开之后一如既往地给予安理会支持与配合。

最后，期待即将到来的 2021 年带给大家健康与安宁，和平与安全，团结与合作。

谢谢主席先生。

四、其他军控与裁军问题

徐宏大使率团出席禁止化学武器组织第93届执行理事会并发言

（2020年3月11日）

3月10日，禁止化学武器组织第93届执理会在荷兰海牙开幕。中国驻荷兰大使兼常驻禁化武组织代表徐宏率团与会。

徐大使在一般性辩论中发言，就日本遗弃在华化武、叙利亚化武与使用化武追责问题、修订行政与财务咨询委员会议事规则、中枢神经作用剂等问题阐述了中方立场和主张。徐大使指出，销毁化学武器是《禁化武公约》的核心目标，敦促目前唯一的化武拥有国尽快完成销毁；日本遗弃在华化武销毁总体进程严重滞后，对中国人民的生命财产和环境构成现实威胁，敦促日方切实履行遗弃国责任，加大投入推进销毁进程，并妥善处理污染土壤等突出问题。

徐大使表示，调查鉴定组首份调查报告即将出台，呼吁各方推动“应对使用化武威胁决定”的执行回归公约框架，执理会作为公约规定的处理遵约问题的主要决策机构，必须充分行使公约赋予的权利和职能，严格监督化武追责调查在内的技秘处各项活动。徐大使还阐述了中方在修改行财委员会[①]议事规则以及中枢神经作用剂问题上的立场，呼吁提案国与各方继续开展磋商，认真听取不同意见，以争取协商一致。

① 行政和财务委员会。——主编注

外交部网络事务协调员王磊
在中国互联网治理论坛工作组线上成立大会上的发言

（2020 年 5 月 28 日）

各位同事，

大家下午好，十分高兴在这个特殊时期，以线上的特殊形式与大家交流，共同见证中国互联网治理论坛的成立，共同谋划中国互联网治理的未来。首先，我想借此机会对各位专家长期以来对网络外交工作给予的大力支持表示衷心的感谢。

一场突如其来的疫情，为传统线下模式按下“暂停键”，数字技术强势补位，数字经济逆势崛起，全新的数字时代正加速到来。在此背景下，全球互联网治理孕育深刻演变。网络空间重要性越发凸显，大国博弈更趋激烈。“疫情信息战”硝烟弥漫，成为大国关系新燃点。各国普遍采取“数字抗疫”措施，引发“数字隐私权”大讨论。

世纪大疫加速世界大变，全球互联网治理走到一个关键当口。习近平主席提出的治网理念和网络空间命运共同体主张为我们参与全球互联网治理指明了方向，提供了根本遵循。无论当下形势如何变化，互联网领域发展不平衡、规则不健全、秩序不合理的主要矛盾没有改变，推动构建网络空间命运共同体的目标没有改变，坚持多边参与、多方参与、建立多边、民主、透明的全球互联网治理体系的基本路径没有改变。新形势下，推进全球互联网治理体系变革仍是大势所趋、人心所向。

联合国互联网治理论坛（IGF）是根据信息社会世界峰会成果文件设立的多利益攸关方模式论坛，是联合国框架下讨论互联网治理和网络安全公共政策的重要平台，受到各国政府、业界和非政府组织的重视。自 2006 年成立以来，对提升各国对互联网问题关注度、促进多利益攸关方对话、加强国际交流与合作等发挥了重要作用。去年，联合国秘书长数字合作高级别小组建议采取“IGF+”模式推动网络空间全球治理，互联网治理论坛在全球互联网治理中的地位进一步凸显。

近年来，我国在网络领域的国际地位和影响力日益提升。网络强国建设进入快车道，数字经济规模已跃居全球第二。在各部门通力合作下，我们的网络外交全面铺开，制定发布了《网络空间国际合作战略》，在二十国集团（G20）、亚太经合组织（APEC）等平台引领数字经济合作。

中国的互联网社群一直积极参与互联网治理论坛进程。中方代表持续当选多利益相关方顾问专家组（MAG）成员，在互联网治理论坛年会多次举办研讨会、开放式论坛等活动，国际影响不断扩大。中国互联网治理论坛的成立是中国深入参与联合国互联网治理论坛进程的一件大事，不仅为中国的互联网社群搭建了一个开放、包容、透明、有效的交流平台，助力国内数字经济和信息社会建设，同时也有利于凝聚大家的智慧，为全球互联网治理贡献中国方案。作为中国互联网治理论坛的核心机构，在此，我想对中国互联网治理论坛工作组今后的工作提三点建议。

一是高举一面旗。习近平主席提出构建网络空间命运共同体理念，是针对网络空间特点提出的创造性地应对思路，是处理网络空间新问题新挑战，实现全球互联网和平、安全、可持续发展的必然选择。我们应坚定信心，唱响网络空间命运共同体理念，多渠道多形式加强国际交流与合作，与世界各国共谋发展福祉，共迎安全挑战。

二是拧成一股绳。总体来看，发达国家的业界在互联网治理论坛表现活跃，发展中国家整体话语权有限。希望在座的行业组织、学术机构、企业实体协调配合、取长补短，积极向互联网治理论坛申办项目，扩大国际影响力。中国互联网治理论坛可在议题设置、组织形式、项目申领、统筹协调上提供指导，提升中国参与互联网治理论坛的综合实力。建议大家在申领项目过程中，更多结合当前热点焦点，丰富内容形式，巧妙设置议题，提高活动吸引力。

三是织就一张网。社群有联系广泛、形式灵活等特点。希望中国互联网治理论坛发挥交流平台作用，带动国内业界、科研机构、高校智库广泛合作，凝聚共识、整合资源、培育人才。同时，积极考虑与其他国家的互联网治理论坛分支机构建立联系，增加对发展中国家援助，助力数字丝绸之路建设，为更多国家和人民共享数字机遇作出积极贡献。

最后，再次对中国互联网治理论坛工作组的成立表示祝贺，预祝中国互联网治理论坛不断发展壮大，为中国和全球互联网治理事业作出更大贡献！

谢谢大家。

中国代表团在国际原子能机构六月理事会关于加强国际原子能机构的技术合作活动的发言

（2020年6月16日）

主席女士：

中国代表团赞成尊敬的马来西亚大使代表七十七国集团和中国就本议题所作的发言。

主席女士，

中国代表团满意地注意到，一年来，机构注重为成员国量身定制技术合作方案，积极加强技合资源筹措，项目执行率由2018年的85.7%提升至89.1%，技合基金捐款达到率为94%，取得了显著成效。自新冠肺炎疫情暴发以来，机构积极响应成员国诉求，迅速启动抗疫技合项目，充分利用核技术帮助成员国有效应对疫情，中方对此表示赞赏，并于第一时间承诺捐助价值200万美元的检测设备和医疗物资。

主席女士，

技术合作计划是《规约》赋予机构的重要职能，是帮助成员国和平利用核能、促进经济社会发展的重要工具。中国是技术合作计划的坚定支持者、积极参与者和重要贡献者。中国是技合基金的净捐赠国，目前技合基金分摊比例居成员国第二位。过去一年，中国承办了“利用核技术评定和改进水土质量，最大程度减轻土地退化和提高作物产量”研讨会等5次技合活动，接待了15批次来自24个成员国、66人次的科访和进修活动。同时，中国作为最大的发展中国家，还面临发展不均衡、不充分问题，在一些领域仍需通过技术合作渠道提高自身能力。中国将继续积极参与机构技术合作和交流活动，并与广大发展中国家分享经验和做法，共同为“原子用于和平和发展”作出更大贡献。

主席女士，

技合基金是机构技合活动的重要保障，中国一直及时、足额缴纳机构技合基金。中方呼吁所有成员国切实履行对技合活动的政治承诺和分摊责任，及时足额缴纳技合资金捐款，希望机构秘书处与成员国共同努力，继续采取有效措施确保技合资源充足、有保障、可预见。

在发表上述评论后，中国代表团注意到载于 GOV/2020/19 号的 2019 年技术合作报告及其附件。

谢谢主席女士。

中国代表团在国际原子能机构六月理事会关于叙利亚核问题的发言

（2020年6月18日）

主席女士，

从一段时间来的情况看，理事会继续将该问题单列为议题进行讨论不具实际意义。中方支持有关国家提议，不再将该议题列为理事会会议议题。同时，中方鼓励叙方认真履行保障监督协定义务，继续与机构加强合作。

谢谢主席女士。

中国代表团在国际原子能机构六月理事会关于保障执行情况报告的发言

（2020年6月18日）

尊敬的主席女士：

中国代表团注意到，2019年机构对183个国家和中国台湾实施了保障，中方对机构得出的保障结论表示欢迎。

过去一年，机构推动了1项全面保障协定和2项附加议定书生效。中方肯定机构为推动核保障法律文书普遍适用所作努力，呼吁有关国家尽快签批和实施全面保障协定和附加议定书。

主席女士，

一年来，机构积极采取改进保障方案等措施，持续提升保障核查的有效性和效率，中方对此表示赞赏。中方强调，机构改进保障措施的努力应基于相应授权，秉持客观、公正和透明的原则，充分考虑各方面因素，广泛听取成员国意见。我们希望秘书处继续以公开、透明的方式就保障改进措施与成员国保持沟通，及时通报开展一体化保障特别是国家级保障方案执行的最新情况，与成员国一道为切实提高保障核查的有效性和效率作出不懈努力。

中方关切地注意到，报告提及一些国家就申报核设施内某些场所的视察员准入问题与机构产生了分歧，中方希望秘书处加强与当事国的沟通协商，妥善处理分歧，避免将其政治化。

主席女士，

中国政府一贯严格履行保障协定和附加议定书义务，积极参与成员国支助计划及网络分析实验室，为机构不断改进和加强其保障体系作出了贡献。目前中方专家团队正与机构专家一道，针对新一代反应堆——高温气冷堆的保障技术与方案开展研究，为核能新技术的保障方案发展贡献力量。

在发表上述评论后，中国代表团注意到载于 GOV/2020/9 号的 2019 年保障执行情况报告，同意理事会授权发表“保障情况说明”和“保障情况说明的背景和概要”。

谢谢主席女士。

戴怀成参赞就《全面禁核试条约》组织筹委会相关工作阐述中方立场

（2020年6月26日）

6月25日至26日，中国代表团出席《全面禁核试条约》组织筹委会第54次会议，就筹委会相关工作阐述立场。

中方表示，当前全球战略安全形势正在经历复杂深刻变化，国际核军控体系面临严峻挑战。但遗憾的是，在世界各国秉持多边主义精神、合作抗疫的关键性时刻，美国却反其道而行之，在单边主义、毁约退群的路上越走越远。美作为拥有最大核武库的国家，以及历史上开展核试验次数最多的国家，在2018年《核态势审议报告》中公然表示不会推动批准条约，近期甚至就重启核试验展开讨论，严重冲击“暂停核试验”国际规范，损害条约宗旨和目标，引发包括条约名人小组在内的各方关切。国际社会应高度警惕美方这种危险动向。中方敦促美方认真倾听国际社会呼声，切实承担自身义务，恪守“暂停核试验”承诺，维护条约的宗旨和目标，不要再采取任何有损全球战略安全与稳定的举措。

中方指出，美方发布所谓“军控遵约报告”，对中方进行无端指责，是不负责任甚至是别有用心的。中方对此坚决反对，也不会接受。中国核力量始终保持在国家安全需要的最低水平，是核试验次数最少的核武器国家之一。中方一贯支持条约的宗旨和目标，始终恪守“暂停核试验”承诺，为条约组织筹委会工作作出了重要贡献。继去年五个台站实时传输数据以来，今年中方昆明次声台站核证验收工作也已启动，下步中方将与技秘处密切合作，确保核证验收顺利完成。

中方强调，临时技秘处应充分考虑新冠肺炎疫情可能的影响，做好项目和预算规划，并继续加大对发展中国家能力建设项目支持。中方从 2020 年起成为条约第二大会费国，将继续为筹委会工作作出贡献。

中方表示，中方支持条约核查机制建设，乐见相关工作取得积极进展，同时核查机制建设应紧扣条约和筹委会授权，严格遵守“临时试运行”原则，平衡推进国际监测系统、国际数据中心和现场视察机制建设。

中方最后表示，关于执秘任命程序，中方感谢主席在此方面所作努力，相信在主席领导下，筹委会能顺利达成一致。

中国代表团出席禁化武组织执行理事会第九十四届会议一般性辩论发言

（2020 年 7 月 7 日）

主席先生，

首先，中国代表团祝贺你当选执理会主席并主持会议。中方对你克服新冠肺炎疫情影响推动召开本次执理会所作努力表示赞赏，相信以你的外交经验和技巧，一定能改善执理会工作和氛围，加强缔约国团结和协商一致精神，推动各项审议取得成功。

中方认真听取了总干事所作的发言以及几位副主席所作的报告。中方赞同阿塞拜疆菲克拉特·阿洪多夫阁下代表不结盟运动和中国所作的发言。下面，我愿就以下几个重要问题进一步阐述中方的立场和主张。

第一，在化武销毁方面，中方注意到近年来库存化武销毁所取得的进展，敦促余下的化武拥有国切实履行《禁止化学武器公约》义务，按照缔约国大会关于化武销毁逾期的决定，在规定时限内尽早完成销毁。经过中日双方的共同努力，日本遗弃在华化学武器销毁有所进展，但总体销毁进程仍然严重滞后，对中国人民的生命财产和环境安全构成现实威胁。中方敦促日方切实履行遗弃国责任，加大投入推进销毁进程，并妥善处理污染土壤等突出问题。中方将一如既往地予以配合。当前由于疫情因素，日遗化武销毁相关工作已被推迟，中方将与日方以及技秘处继续保持沟通，适时恢复相关工作。

第二，关于消除叙利亚化武计划问题，中方注意到总干事和叙利亚散发的相关报告。中方理解因新冠肺炎疫情原因，原计划开展的相关部署和活动被推迟，支持技秘处与叙利亚继续保持接触和对话，在条件允许时恢复相关活动，推动叙化武初始宣布澄清等未决问题取得积极进展。

中方一贯反对任何国家、任何人在任何情况下使用化武。对于指称使用化武事件，中方主张依照《公约》以及相关核查附件的规定，开展全面、客观、公正的调查。调查结论应基于事实，经得起时间和历史的检验。对于调查鉴定组工作，中方从一开始就强调其成立超出《公约》授权。一些国家强行推动成立这一机制加剧了各缔约国围绕叙利亚化武问题的分裂和对抗。对于调查鉴定组的工作方法和程序，中方同样存在关切，其成员构成未能体现公平地域代表性。

中方再次呼吁，应推动使用化武追责问题回归《公约》框架。技秘处作为技术性机构，应严格依照《公约》，秉持公正、客观、独立的精神做好本职工作。执理会等决策机构应发挥应有作用，以事实为依据，以《公约》为准绳妥善处理这一问题。执理会作出任何结论或采取任何行动必须是慎重、严肃的，在此之前开展深入、充分的讨论。中方呼吁各方通过对话弥合分歧，共同维护《公约》的权威性和严肃性。

第三，关于修订行政财务咨询委员会议事规则，中方重申，行政财务咨询委员会作为一个开放性、不具决策权的机制，应保持多样性和地域平衡性，缔约国有权提名其认为合适的人选，其任职条件应当与其他类似国际组织保持一致，不宜设立主观随意、模糊不清或存有争议的任职标准或行为准则。

第四，关于以气溶胶方式将中枢神经作用剂用于执法的问题，中方强调这既涉及技术问题，也涉及法律问题，对于《公约》本身和缔约国所承担的义务具有重要影响，应该慎重对待。尽管该问题已提出多年，但缔约国现阶段应进行充分讨论，深入交换意见，以争取形成广泛共识。

第五，中方鼓励主席、副主席和各协调员继续发挥积极作用，推动各个磋商机制采取措施改进工作方法，全面、平衡推进《公约》各项工作。

中国代表团要求将此发言作为会议正式文件散发，并刊载于禁化武组织内网。

谢谢主席。

外交部网络事务协调员王磊
在中国互联网治理论坛上的发言

（2020 年 7 月 30 日）

各位同事：

大家下午好！很高兴参加首届中国互联网治理论坛。首先，我想感谢中国互联网治理论坛（IGF）工作组为本次会议所作的精心安排，感谢刘振民副秘书长及诸多国内外互联网资深人士的积极参与。首届中国互联网治理论坛是中国互联网治理论坛成立来的“首秀”，在此预祝会议取得圆满成功，为中国互联网治理论坛蓬勃发展开个好头。

各位同事，

对于信息技术而言，这既是一个最好的年代，也是一个最坏的年代。一方面，疫情如同“助推器”，为信息技术创造了前所未有的发展机遇，加速全新数字时代提前到来。疫情如同“黏合剂”，将我们更加紧密联通在同一个信息环境中，让我们成为利益交融、休戚与共的命运共同体。另一方面，疫情如同“放大镜”，让网络空间固有矛盾问题展露无遗。网络空间军事化愈演愈烈，网络攻击和网络犯罪大幅增长，关键基础设施安全风险有增无减，污名化和网络假新闻加速蔓延，散布仇恨和敌对言论屡见不鲜。网络空间全球治理已成为事关各国安全和长远发展的重大课题。

各位同事，

不久前，联合国秘书长古特雷斯发布“数字合作路线图”，强调要推动数字技术以平等安全的方式惠及所有人，首届中国互联网治理论坛同样以“包容治理、数字普惠”为主题，这都体现了建设以人为本、面向发展、包容性的信息社会目标。要实现这一目标，应把握好以下重要原则。

一是要坚持和平与合作。数字技术迸发出的巨大能量及与现实融合之深，对社会影响之广前所未有，国家特别是大国间网络冲突后果难以想象，网络战打不赢，也打不得。我们应汲取历史经验和教训，要旗帜鲜明地反对网络军备竞赛和网络军事化倾向，在维护联合国宪章宗旨和原则以及国际关系基本准则的基础上，制定负责任国家行为准则，通过对话协商与合作维护网络空间的和平与稳定。

二是要平衡发展和安全。互联网治理既是安全问题，也是发展问题。我们不能因追求绝对安全牺牲创新活力、放弃数字红利，也不能放松安全监管、任由技术“野蛮生长”，更不能泛化滥用安全问题，甚至以此为由遏制打击其他国家正当的经济和科技发展。只有坚持全局和长远视角，找准发展与安全的平衡点，才能实现持久和平和共同繁荣。

三是要实现包容和普惠。数字时代，包容发展是大势所趋，平等普惠是人心所向。动辄以政治立场划线、人为割裂技术、产业和市场、搞所谓“平行体系”，不仅背离经济技术发展规律，也与历史时代潮流格格不入。我们要致力于弥合全球范围内的数字鸿沟，照顾发展中国家需求，切实解决国际和地区间的发展不平衡问题，也要扩大各国内部数字可及性，确保各阶层、各群体从网络发展机遇中均衡获益，共享数字发展红利。

四是要落实多边和多方。网络空间是大家的共同家园，大家的事应该大家商量着办，不能搞“一家独大”或“小圈子”说了算。应坚持多边主义，在联合国框架下制定各国普遍接受的网络空间国际规则，维护网络空间的安全、稳定与繁荣。同时，充分发挥政府、国际组织、互联网企业、技术社群、民间机构、公民个人等多方主体作用，加强沟通与协作，构建全方位、多层面的治理架构。

各位同事，

联合国互联网治理论坛是联合国框架下讨论互联网治理和网络安全公共政策的重要平台。联合国“数字合作路线图”提出以“IGF+”模式推出全球数字合作。互联网治理论坛未来可期，中国互联网治理论坛前景可待。祝愿中国互联网治理论坛在数字经济和技术发展的历史潮流中乘风破浪，为推进中国乃至全球互联网治理作出应有贡献！

最后，再次预祝会议取得圆满成功！

谢谢大家。

中国代表出席禁化武组织第 95 届执行理事会一般性辩论发言

（2020 年 10 月 7 日）

主席先生，

请允许我代表中国代表团欢迎你再次主持执理会。中国代表团将与您和其他代表团密切合作，为顺利完成本届执理会各项工作而共同努力。

中方认真听取了总干事所作发言和几位副主席的报告，赞同阿塞拜疆菲克拉特·阿洪多夫阁下代表不结盟运动和中国所作的发言。下面，我愿进一步阐述中方对以下有关问题的看法。

全面、彻底销毁化学武器是《禁止化学武器公约》的核心内容和目标。中方注意到近年来库存化武销毁所取得的进展，敦促唯一的化武拥有国切实履行《公约》义务，按照缔约国大会关于化武销毁逾期的决定，在规定时限内完成销毁。

销毁遗弃化学武器是《公约》的重要组成部分，关乎《公约》的根本目标能否实现。日本侵华战争已过去 75 周年，日本遗弃在华化学武器仍然对中国人民的生命财产和环境安全构成现实威胁。经过中日双方的共同努力，销毁工作有所进展，但总体销毁进程仍然严重滞后。中方敦促日方切实履行遗弃国责任，加大投入推进销毁进程，并妥善处理污染土壤等突出问题。当前由于新冠肺炎疫情因素，日遗化武销毁相关作业已被推迟；中方克服多种困难，做了大量工作，确保了哈尔巴岭各项工程建设正常实施。

9月23日，中方与日方及技秘处进行了三方线上会议，就近期及下步工作交换意见。中方将与日方以及技秘处继续保持沟通、加强协调，希望尽早恢复正常作业。中方将继续做好相关协助工作。

关于叙利亚化武问题，中方注意到总干事和叙利亚散发的相关报告。中方理解因新冠肺炎疫情原因，原计划开展的相关部署和活动被推迟，支持叙方与技秘处继续保持接触和对话，在条件允许时恢复相关部署和活动，推动叙化武初始宣布澄清等未决问题取得积极进展。

中方一贯反对任何国家、组织或个人在任何情况下、出于任何目的使用化武。对于指称使用化武情况，应该以事实为依据，以《公约》为准绳，进行公正、客观的调查和处理。调查结论应基于事实，经得起时间和历史的检验。

中方对待使用化武追责问题的出发点就是维护《公约》权威性和完整性。这是涉及每一个缔约国切身安全和利益的一个原则问题，不可放任其沦为某些国家打压另一些国家的地缘政治工具。中方再次呼吁各方通过对话弥合分歧，避免进一步在缔约国之间制造分裂和对抗，停止将禁化武组织的工作不断政治化，共同维护《公约》的权威性和完整性。

中国代表团积极参与了预算问题的磋商，希望技秘处综合考虑疫情因素，合理灵活分配资源，确保组织核心项目的实施。中方愿与各方共同研究完善相关方案，确保禁化武组织的正常运行。

关于以气溶胶方式将中枢神经作用剂用于执法的问题，中方再次强调，这既涉及技术问题，也涉及法律问题，对于《公约》本身和缔约国所承担的义务具有重要影响，应该慎重对待。缔约国现阶段应继续开展充分的讨论，深入交换意见，以争取形成广泛共识。

中方注意到有关方对俄罗斯公民纳瓦尼中毒事件的表态，中方呼吁有关方本着相互尊重、平等协商的原则开展沟通合作，妥善处理这一事件，在未弄清事实真相前不应急于下结论，避免政治化和任何进一步激化矛盾的举措。

最后，中方鼓励主席、副主席和各协调员继续发挥积极作用，推动各个磋商机制采取措施改进工作方法，全面、平衡推进《公约》各项工作。

中国代表团要求将此发言作为会议正式文件散发，并刊载于禁化武组织公众网站和内网。

谢谢主席。

外交部军控司司长傅聪接受俄《生意人报》采访

（2020年10月15日）

2020年10月15日，外交部军控司司长傅聪接受俄《生意人报》记者叶连娜·契尔年科采访，就中国核政策和核力量发展、中美俄三边军控谈判等问题阐述了中方原则立场。

傅强调，中国始终恪守在任何时候和任何情况下不首先使用核武器，并一直将自身核力量规模限制在维护国家安全所需的最低限度，这一政策不会改变。中国对成为核超级大国不感兴趣，不会走冷战时期美苏疯狂进行核军备竞赛的老路，中国过去没有，将来也不会参与核军备竞赛。

傅驳斥了美国对中国核力量建设的无端指责并指出，中国奉行自卫防御的最低核威慑战略，是基于中国自身安全需要和核武器作为终极威慑手段的性质等考量作出的战略选择，外界对中国核武器数量的猜测毫无根据。中方加强战略能力建设，是新形势下确保核武库安全性和可靠性的客观需要，希望外界客观正确看待。事实上，其他核武器国家也都在进行核武库现代化，美国甚至计划斥资1.2万亿美元升级其庞大的核武库。

傅表示，核透明包括政策和意图透明及能力和数量透明两个方面。能力和数量透明不一定会带来互信，一个拥有约6000枚核弹头，并坚持首先使用核武器的国家公开其核力量，与其说是透明，不如说是威慑，绝不会使别国感到更加安全。从增进互信、避免误判等角度看，核政策和意图透明更具现实意义。中国奉行不首先使用核武器、无条件不对无核武器国家使用或威胁使用核武器的核政策，这是最有意义的透明。当前，美国正持续升级其庞大核武库，奉行进攻性的核战略，扩大核武器使用范围，降低核武器使用门槛，研发新型“可用的”核弹头，大力发展反导和外空武器系统，并扬言要在中国周边部署陆基中导，严重损害全球战略稳定，对中国核力量的生存性造成冲击。在此背景下，中国必须对核力量规模保持适度模糊，以确保自身核威慑的有效性。

傅指出，美不断毁约、退群，提出所谓的三边军控谈判，是为其自身摆脱条约束缚、谋求绝对战略优势制造借口。中国核力量与美俄相比完全不在一个量级，要求中国参加所谓的三边军控谈判不公平、不合理、不可行，中国不会参加。如美愿将自身核力量降至中国水平，中国愿参与国际核裁军谈判，但这在可预见的将来恐怕不会发生。

傅表示，中国不参与所谓的三边军控谈判不意味着回避自身核裁军责任、拒绝参与国际核裁军努力。事实上，中国一直积极参与国际核裁军努力，为《全面禁止核试验条约》达成作出了重要贡献，积极支持条约核查系统建设，并始终恪守“暂停试”承诺。同时，中国一直积极推动裁谈会尽早就防止外空军备竞赛、向无核武器国家提供安全保证达成具有法律约束力的国际文书，为激活五核国对话机制发挥了关键作用。中国愿在联合国、裁谈会和五核国机制等框架下，与各方就事关战略稳定的广泛问题进行探讨，也愿在相互尊重基础上与各方就战略安全问题开展双边对话，但不接受任何胁迫与讹诈。

中国代表团在国际原子能机构十一月理事会上关于叙利亚核问题的发言

（2020 年 11 月 19 日）

主席女士，

近些年来，国际原子能机构框架下叙核问题相关工作一直没有实质性进展。在此情况下，中方支持有关国家提议，不再将该问题列入理事会议题。同时，中方鼓励叙方认真履行保障监督协定义务，继续与机构加强合作。

谢谢主席女士。

《全球数据安全倡议》为全球治理注入新动力

——外交部网络事务协调员王磊在世界互联网大会·互联网发展论坛“网络空间国际规则：实践与探索”分论坛的发言

（2020 年 11 月 24 日）

当前，全球数字和网络治理已经走到了一个关键当口。数字和网络技术正飞速发展，网络空间与现实世界深度融合。与此同时，网络空间军事化愈演愈烈，网络攻击和犯罪大幅增长，网络恐怖主义成为全球公害，关键基础设施安全风险有增无减，网络假新闻愈演愈烈，数字隐私权等新问题加速涌现，国家和地区间数字鸿沟不断扩大。

数字和网络安全问题涉及国家安全、经济发展、公共利益、个人隐私等诸多方面，传统单一的军控和国际安全的治理方法难以简单套用。各国无论大小、发展程度、政治制度如何，都在平衡安全与发展、自由与法治、公共利益和个人隐私等方面面临艰难的选择。

上述背景下，数字和网络空间发展不平衡、理念不一致、规则不健全的矛盾更为突出。亟须各方凝聚共识，增进互信，携手合作，构建新的国际规则框架，不断推进全球治理进程。

令人遗憾的是，当前网络空间政治化倾向愈演愈烈。具体表现为：一是泛安全化突出。一些国家以安全为名，遏制打压其他国家正当的经济和科技发展，人为割裂全球产业链、供应链和价值链。二是意识形态化抬头。一些国家无视数字和网络治理实践的普遍性，刻意放大东西方治网路径差异，给他国扣上“数字威权主义”帽子。三是单边主义上升。个别国家不顾网络溯源的复杂性和敏感性，大搞网络攻击的“政治溯源”，对他国进行污蔑抹黑、制裁起诉，甚至肆意发动网络攻击，加剧紧张对抗，毒化合作氛围。上述种种不讲事实，不讲道理，不讲规则的错误做法严重干扰、阻碍，甚至分裂构建国际规则的努力，数字和网络领域的全球治理面临迷失方向，丧失动力的风险。

世界正经历百年未有之大变局。全球治理的客观需求在上升，但单边主义、保护主义和霸凌行径使得全球公共产品的供给乏力。两者之间巨大的需求缺口无疑为未来发展增添了不确定性。在此形势下，各国须同心协力，变压力为动力、化危机为转机，共同构建全球网络治理新秩序。

一是要深化命运共同体理念。各国在网络空间利益交融，休戚与共，是你中有我、我中有你的命运共同体。我们应遵循多边主义，坚持同一个地球，同一个互联网，同一套国际规则，通过对话而非对抗，协商而非胁迫，团结而非分裂，合力维护网络空间的普遍安全和共同繁荣。

二是要坚守公平正义。公平正义是国际关系基本准则，也是网络空间良性发展的必要前提。各国无论国家大小、发展先后或持何政治立场，都应平等享有数字机遇。中国摒弃“丛林法则”，也不追求“一枝独秀”。牺牲别国利益追求本国优先，满世界寻找对手而不是解决问题，打压别人而不是提升自己，到头来只能适得其反。有些国家始终执迷于“强权即公理”，但中国坚信“正义自有力量”。

三是要尊重规则秩序。没有规矩不成方圆。没有规则和秩序，就没有网络空间的和平、安全、稳定和繁荣。各国应致力于在联合国框架下制定各方普遍接受的数字和网络国际规则，构建符合大多数国家意愿和利益的网络治理新秩序。

今年9月，王毅国务委员兼外长提出《全球数据安全倡议》。该倡议聚焦关键基础设施和个人信息保护、企业境外数据存储和调取、供应链安全等重大问题，就政府和企业在数据安全领域的行为规范提出建设性的解决思路与方案。这是数据安全领域首份国际倡议。中国希望倡议为相关国际规则提供蓝本，欢迎各方积极参与有效维护各国数据安全，促进数字经济健康可持续发展。

习近平主席指出，大国应该有大的样子，要提供更多全球公共产品，承担大国责任，展现大国担当。中国提出《倡议》，旨在顺应数字和网络技术发展大势，直面各国关切的安全风险，在全球治理中提供正能量，增加确定性，注入新动力，是中国履行大国国际责任的集中体现。

《倡议》提出后，得到多数国家积极回应。很多国家表示《倡议》切中全球治理失序要害，赞赏中国所作的努力。下步，我们愿本着开放、包容、互鉴的精神，携手各国共同推进这一进程，争取达成新国际规则。我们期待各国政府国际组织及所有利益攸关方的积极参与，共同推进全球数字治理进程，携手打造数字命运共同体。

谢谢大家！

首轮中国—东盟网络事务对话共同主席声明

（2020年12月16日）

2020年12月7日，首轮中国—东盟网络事务对话以视频方式举行。对话由中国和菲律宾共同主持，双方就网络空间总体形势、各自政策和机制建设、网络空间全球治理和规则发展、地区能力建设合作等深入交换看法。

双方忆及《中国—东盟战略伙伴关系2030年愿景》，重申加强网络安全政策和数字互联互通交流与合作有助于提升中国—东盟战略伙伴关系。

双方忆及《第23次中国—东盟会议主席声明》，强调多边主义的重要性，以及为和平目的使用信息通信技术符合各国共同利益，致力于构建安全的网络空间命运共同体。

双方强调联合国应在凝聚安全使用信通技术共识、国际法适用以及制定负责任国家行为规范、规则和原则中发挥领导作用，强调联合国信息安全开放式工作组开展真正民主、包容、透明的讨论，支持工作组和联合国信息安全政府专家组取得实质性进展。重申专家组2013年和2015年报告结论，国际法特别是《联合国宪章》是可适用的，且对维护和平与稳定、构建开放、安全、稳定、可及、和平的信通环境至关重要。自愿性负责任国家行为规范、规则和原则可减少对国际和平、安全、稳定的风险。鉴于信通技术独特属性，可进一步制定更多规范。

双方忆及《中国—东盟关于建立数字经济合作伙伴关系的倡议》，强调数字经济对地区经济增长和发展的重要性，重申致力于营造开放、安全、稳定、可及、和平的信通环境。认为数据安全攸关各国国家安全、公共利益和个人权利，鼓励各国共同加强数据安全生态系统。东盟赞赏地注意到中方为此作出的努力，包括提出《全球数据安全倡议》。

双方满意地注意到中国—东盟及东亚合作框架下数字经济、网络安全等信通领域务实合作取得的进展，包括但不限于中国—东盟数字部长会议、打击跨国犯罪部长级会议、东盟地区论坛、东亚峰会、东盟防长扩大会网络安全专家组等机制，同意进一步加强网络安全事件应急响应等务实合作，共同提升网络安全能力。认为在 2020 年中国—东盟数字经济合作年背景下，加强网络领域合作对双方全方位创新合作的引领作用进一步凸显。

双方商定于 2022 年举行第二轮对话。